U0931770

聖經導論叢書

新約歷史與宗教文化導論

黃錫木、孫寶玲、張略◎合撰

二版

▼

聖經導論叢書

新約歷史與宗教文化導論

New Testament History and Religious Milieu

合撰

黃錫木、孫寶玲、張略

系列主編

黃錫木、黃浩儀

審稿

成曾淑儀

執行編輯

何敏璇

裝幀設計

胡立強

■

出版 / 發行

基道出版社

香港沙田火炭坳背灣街 26 號富騰工業中心 10 樓 1011 室

LOGOS PUBLISHERS

Unit 1011, 10/F., Fo Tan Ind. Centre, 26 Au Pui Wan St., Shatin, Hong Kong

電話：(852) 2687-0331　傳真：(852) 2687-0281

網址：https://www.logos.com.hk

承印

陽光（彩美）印刷有限公司

●

10/2002 初版　4/2022 二版

Cat. No. LP144-2

ISBN-10: 962-457-223-2

ISBN-13: 978-962-457-223-0

刷次	10	9	8	7	6	5	4	3	2	1
年份	2030	2029	2028	2027	2026	2025	2024	2023	2022	

聖經導論叢書

回顧過去二、三十年神學教育的發展，港台兩岸華人的神學教育工作者可算是人才濟濟，但高學術價值和可讀性兼備、又能適切華人處境的教材依然相當缺乏；今天的華人教會仍然不能逃避「不懂英語就不能念神學」這咒詛。要徹底解決這問題，必須動員整體華人教會的關注和支持，而非一人之力所能承擔。今天的神學生，就是明天教會的牧者和領袖，今日栽培不力，他朝恐難有成。

「聖經導論叢書」反映教會對神學教育質素的關注。這一套十多冊的叢書，原先的計劃是由崇真會救恩堂發起和資助，由香港基道出版社出版。有教會主動支持這跨宗派的學術出版計劃，可說是史無前例的創舉；在上帝的保守和帶領下，期望這套書的面世，能為華人神學教育奠定一鞏固的基礎。(香港)國際聖經協會曾於二○○○至二○○一年間加入，與基道出版社聯合出版了首兩冊。

出版「聖經導論叢書」的主要目的，是要填補聖經研究課本之不足，特別在導論方面等基本教材，為華人教會提供一套質素高、中文原著的聖經研究導論叢書；主要的對象是資深的信徒和第一次念神學的神學生。本系列的編委、審稿的學者和各位作者均是來自不同宗派和學派的港台華人聖經學者。我們本著廣義福音派的精神，篤信聖經是上帝給世人至高的權威，各盡所學之專長，合著適切於華人神學院和資深信徒的教材，為華語世界的聖經研究作點貢獻。

黃錫木、黃浩儀

二○○二年八月底・香港

本書序

在學習聖經的過程中，一般人都只專注在經卷的內容，而忽略了「聖經背景」的重要性，甚至認為它是可有可無。經卷的文本當然重要，但文本的詞句之所以能夠發揮其信息傳達的功能，就必須有其處境。事實上，我們若留意西方學術大師對經文的獨特見解，都會發現他們的見解不是單單來自文本本身，而是來自對文本的處境有了更深和更廣的認識。文本的空間是有限的，但處境卻是敞開無際的天地。要成功地進入經文的世界，對經文的歷史和文化背景的認識是不可缺少的。

《新約歷史與宗教文化導論》一書，顧名思義，是因應這方面的需要而編寫的；全書共五章，可分為兩大部分：歷史篇和宗教文化篇。

有別於一貫的新約導論，本書的歷史篇（主要由黃錫木博士撰寫）不是從兩約之間開始，而是一直追溯至希羅文明的源頭（第一章）。西方的信徒（神學生），在他們的高中或大學的通識課程中都會涉足這段古典時期的歷史，對此課題並不陌生，但對於華人信徒，這一課精簡的介紹相信是必要的。第二和第三章分別介紹「兩約之間歷史」和「新約歷史」；內容主要以黃錫木的《新約研究透視》第二版（香港：基道，2000 年）第八章「（新約）歷史處境」為基礎，加以擴充和發揮，並得到張略博士加以修正；第三章的「猶太散居地」全節是由張略博士撰寫的。

本書的另一部分「新約宗教文化篇」分別介紹「新約世界的希羅宗教」（由孫寶玲博士撰寫）和「猶太人的基本信念與實踐」（由張略博士撰寫）。這兩章不是介紹古籍文獻，而是有關的宗教文化概念、神學思想。雖然一般華人神學院似乎較看重猶太教方面的介紹，但對猶太教的認識始終停留在幾個教派（如法利賽派和撒都該派），至於其他信仰，如有被譽為「新約神學的母親」的天啟思潮，卻仍然十分陌生。神學生對希羅宗教方面的認識就更淺薄；「神祕宗教」和「帝王崇拜」對新約研究的影響有多深，相信他們仍未能掌握。孫寶玲博士在本書深入淺出地介紹這非常複雜的課題，實在難得。能邀請兩位華人聖經學者參與撰寫，實在是本書的榮幸。

特別要多謝基道出版社對此書的承擔，及至整個系列的編排與出版，即使在國際聖經協會退出後，仍然願意獨力經營。多謝成曾淑儀和何敏璇在編審工作上的勞苦，特別感謝後者負責全書的索引編排，使本書的可用性大大提高。

黃錫木（代）

二〇〇二年八月底・香港

目錄

第一部分

新約歷史篇

要了解一份古籍文獻，可從兩方面入手。一是文本本身，二是文本的歷史背景；兩者同等重要，但後者較難全盤掌握。文本是有限的個體，有開始、有終結，但與文本有關的歷史背景卻是無限的。沒有學者可以說，他已經完全掌握了某文本的歷史背景。對任何曾經從事歷史研究的人來說，歷史重構永遠都是局部、不足和有限的。

研讀新約歷史，目的就是要了解新約的文本。本篇題為＜新約歷史篇＞，主要探討第 1 世紀的歷史背景，為這個時代重構一個較具體和全面的歷史面貌，最終目的是要為新約文本提供一個歷史框架。第一章所涉獵的歷史是從西方文明開始，即古希臘和羅馬歷史。第二和第三章是全書的焦點，統稱為「新約歷史」[1]，即包括「兩約之間的歷史」和「新約時代的歷史」。前者是要把古典歷史時期和新約時代連貫起來，讓讀者有一種連續不斷的歷史感。

時期劃分的問題

任何一個歷史階段，都有承上接下的任務，但要把連續不斷的歷史分割成不同的階段，就不是件簡單的事。一方面，活在歷史過程中的人，往往不會察覺到從一個階段進入另一個階段的轉變。事實上，把歷史分割可能只是回顧歷史或研究歷史的人（如筆者和讀者）的玩意，他們為了方便掌握和表達而作出的手法而已。另一方面，把歷史分割的玩意又並非依循同一個遊戲規則。以下幾點必須留意：

1　這部分（包括第二、三章）主要以黃錫木的《新約研究透視》第八章為藍本，加以修訂和擴充，務求更適合神學生使用。

1. 首先，傳統基督徒都以耶穌基督的誕生作為舊紀元和新紀元的劃分點，把人類歷史分為「主前」(或「公元前」)和「主後」(或「公元」)；相對的英文和拉丁文縮寫是「B.C.」(英文 Before Christ 的縮寫)和「A.D.」(拉丁文 *anno domini* 的縮寫，即「主降生的那一年」)。這種計算法與以王帝立國起計算的古時曆法，非常相似。基督教這種曆法計算方式，是由一位名叫丟尼修·埃塞古厄斯的修士於公元 926 年引入。當時丟尼修的工作是為教會節期編製年曆，他將耶穌降生的日期定在羅馬統治第 754 年(相等於公元 1 年)，選定這一年為基督教開元的第一年，從 1 月 1 日起計算。今天，我們知道他顯然算錯了希律執政的年代，相差約五年，相信主耶穌降生的日期至少在現時既定的公元 1 年早四年(留意沒有公元 0 年)，大概為公元前五年。

   雖然今天我們已經不能改變這定規，但為避免繼續承襲此錯誤的觀念，現時一般聖經研究學術書籍和絕大多數非基督教書籍均採用另一套簡稱:「B.C.E.」(相等於「B.C.」)和「C.E.」(相等於「A.D.」)。前者是 Before Common Era (「共同紀元前」或「公紀元前」)的縮寫，中文簡稱為「公元前」(中國國內也用「公元前」)，而後者是 Common Era 的縮寫，中文簡稱為「公元」(中國國內也用「公元」)。

2. 一般西方歷史把希臘—羅馬歷史分為五個時期:「古希臘時期」為公元前 8 世紀至 6 世紀；公元前 6 世紀至公元前 323 年(亞歷山大大帝病逝前)稱為「古典時期」；公元前 323 年至公元前 31 年，屋大維(即新約聖經中的奧古斯都）掌握大權，這段日子稱為「希臘化時期」（傳統基督教術語為「兩約之間」）；接著便是「羅馬帝國」，即公元前 31 年至公元 395 年；自此，羅馬帝國分為東、西兩國，但兩者亦分別於公元 474 年和公元 476 年亡國。

3. 第二種分類明顯以希羅文化為焦點，把一切其他文化置於邊緣。猶太人則沒有單一的分類法，除了以「被擄前、後」作為劃分點，學術界較普遍以「第一聖殿」和「第二聖殿」為分期的標示。「第一聖殿時期」指所羅門建聖殿至聖殿被毀（公元前 950~587 年）[2]，而「第二聖殿時期」指所羅巴伯重建聖殿至其聖殿被毀（公元前 521/515~公元 70 年）。由公元 70 年開始至 6 世紀，一般稱為「拉比時期」。

   此外，由於舊約的次經和偽經對於猶太教雛形的建立影響深遠，研究這些文獻的學者認為，他們需要以一個名稱，用來凸顯這段由公元前 200 年至公元 200 年、絕大部分舊約典外文獻成書的時期，因此，就稱這段時期為「早期猶太教時期」。從基督教研究的角度來看，我們可稱這時期為「基督教教會的起源時期」（或「兩約之間」）。

4. 傳統基督教文化會按聖經的分類，將整體歷史分為舊約時期、兩約之間和新約時期。對「兩約之間」這個富濃厚基督教味道的稱謂[3]，一般學者都不盡苟同，但還是普

---

2 以「聖殿」為焦點，主要以考古學的發現為出發點。由於所羅門之前有關希伯來人的事蹟，只有希伯來聖經（即舊約聖經）才有如此詳盡記載，因此，舊約歷史研究對這段時期的發展未能肯定。

3 這名稱意味著最後一卷舊約正典書卷完成之後，至最早一卷新約正

遍採用。至於新約時期，其起始點是耶穌基督的誕生，主要因為耶穌基督象徵上帝與人立新約的中保。既是如此，我們便以這位中心人物的生前和死後，把新約時代分為「耶穌時期」和「耶穌後時期」兩個時期。後者更常被稱為「使徒時期」，指由耶穌死後（約公元 30 年）至耶路撒冷淪陷（公元 70 年）40 年的日子，而這時期的教會稱為「初代教會」。

資料來源

與舊約歷史相比，我們對新約歷史資料的掌握和理解會更加清楚和肯定，主要因為見證兩約之間和新約時期的歷史文獻非常多，且準確性和可信性甚高。這裏只作粗略介紹。

在古代希臘和羅馬歷史方面，最完備的參考書是 J. Boardman and Murray, ed., *Oxford History of the Classical World*；Hornblower and Spawforth, *Oxford Classical Dictionary*, 3rd. ed.；Boardman, ed., *Cambridge Ancient History*, vol. V: *Athens, 478~401 B.C.*; vol. VI: *Macedon, 401~301 B.C.*; vol. VII: *The Hellenistic Monarchies and the Rise of Rome*。

要了解兩約之間和新約的歷史背景，我們的資料來源幾乎全靠聖經以外的歷史文獻。整體來說，猶太史學家法拉維·約瑟夫（公元 37~100 年）的《猶太戰記》和《猶太古史》兩份文獻最重要；《猶太戰記》詳述「第一次猶太人叛亂」（公元 66~73/74 年在耶路撒冷）的因由，而《猶太古史》

典書卷完成之前的一段日子；但究竟最後一卷寫成的舊約書卷是但以理書還是歷代志上、下，就很難斷定。參黃錫木：《基督教典外文獻概論》，頁 7~8。

則詳述猶太人的歷史，由創世到「第一次猶太人叛亂」為止。此外，他的自傳《生平》亦同樣提供很多有用的資料[4]。

在兩約之間歷史方面，一般稱為舊約次經[5]的經卷往往提供非常重要的資料，特別是《馬加比一書》和《馬加比二書》，它們為公元前 175 至 135 年這段歷史提供不可多得的資料[6]。以上提及的資料（包括所有次經）均以希臘文寫成，但

---

4 有關約瑟夫的文獻，可參考紹麟：〈約瑟夫文獻〉，《聖經正典與經外文獻導論》，第 11.2 節。約瑟夫在「第一次猶太人叛亂」（公元 66~73 年）剛開始（那時尼祿作羅馬王），被大祭司派到加利利省當將領，對抗羅馬兵隊，但卻被俘虜。其後，約瑟夫隨從羅馬大軍，見證第一次猶太人叛亂的整個過程，日後又為幾位凱撒所器重和賞識，被授予羅馬公民權等。正因為約瑟夫與羅馬政府的關係密切，當時的猶太人對約瑟夫都極為反感。一般學者認為，約瑟夫的記載算是可信的，但當中也有流露他為自己辯護，他的自傳《生平》便是一好例子。自傳中所記述的第一次猶太人叛亂，基本上與《猶太戰記》有很多相似的地方，但《生平》特別提及一位來自提比哩亞的游斯都。這位游斯都曾寫過一份歷史文獻（已遺失，只見於約瑟夫的討論）記述這次叛亂，並指摘約瑟夫降服羅馬兵隊這惡行。因此，約瑟夫寫《生平》的目的，似乎主要是反駁游斯都的記述，為自己申辯，甚至把整場叛亂歸咎於他；然而，在《猶太戰記》裏，游斯都的名字鮮有出現（參 Grabbe, *Judaism from Cyrus to Hadrian*, vol.1: *The Persian and Greek Periods*, pp.370~372、374~375）。有關如何評定約瑟夫著作所載歷史的可信性，詳參 Mason, *Josephus and the New Testament*；Bond, "New Currents in Josephus Research," pp.162~190。

5 有關舊約次經的介紹，參黃錫木：〈典外文獻的歷史處境〉和〈基督教典外文獻簡介〉，《聖經正典與經外文獻導論》，第六、七章有關的討論。

6 這兩卷書原以希伯來文寫成，但存留下來的只有其希臘文版本，作者不詳。兩卷書所記載的日期為公元前 175 至 135 年。從歷史鑑別的角度來看，一般學者認為《馬加比一書》所載錄的歷史資料非常可靠，亦可能是哈斯摩尼阿家族的官方歷史文獻（故以這家族為出發點）。反之，《馬加比二書》卻有較濃的神學味道；按書中的序言所指，《馬加比二書》可能摘錄自一份由古利奈人西門所寫、較

有關新約歷史的資料，除約瑟夫的著作外，主要是拉丁文文獻，其中包括幾位羅馬著名歷史學家的著作：利維（公元前64/59~公元 12/17 年）的《羅馬歷史》[7]、綏屯紐（約公元 69~122 年）的《十二凱撒生平》[8] 和塔西圖[9]（約公元 56~117 年）的《歷代史誌》和《編年史》；另一份重要的史料是《奧古斯都歷史誌》，作者不詳，載錄了公元 117 至 284 年期間幾位羅馬帝皇的事蹟，特別有助我們了解哈德良和「第二次猶太人叛亂」。此外，那著名的猶太思想家和神學家，就是亞歷山太的斐羅（公元前 20 至公元 50 年）某些著述（均以希臘文寫成），如《外交使團上奏該猶記》和《反駁弗拉克斯》等，亦對當時猶太人所面對的問題，提供很有用的補充。

以上所介紹的一手資料，很多重要的經文已經翻譯成中文，並輯錄在黃錫木、岑紹麟和周健文編著的《新約背景文獻選輯》一書中，亦是本書經常引用的參考書。有別於本書，該書的分類按一貫歷史時段，不分民族地區性（即希律家族）與主流性（即凱撒家族）。

除這些一手資料外，讀者亦應留意現代學者對這兩個時

為詳盡的歷史文獻。

7 拉丁文書名為：*ab urbe condita libri*（書名中譯為：「從建城起的史書」），由羅馬建城說起，為整個羅馬歷史提供最詳盡的歷史記載。全書原有一百四十二卷，但現存只有三十五卷。

8 所包括的凱撒，由猶流．凱撒至多米田．凱撒為止。綏屯紐對早期兩位凱撒（即猶流和奧古斯都）的描述較為詳盡，其中亦包括較多當時的官方文獻，但對於後期的凱撒，塔西圖的記述會更可靠。

9 被譽為羅馬帝國中最偉大的史學家之一，很可惜，他兩部著作都沒有完整留存下來。但由於第 3 世紀的戴奧．卡修斯編寫其歷史書，也主要取材自塔西圖的書，故我們尚且可從卡修斯的著作得知塔西圖的記錄。

代的分析和討論，其中值得參考的有：Bruce, *New Testament History*；Lohse, *The New Testament Environment*, trans. John E. Steely；Grabbe, *Judaism from Cyrus to Hadrian*, 2 vols. vol.1: The Persian and Greek Periods, vol.2: The Roman Period；Hayes and Mandell, *The Jewish People in Classical Antiquity: From Alexander to Bar Kochba*。中文參考書有：謝友王：《兩約中間史略》；第丁納著：《新約世界》，唐佑之譯；羅愛華著：《初期信徒：他們的建立、著作和信念》，陳克平、陳慕賢譯；羅素著：《兩約之間》，禰浩榮譯；黃錫木：《新約研究透視》。

第一章 古典歷史概述

黃錫木博士◎著

從人類學學者對古代歷史的探研，我們知道，西方的古代文明[1] 是先從古近東（主要是埃及和美索不達米亞，即今天的亞洲中部，特別是愛琴海和巴爾幹半島等地方）開始，伸展到意大利，然後至歐洲一帶其他地方。有些近東國家，如埃及和巴比倫，早於公元前 30 世紀已經發展至一個文化高峰，而希臘文明在這個時候才剛剛開始。希臘文明源自近東文明，其近東的色彩很明顯，加上後期的歷史發展，例如亞歷山大大帝在短短幾年的長征，對東方文化熱衷非常，可見希臘文明（及至發展下來的西方文明[2]）的東方色彩不是偶然的。

研讀新約的人很少會涉獵這部分的歷史，因此對這時期很多基本的歷史觀念和背景都不認識。例如，古代歷史根本就沒有一個完整的國家稱為「希臘」[3]，又或在近一千年的「羅

---

1 所謂「文明」，是指在知識、文化和物質發展方面較為成熟和先進的人類社會狀況；這往往標誌著藝術和科學的發展，文字的廣泛使用和嚴密的政治和社會機構的出現。一般來說，文明的發展有起有伏，亦有不同的高峰時期。

2 隨著羅馬共和國／帝國的興起，羅馬人成為希臘文化的接棒人；因著這種文化相傳的關係，我們慣常稱這種較後期的文明為「希羅文明」（Graeco-Roman civilization）。嚴格來說，西方文明是源自「希羅文明」，而非直接來自古希臘文明。

3 因此，「希臘人」這名稱主要指那些以希臘語為母語、並以希臘文化（包括其生活習慣）為根源的人。其意義就好像今天一些在海外長大的華人，他們雖然已經取了移居地的護照，但依然稱自己是「中國人」。留意在新約聖經裏，除哥林多前書一章 22 節「猶太人是要神蹟，希臘人（*hellênes*）是求智慧」，*hellên* 可理解為「希臘人」（指那些以希臘文化為本的人）外，這字主要是指「外邦人」（即非猶太人），例如：徒十四 1，十八 4(「猶太人和外邦人；*hellênôn*」)，十七 4 和二十一 28，而在羅一 14（*hellênes kai barbaroi*「開化的、沒有開化的」），*hellên* 卻是指那些有文化的人。

馬國」歷史裏，「共和國」是如何轉變到「帝國時期」呢？沒有這些歷史背景，我們就無法了解，為何傳統的西方學者總把雅典執政官（或稱為「立法者」）梭倫（公元前 640~558 年）與舊約的摩西比較？另外，在希臘世界中，為何雅典有一種超然的地位？伯里克利（公元前 500~429 年）和狄摩西尼（公元前 383~322 年），這些曾經叱吒一時的人物又是誰呢？這些歷史背景未必對每一段新約經文的闡釋都有直接幫助，但對於了解當時的社會和文化就不可或缺。

從社會政治的角度來看，雖然耶穌傳道和新約教會的歷史都屬羅馬帝國歷史的一部分，但對於文化和兩約之間的背景，希臘的歷史（特別是後期的希臘與波斯的關係）可能更重要。按此，本章對於希臘城邦的討論亦相應著墨較多。

1.1. 希臘人的祖先

研究希臘的歷史，往往要追溯至公元前 2600 年左右的青銅器時代早期（公元前 2600~2000 年）。當時，希臘人的祖先從小亞細亞移居至巴爾幹半島南部，首次踏足這片土地上（即今天的希臘）。雖然這些外來者同樣處於青銅時代，但由於他們建於氏族（即共同血緣關係結合而成的一種血族團體）基礎上的社會和政治組織，這對當地人來說卻完全陌生。他們以畜牧為主，而他們的神明是獨特的：神明世界由天空的主宰宙斯統治，戰爭則由一位叫雅典娜的女神執掌。在古代文獻中，這批新移民稱為「但拿奧人」[4]（參荷馬《伊

4 這名稱曾一度被認為是荷馬誤用，但後期在與特洛伊戰爭同期的赫

利亞特》1.42）或「希利尼人」（希：*Hellēnes*；參亞里斯多德《氣象學》35.2a.34）。按日後的發展，他們分為三個群體：亞該亞人[5]、愛奧尼亞人和伊奧利亞人。這些人說著一種「像希臘話」的語言，而不同族群的口語有不同的特徵；某程度上，這三種族群的希臘語成為希臘語系的三大方言。

留意研究希臘歷史的起點，是一群說希臘話的人，而不是那塊稱為「古希臘」（希：*Hellas*）的土地。這有別於其他國家歷史的研究，通常由當地的第一代居民說起，如美國歷史，就是由印第安人說起。希臘歷史卻始於說希臘語的侵略者，這些侵略者的語言，不單強而有力地影響當地土生土長的居民，也支配其後移居該地的人。他們又利用自己發展出來的鑄造銅器技術，趕散當地的早期居民柏拉斯基族人（或稱「海上民族」），把當地象徵權力的宮殿完全毀滅。就在這新的落腳地，這群新移民和後來移居此地的人形成了印歐文化和語言，但書寫形式在當時尚未發展。

約在公元前 16 世紀（至 12 世紀），希臘本土發展了一種尚武的文明，一般稱為「邁錫克文明」，因為位於「邁錫克」的古蹟是最具特色的。不同地方所建立的城堡以及許多在城堡周圍組織起來的小王國，把希臘一帶瓜分開來。這些居民好勇善戰，不斷擴張勢力。離開巴爾幹半島不遠的一個名為克里特島的大島，起初以為不會受到這批移民的影響，

特和埃及文獻中，也發現這個名字。

5 由於荷馬也曾歌頌那批趕散拉斯基族人的亞該亞人，所以一些希臘歷史學家統稱所有先於亞該亞人的部族為柏拉斯基族人，參 Moulton, *A Grammar of New Testament,* vol.1: *Prolegomena*, p.184。根據一塊屬公元前 1275 年的埃及碑記上面「亞該亞人」的刻字，推斷亞該亞人的生活年代為距今三十二個世紀。

但始終（約於公元前 1700 年）也逃脫不了這些希臘人侵略的厄運。

約在希臘人定居希臘土地的同時（即公元前 2000 年），未受移民潮影響的克里特島正值繁榮時期，生產蓬勃發展，人口迅速增長。雖然經歷幾番天災人禍，但克里特島很快就恢復元氣，發展成一個結構嚴密的君主小國，首都位於島上北岸的克諾索斯。其後的幾百年，最出色和最強的君王是「米諾斯」，而他的王國也就稱為「米諾斯王國」；這島國所代表的文明則稱為「米諾斯文明」[6]，時為公元前 2000 至 1450 年。在公元前 1450 年左右，克里特島遭到希臘人的入侵，從此克里特島變成他們的屬地。

米諾斯文明可說是歐洲古代歷史中最輝煌的時期。他們建設自己的宮殿，設備齊全[7]。從克里特島的出土文物和壁畫中可見，他們的手工藝非常仔細，形態多樣，色彩豔麗，藝術創作氣氛十分濃厚。他們又生產各種器皿和金銀首飾，用自己所建造的輕型商船，把首飾銷往希臘、亞細亞和埃及等地，來換取所需的礦石。此外，他們的戰艦更為他們取得愛琴海一帶的控制權。對於今天的希臘人來說，「米諾斯」這名稱就好比中國古代的「大唐」，代表強大、繁榮和輝煌。

---

6 這文明於 1905 年由英國學者 Sir Arthur Evans 命名，參其經典著作：Evans, *The Palace of Minos: a comparative account of the successive stages of the early Cretan civilization as illustrated by the discoveries at Knossos* (4 vols)。

7 在公元前 2100 至 1400 年間，克里特人的生活是以這些宮殿為中心組織起來的，而克諾索斯是這些宮殿中最大的一座，在公元前 1700 年左右於地震被毀；重建後，在公元前 1450 年左右又被希臘入侵者破壞。這宮殿共有五層樓，原本可能有一千三百個房間，而至今的遺蹟還有八百個房間。

宗教方面，米諾斯國王不但是軍事和政治的領袖，亦是神的化身，人民必須無條件服從他。希臘神話中，有關米諾斯王與眾神之首宙斯親切交談的情景，便是這種神權政治的生動寫照。克里特人可謂希臘人的老師。他們教希臘人種植葡萄和橄欖樹，又傳授造船和航海技術。

公元前 13 世紀至 9 世紀，希臘進入一個「黑暗時期」。這時期留下來的建築遺蹟很少，殘餘的器物、武器、工具和陶瓷器也很少。歷史學家估計，這段時期有不同部落因為戰亂而進行大規模的遷徙。最重要的是，可能有一群人（後來被稱為多利安人），他們從巴爾幹半島南下地中海沿岸，來到希臘，之後征服和摧毀邁錫克。著名的特洛伊城可能也是在公元前 13 世紀被具有商人和海盜雙重身分的邁錫克人所佔領和破壞的。

約在公元前 900 年，希臘人在愛琴海一帶長期定居下來。那時，他們佔據了希臘本土、愛琴海諸島、克里特島、塞浦路斯和小亞細亞西部。根據希臘人所使用的方言，可以把他們分為亞該亞人（主要聚居在阿卡狄亞和塞浦路斯）、愛奧尼亞人（主要聚居在亞提加、愛琴海諸島、小亞細亞沿岸的中部）、伊奧利亞人（主要聚居在比奧提亞、賽薩利、小亞細亞沿岸北部）和多利安人（主要聚居在拉哥尼亞、阿戈利斯、克里特、羅得島和小亞細亞沿岸的南部）。

1.2. 古希臘時期

自邁錫克時代起，希臘人便生活在數百個小國之中，但到了公元前 10 世紀至公元 8 世紀，情況發生了變化。這些小國本來只是由不同氏族所組成的集體管理組織。國王雖然是戰爭時期的首領，也是和平時期的最高法官，但他們本身既無財政資源，亦無軍隊，他們的權力其實是由人民所賦予；某程度上，他們只是一個聯邦的首領[8]。與代表居民權益的首領（通常是貴族）比較，國王的權力不免黯然失色。漸漸地，國王這種無實權的首領角色完全被各個氏族首領所取代，而城邦（希：*polis*）亦由此而生[9]。城邦制一直是整個古代希臘社會的制度，跨越整個希臘歷史，本節主要討論古希臘時期，即公元前8世紀至6世紀。

城邦與城邦之間彼此相關，互相影響。由於希臘本土滿是丘陵山岳，地勢起伏不平，因此，只要地勢許可，城邦通常會圍繞著山崗來建築，以利防禦。希臘城邦通常由兩部分構成：散落著村莊、小鎮的鄉間土地，以及處理居民公共事務的一個中心城市（亦稱 *polis*）。中心城市有供奉重要神明的廟宇（主要的神廟通常位於衛城的最高點），多用途的市集（希：*agora*）和用來舉行政治集會的廣場。城市的中心通常在最高點，以作防禦，故稱為「衛城」（希：*acropolis*）。衛城有堅固的堡壘和城牆，除保護主要的神廟和其他重要的建築，也可以在戰爭當中扮演瞭望的角色。

---

8 在荷馬的《伊利亞特》中，阿伽門農似乎是希臘諸國國王之首。然而，在首領集會上，其他國王可以激烈地反對他的決定。有時候，一批普通士兵的抱怨也會迫使他放棄某個主張，這與一般人想像的「國王」確實有很大分別。

9 不少人認為，荷馬其實是生活在新的城邦社會和舊的王國社會的交替點。他之所以在這個交替時期潛心詩歌創作，主要是要向新時代的人吟唱傳統，要回顧歷史，歌頌戰火紛飛的過去；特別留意，荷馬的吟唱主要是在貴族舉行的宴會上。

為了生存，每一個城邦裏的人（一般稱為「公民」）都非常團結，務求令這個政治團體可以愈發強大和堅固。與之前的王國時期相比，城邦顯然較為民主，因為公民不論貧富均可進入「公民大會」（希：*boulê*）。然而，貴族（希：*aristoi*，意即「最好的人」）始終仍然掌握大權。這些貴族不單擁有財產，更具備知識，而且懂得使用兵器和擁有船艦（一般稱為「三層槳戰船[10]」）。城邦的內部糾紛，居民會選幾位法官管理，稱為「立法者」[11]。但處理對外的問題，就往往靠戰爭來解決。由於城邦沒有全職軍隊，當戰爭發動起來，才展開征召[12]。城邦的男性公民都有義務為城邦服務。此外，參軍也是一種經濟投資，因為戰士都可以分享到勝利的成果（當然亦要分擔其危機）。這樣，設備完善明顯就較優勝，這也是貴族在城邦中總是擁有主導權的原因之一。

雖然城邦的面積不一定細小[13]，但對於不斷膨脹的人口，土地（特別是耕地）的缺乏依然是很多問題的根源。在整個古希臘時期，希臘本土的歷史見證了非常頻密遷徙和殖民的活動。很多時候，新的城邦興起後，領袖仍然與原來的

10 這是古代最快、最有威力的戰船。船靠兩側一層疊一層的三層槳手來推動，以及惟一的一張帆；船頭繫著一個前端是金屬的撞錘，用來撞擊和擊沉敵人的船。

11 這些法官在斯巴達城稱為「監察官」，而在雅典則稱為「執政官」（希：*archôn*）。

12 斯巴達城邦可能是惟一的例外。約於公元前600年開始，斯巴達所有的公民都是城邦的士兵（包括女性）；此外，他們又有八千至一萬名隨時武裝的公民候命出征。

13 雅典算是個大城邦，面積有二千六百五十平方千米，而斯巴達城的面積則與克里特島相約，有八千五百平方千米之大。

城邦（稱為「宗主城邦」）保持密切的關係，使用原來的方言，以及敬奉相同的神明。這些新城邦的興起，直接刺激商貿經濟活動，亦促進交通運輸（特別是航運）的發展，而錢幣亦在這種經濟活動當中誕生了。

城邦沒有國王，但這並不表示完全沒有獨裁專政的危機。貧者愈貧，富者愈富，大概是社會的常態。城邦裏奴隸湧現（主要是在市場買賣），直接威脅中低下層人民的收益和就業情況。至於農民亦因為負債，把田地賣給貴族（也是地主），自己則變成佃農（即以租耕地為生的農民）。我們不難想像，在這種情況下，貧富懸殊愈來愈嚴重，而對於將要淪為奴隸的農民和其他窮人，除了反抗，便沒有其他出路。所謂時勢造英雄，一些有膽色的人就在此時突圍而出，通過政變等方式奪得權力。最初的動機可能是救民出水火，但後來卻變成「霸主」或「僭主」（希：*tyrannos*）。霸主的出現可算是古希臘時期城邦社會非常普遍的現象。他們通過暴力奪得政權，住在堡壘中，有自己的侍衛，有權流放或處決與其為敵的人（包括貴族），又沒收他們的財產。不久，他們便富有起來，儼如王帝。不過，他們亦不忘造福普羅大眾，像舉行大型節目和大型工程；一些甚至會給貧窮人送東西，藉此重新分配自己的財產。

要處理城邦的問題，其實不一定要作霸主。在希臘城邦的歷史中，我們看到有不少領袖或立法者均嘗試藉著制定較完善的律法（如儘量限制貴族的特權）來處理這類問題，而在改革當中，他們連霸主也要趕走。最具代表性的是雅典執政官（即他們的立法者）梭倫（公元前 640~558 年）。公元前 592 年，他為了緩和窮人的不滿情緒，減輕佃農的困苦，立法取消債務奴隸，把土地歸還佃農，藉此減輕他們的債務。另外，他又削弱貴族家庭的勢力，把原來只屬於他們的特權分給公民。例如，司法權不再屬於貴族家庭，他把部分案件交由民眾法庭審理。他又鼓勵民眾根據自身的能力進行裝備，參與「戰爭」投資。其後，另一位重要的改革家是克利斯梯尼（出生日期不詳），他於公元前 510 年把雅典的制度整頓得更加完善。雖然梭倫等人的改革並未即時成功（事實上，要到提洛同盟成立後四十年左右才見生效），但他們的努力，無疑使雅典成為民主社會的先鋒。

1.3. 古典時期

「古典時期」是指公元前 6 世紀至公元前 323 年亞歷山大大帝去世為止。這個時期的歷史可謂峰回路轉。最初，希臘人聯手對抗公敵波斯人，後來變成自相殘殺，然後再與波斯人結盟，最後又反抗波斯人。

1.3.1. 波斯之戰（公元前 490～480 年）

當波斯王塞魯士（又稱為古列，公元前 560/559~530 年）登上政治舞台後，就決意擴大疆土。勢力強大的塞魯士王先在公元前 549 年擊敗瑪代帝國（約今天的伊朗），開始了瑪代波斯帝國時期。繼而在公元前 539 年，他親自率兵攻打並消滅巴比倫。自此，塞魯士王不但統治美索不達米亞一帶，勢力更伸展至敘利亞和巴勒斯坦。到公元前 525 年，波斯人已經完全統領中東一帶，包括米底亞、呂底亞[14]、巴比倫和埃及，並自稱為「王中之王」或「大王」。經過一番國內的權力鬥爭（公元前 522~500 年），塞魯士的兒子大流士（公元前 521~486 年）的地位最終得以穩固，此時他正準備一場對希臘本土的長征。

長征最重要是道路建設，而這方面，波斯確實了不起。從位於小亞細亞西部的以弗所和撒狄，到美索不達米亞東端的書珊（或稱蘇薩），有一條「王的大道」。這條大道經過中亞的安西拉、加帕多家、幼發拉底河上游，以及兩河流域之間的巴比倫和蘇西亞娜。大道兩旁可見王家驛站和上好的旅店，而且沿途一帶人煙稠密，所以十分安全。撒狄距書珊的王宮二千三百公里（若每天走二十五公里，走完全程正好需時九十天）。另有王家通道連接印度和埃及，國王的軍隊和信使在路上往來，由一支交通治安部隊所保護。

一直以來，希臘的「自由社會」為大流士心頭之患。希臘人在小亞細亞建立的城邦，經大流士多年威迫利誘，都一一投降，併入波斯版圖。然而，這些城邦並不甘心被統治，極其盼望恢復過去的美好時光，重獲「自治」的生活。公元前 499 年，愛奧尼亞城邦起義，便是一個例子。大流士自恃國力雄厚，兵源充足，非希臘這散沙般的城邦可以敵擋，自信必定能拔除希臘這顆眼中釘。

所謂「波斯之戰」，特別指在古典時期波斯人與希臘人之間一連串的戰役。對這段歷史有最透徹的記載，莫如公元前 5 世紀那堪稱「史學之父」的哈利卡納蘇人希羅多德（公

---

14 呂底亞是小亞細亞中西部一古國，瀕臨愛琴海，位於今天土耳其的西北部，以其富庶及宏偉的首都撒狄著稱。

元前 484~425 年）所著的《歷史》。

波斯展開第一次長征是在公元前 490 年（有稱之為「第一次波斯戰役」），目的並非要吞併希臘，而是要控制位於希臘東南面、愛琴海南部的一個群島，稱為塞克拉迪斯。然而，這場戰役為時很短，可說一開戰便慘敗，而大流士亦於不久後去逝。他的兒子薛西斯一世花了五年時間整頓兵力，又嘗試收買人心（說服一些較小的城邦）。公元前 480 年，他率領數萬兵馬和數百艘由腓尼基人武裝（僱傭兵）[15] 的戰船再度開戰。波斯軍隊從色雷斯南下，沿途大肆破壞。除了斯巴達和雅典，絕大多數的城邦都決定投降；此時兩大城邦也就只好聯手抗敵。在陸上之戰，斯巴達和雅典均大敗，而雅典城更被攻佔和焚燒；不過，其實這只是個陰謀。原來雅典的執政官西米斯托可斯早已決定棄城，改由海路全力抗敵。由三十一個寧死不屈的城邦組成的聯合艦隊，於公元前 480 年 9 月在薩拉米島附近海域，將波斯戰船全數擊破。薛西斯被迫逃回波斯，而以雅典為首的希臘聯軍乘勝追擊，把原來被佔據的城邦那些波斯軍隊趕走。

1.3.2. 伯羅奔尼撒之戰（公元前 431~404 年）

當斯巴達還是躊躇不前，雅典卻積極拉攏在小亞細亞及愛琴海一帶剛脫離波斯統治的各城邦，公元前 478 年，組成了一個以提洛島[16] 為中心的海上同盟，稱為「提洛同盟」，

---

15 希羅多德的《歷史》記載有四十萬步兵，八百艘戰船，但一般學者相信這些數字是嚴重誇大了。

16 這是一個位於愛琴海的島嶼，是塞克拉迪斯群島中最小的島；傳說中它被視為阿波羅神的聖地。

而雅典自然成為盟主。每個城邦都繳納經費，或提供士兵和戰艦，共同抵抗波斯軍隊。豈料，公元前 454 年，雅典把原來存放在提洛島上的公共財富運至雅典城去，收歸己有。此外，雅典又制訂規章，剝奪各成員原先享有的自主權，要求成員國絕對服從雅典政府。之後，公元前 446 年，雅典更以同盟的姿態與波斯簽訂和約。因此，在波斯戰爭後，這同盟——本來是一個聯邦政府——順勢變成一個「雅典帝國」，而本來獨立的城邦如今卻附屬於雅典，而財富亦歸雅典所有。

因為雅典的霸權主義日盛，完全不顧各城邦的死活，最終迫使他們反抗。由於反抗的城邦主要位於伯羅奔尼撒半島[17]上，一場長達三十年的「伯羅奔尼撒之戰」也就展開，這一回，他們連同一直以來與雅典爭朝夕的斯巴達聯盟，對抗雅典。雅典人修希德狄斯（公元前 460~400 年）是繼希羅多德後一位偉大的希臘歷史學家，他見證了伯羅奔尼撒之戰整場戰爭的經過，並在他所著《歷史》一書中加以詳盡評論[18]。雖然修希德狄斯認為這場戰爭的起因，是雅典的勢力威脅斯巴達，但一般現代歷史學家卻認為，導火線乃哥林多和邁加拉與雅典的商貿利益的衝突[19]。開戰頭十年，雙方未能分高

17　位於希臘南部的半島，著名的哥林多城就是位於伯羅奔尼撒半島和希臘大陸的連接點上，亦是半島上最大的城市；公元前 4 世紀以前，這半島一直為斯巴達人統治。

18　公元前 5 世紀的希羅多德的歷史撰寫主要依賴「口傳歷史」，但修希德狄斯則較強調嚴謹的鑑別方法，以科學態度解釋歷史事件。這方法為後來的歷史學家所學效，如公元前 2 世紀的波利比奧斯（公元前 202~120 年）和羅馬史學家塔西圖。

19　這場戰爭對於希臘城邦社會的發展也有象徵性意義。雅典代表推行民主制的城邦，擁有強大的海上艦隊，並為提洛同盟盟主，可以隨便調動各成員，而一向保守和強硬的斯巴達則代表推行貴族制的城

下。本來雙方曾於公元前 421 年簽訂停火協議，但幾年後，雅典想透過幫助一場地區性糾紛，再次強化作盟主的領導地位。殊不知這是個圈套，結果整個艦隊中敵埋伏，全軍覆沒。雅典元氣大傷，但仍然強忍九年。公元前 405 年，斯巴達摧毀雅典最後一支艦隊。此時，同盟成員早已四散，雅典於翌年正式投降。

1.3.3. 雅典的地位

在伯羅奔尼撒之戰後，雅典雖然一敗塗地，但其創造激情從未減退。至公元 5 世紀末，雅典在政治上所扮演的領導角色，亦延伸到商業和文化方面，包括科學、藝術、文學、貿易、工業、時裝等；此外，一切政治、軍事、社會及教育的建設，均在雅典創立和發展，並由此拓展開來。很大程度上，雅典可以說是帶動著古代世界的文明進程。許多人為了業務、求學、旅遊等，紛紛擁至這國都，難怪那著名的執政官伯里克利（公元前 500~429 年）能如此自豪的說：「因著雅典城的偉大，世界上每一角落的事物都匯聚於此！」（修希德狄斯《歷史》2.38）以當時的形勢看來，這誇耀實在不為過。

雅典的所謂「民主制度」，是經過一段很長的日子才發展出來的。在古代社會，這已是相當進步（要特別留意，所謂「民主」，主要是照顧「自己城邦人」的權利）。與斯巴達相比，雅典政府並非寡頭統治（受控於貴族），而是由公民大會（還是以男性為代表）決定的。不過，雖然政改家梭倫

邦，較強調身披盔甲的重型步兵。

早於公元前 6 世紀已提倡一連串的民主制度，要從公民大會中產生行政機構，建立公眾法院等等，但一直還是理論多於實踐；基本上，雅典的民主要到伯里克利[20] 才能實現。修希德狄斯就認為，在伯里克利的帶領之下，雅典才算是由人民領導[21]。伯里克利雖是貴族出身，卻經常到坊眾那裏跟普羅百姓交談，聽取他們的意見。在雅典，當軍人、法官、議員和其他政府官員，最初都是沒有薪金的，當兵的還要自己掏錢買武器和馬匹。這樣，這些職務便給富有的人把持了。伯里克利執政後規定，軍人和一切公職人員的薪金都由國家支付。這樣，一般公民也能當軍人、法官和議員，而公民本身的權利也隨之擴大。

隨著民主制度的發展，公民大會空前活躍，人民又踴躍在法院發言。在公元前 5 世紀及往後的一個世紀中，詭辯家[22]崛起，演說藝術得到空前發展。例如雅典最傑出的辯士之一狄摩西尼（公元前 383~322 年），他面對馬其頓國王腓力二

20　提起希臘的強盛與繁榮，人們往往會想到雅典城和伯里克利的名字，因為最能代表和反映這種強盛與繁榮的，是在伯里克利統治時期的雅典，因此希臘的「黃金時代」又被稱作「伯里克利時代」（公元前 443~429 年）。

21　對於被認為是腐敗的政治家或為害社會的罪犯，雅典城邦的公民對他們的懲罰，往往是放逐。對於這些政治家，公民將他們的名字，寫在一塊稱為「陶片」（ostrakon）的陶瓷破片上，以進行不信任投票。這一過程稱為「陶片放逐」（ostracising），此術語一直沿用至今。

22　這些詭辯家主要指蘇格拉底之前的哲學家，他們善於對宗教、形而上學和數學等學問進行探索和思考。但在蘇格拉底時期，這名稱則指一些辯論家，他們以精彩巧妙和似是而非的辯論見稱，有時甚至顛倒是非，被蘇格拉底和柏拉圖等人指斥。

世的擴張野心，曾在議會慷慨激昂地講論，陳述時弊，贏得大眾連連掌聲。此外，隨著三位堪稱希臘最偉大古典戲劇作家的出現，包括埃斯庫羅斯（公元前 525~456 年）、索弗克斯（公元前 496~406 年）和歐里庇得斯（公元前 480~406 年），悲劇（tragedy）的發展也相當鼎盛。由於悲劇大多借助「英雄時代」的重要人物，對當代社會和人事進行剖析，故悲劇的發展對鞏固民主制度有積極作用；反過來，民主制度的鞏固，也同時有助悲劇的發展。相反，喜劇（comedy）則主要取材於當時社會，所涉及的問題往往無關宏旨；不過，當涉及一些熱門話題，喜劇亦會發人深省，有利促進社會名流的大流論。亞里斯托芬（公元前 450~385 年）是喜劇作家中的佼佼者。

要談雅典，當然不能不提發源於雅典的哲學思想，而這三徒孫最能代表這方面的發展。蘇格拉底（公元前 470~399 年）一生過著清貧的生活，自小熟讀荷馬史詩及其他著名詩人的作品，學問淵博，全憑自學。蘇格拉底卻常說：「我只知道自己一無所知。」他的教育哲學就是要人在與他辯論的過程中，通過問答形式糾正錯誤，並幫助人建立新思想。他會不斷追問，使對方自相矛盾，承認對問題無知，然後幫助對方拋棄謬見，確認真理。最後，再從個別事物找出共通點，作出歸納，通過對個別問題的分析和比較來尋找一般規律。蘇格拉底的學說具有神祕主義色彩。他認為，天上和地上各種事物的生存、發展和毀滅都是神安排的，神是世界的主宰。他提倡人要學習做人的道理，過合乎道德的生活。他的哲學，主要研究探討倫理道德問題。

蘇格拉底沒有著作存留，他的學說主要靠他的愛徒柏拉圖（公元前 427~348 年）延續。「理念論」或「唯心論」是柏拉圖哲學體系的核心。他認為在「物質世界」之外還有一個非物質的「理念世界」。理念世界是真實的，而物質世界是非真實的，它只是理念世界的模糊反映。我們可以以「美」為例來理解柏拉圖所說的感覺世界、理念世界和人的思想三者之間的關係。柏拉圖認為，世間有許多事物，當你要判斷它是美與否時，人的思想必然已有一個美的原型，這心目中美的原型其實來自存在理念世界中那個絕對的美。任何美的事物都無法與美的原型相比，前者不過是對後者的一種模仿，美的事物有千千萬萬，而美的原型或理念的美卻只有一個。其他事物也是如此，如有了桌子的理念，然後才有各式各樣的桌子。

不是每一個雅典人都認同民主制度，而蘇格拉底和柏拉圖就是最佳代表。他們二人反對民主，認為一個人應該做那些跟自己身分和能力相符的事。農民只管種田；工人只管做工；商人只管做生意；平民不能參與國家大事。治理國家的人，既不應是那些掌握權柄、以勢欺人的人，也不是那些由民眾選舉的人，而應是那些懂得管理的人；某程度來說，理想國應由哲學家管理[23]。

柏拉圖的愛徒亞里斯多德（公元前 384~322 年），則極之推崇政治學。他認為政治是「一切學術中最重要的學術」，主要研究人群的善（而倫理學則研究個人的善）。他從人性出發探討國家的起源和目的。亞里斯多德的基本命題是「人

23 蘇格拉底的死給柏拉圖沉重的打擊。柏拉圖認為，他的老師是被民主制度害死的。蘇格拉底涉嫌與當時一名獨裁的霸主關係密切，反對民主政治，用邪說毒害青年；結果，他就在民主審判之下被處死。

是天生的政治動物」。他認為，自然不會造無用之物，必會賦予每一事物一定的目的。自然賦予人類的目的，是讓人過合乎道德的優良生活。只有當人各按其本分參加一個政治團體（城邦），才能實現這目的。

在各項知識活動中，言說論辯佔獨特地位，可說是這時期一大特色。由於民主發展的大前題，乃是言論自由和言行一致，因此，與民主制度發展緊密相連的古代修辭學便應運而生。

1.3.4. 馬其頓帝國的腓力二世(公元前 356~336 年)

踏入公元前 4 世紀，希臘城邦之間時分時合，變幻不定，實力對比亦變化莫測；城邦之間互相殘殺，民不聊生。我們可以從斯巴達、波斯和雅典這三角關係說起。

斯巴達推翻雅典後，把寡頭政治制度強加於各城邦，粗暴地干涉城邦的政治生活，又以對付波斯為名，強迫其他小亞細亞的城邦與她結盟。然而，斯巴達本身根本沒有兵力管治眾多城邦，於是要求各城邦負擔駐兵的費用，給各城邦帶來沉重的經濟負擔。怨聲載道，反抗紛起。此時，斯巴達為鞏固自己的地位，竟然勾結波斯。波斯政府以調停人身分迫使各城邦簽訂全面的和約，但暗地裏卻與斯巴達達成協議：斯巴達把小亞細亞的希臘城邦交給波斯監管，以換取稱霸希臘的支持。雅典為要對抗斯巴達，於公元前 378/377 年再次組織同盟，並承諾給各成員自由和保障（如不再侵吞她們的財政捐稅）。在這個混亂時刻，底比斯城邦突圍而出。在伊巴密濃達的領導下，底比斯竟然擊敗斯巴達軍隊(公元前 371 年)，遂成為希臘的霸主，擔任伯羅奔尼撒聯盟的盟軍首領，歷時只有九年。在這段期間，雅典還夢想可以重建昔日的光輝，但自公元前 357 年起，她的同盟亦陸續脫離雅典的領導。

在這半個世紀，希臘似乎回復一個世紀前（即公元前 5 世紀）那種完全自主的城邦制度，而波斯也趁機不斷擴張其影響力。這個時候，不少政治家向希臘人民疾呼，鼓勵他們團結，抗拒「蠻族」[24] 的統治，聲言要解放希臘[25]。最有名的政客是希臘的雄辯家伊索克拉底（公元前 436~338 年）和他的友人。要實現這目標，首先，歐洲所有希臘城邦必須消除分歧，並要由其中一個城邦行使支配權，指揮軍事行動。伊索克拉底本想由雅典來主導這件事，但當他知道雅典已不能再擔此重任時，最後只好鼓勵馬其頓來承擔。

馬其頓位於希臘最北部地區。雖然馬其頓人都說希臘話，但在其他希臘人眼中，馬其頓人是未開化的。原因之一，可能是他們採取一種極權的統治，與希臘城邦興起之前的王國統治無異，因此，在歷史上，馬其頓一般以「王國」專稱。腓力二世於公元前 356 年登上王位。他以暴力殘酷的手段對待國內的貴族，迫使他們支持他的軍備，農民則充當士兵。馬其頓又不斷向海峽和希臘本土擴張，危害雅典和其他希臘城邦。儘管雄辯家狄摩西尼（公元前 383~322 年）[26] 在

24 在希臘人眼中，所有其他民族都是野蠻人，因為他們不會說希臘話。有人說另一種語言，在希臘人看來，那就不是說話，而是「嘟嘟」的聲音而已（參 2.3）。

25 到公元前 4 世紀中葉為止，波斯帝國的疆域已經綿延數千公里，西及愛琴海，東至印度河，北抵亞細亞中部，南到波斯灣和紅海。

26 狄摩西尼是雅典歷史中最偉大的政治家和演說家之一。他曾領導雅典人民對抗馬其頓侵略達三十年之久，因而成為雅典民主派所公認的領袖。公元前 330 年，為表彰他對國家的貢獻，雅典決定授他以

雅典表示強烈反對馬其頓擴張，希臘各城邦卻一籌莫展，抵擋不住這股擴張勢力。

公元前 353 至 340 年間，腓力二世征服了希臘北部全部城邦。其後，他推進希臘中部。雖然雅典和底比斯結成聯盟，但為時已晚，強大的馬其頓軍隊於公元前 338 年在克羅尼亞把他們擊敗。他在哥林多召開希臘各城邦和公國的代表大會，決定成立「哥林多同盟」。加入同盟的成員需簽訂共同和平條約，宣稱每個成員都是自由自主的。不過，他們所享有的自由，會受到一些條款限制，包括禁止在城邦內進行任何政治或社會改革，另外，凡企圖推翻腓力及其繼承者的王權的城邦，將受懲罰。腓力受眾人推舉當「霸主」，也就是統帥，負責指揮聯軍，共同對抗波斯。不過，從這時候開始，各城邦已失去自主權，而獨立城邦時代便就此告終。

1.3.5. 馬其頓帝國之亞歷山大（公元前 336~323 年）

在公元前 336 年，腓力二世在他女兒的婚禮中被一名馬其頓青年貴族暗殺身亡，新的帝位由只有二十歲的亞歷山大（公元前 356~323 年）出任。亞歷山大自幼深受其私人教師、著名哲學家亞里斯多德的薰陶，對傳統希臘文化極之愛好，對雅典之民主制度仰慕非常。後來，他受泛希臘化理想的影響，故在最早期，已夢想解放亞細亞的希臘城邦，使其脫離波斯的軛（亞歷山大首次領兵出征時才十六歲）。

亞歷山大登位最初幾年，確實要面對多方的挑戰。國內

金造的桂冠。想不到一幫小人紛紛進言加害，牽起軒然大波。狄摩西尼挺身而起，發表了著名的《金冠辭》（*de Corona*）作為回答。這篇演說被譽為「偉大演說家之最偉大演說」。

懷疑他的領導能力，但始終認同他的王位。亞歷山大到哥林多去，續訂公元前 338 年締結的條約，正式獲得統帥的頭銜，指揮即將登陸亞細亞各同盟國的部隊。但不久，一些希臘城邦起義，要脫離這聯盟，結果年輕的亞歷山大國王發動了一場戰爭，很快平定了暴亂：他包圍底比斯，當地的人馬上棄械投降。亞歷山大卻讓希臘「盟友」作主，決定這城的命運。結果他們將底比斯夷為平地，使所有幸存的底比斯人全數淪為奴隸。這樣做十分殘酷，希臘各城邦都怕得要命，紛紛認錯，連雅典都投票通過決議，祝賀亞歷山大勝利，並按照先後與腓力和亞歷山大訂立的條約，加入哥林多同盟。

公元前 335 年，亞歷山大登位才一年，即揮軍進攻波斯國。亞歷山大的聲勢浩大，軍隊士氣高昂，這場戰爭在歷史上頗決定性，卻在短短兩年便告結束，實在不可思議。公元前 333 年，在哀撒斯城一役，亞歷山大大勝，當時的波斯王大流士三世見大勢已去，只好急忙撤兵。他的妻子、母親和女兒全部成了俘虜，他自己雖得以逃脫，但隸屬他的希臘裔僱傭兵卻大多逃往埃及去。

亞歷山大乘勝南伐腓尼基和埃及，這次南伐可算非常順利，大多數腓尼基的城市都自動投降，迎接亞歷山大入城，就連大馬士革也不戰而降[27]，只是在進佔推羅時，才遇到少許阻延。推羅位於一個小島上，離岸邊平原不遠，防衛嚴密，要進攻極之困難。結果，亞歷山大從大陸興建一條邊道，只

---

27 事實上，許多城邦（其中包括一些波斯的駐軍所放棄的，如以弗所）都甘願聽命於亞歷山大王。雖然亞歷山大攻佔城邦後，實行民主制度，但城邦並非完全的獨立，這些城邦要為遠征提供資金，而且往往由馬其頓的駐軍取代波斯駐軍。亞歷山大不僅是希臘城邦的解放者，他也把自己當作「大王」的繼承者。

需七個月便攻陷推羅，該城於公元前 332 年 7 月失守。要體會亞歷山大在這場戰事的功績，那就要回想數百年前，巴比倫王尼布革尼撒需要花上十三年才攻陷推羅。亞歷山大取得腓尼基各城後，便大舉擊敗波斯艦隊。

亞歷山大旗開得勝，繼續往南推進，大有席捲巴勒斯坦之勢。在此，不妨一提約瑟夫在《猶太古史》（11.317~345）對此事的記載[28]。按他所記，這是亞歷山大首次跟猶太人接觸，而過程又頗戲劇性。攻佔推羅後，亞歷山大曾致函耶路撒冷的猶太人，要求他們供應人力，並將以前給波斯國大流士的進貢轉而歸給他。然而，當時大祭司猶達斯抗拒不從，重申只效忠大流士一人。亞歷山大為之震怒，所以在奪得推羅和加沙後，即向耶路撒冷進軍。猶太人這才大驚，上帝在夢中告訴猶達斯該作的事。於是，當亞歷山大大軍壓境，老百姓就大開城門，出迎亞歷山大，祭司都穿上祭袍，以示敬重。亞歷山大因此大受感動，就伏在大祭司面前，表達對上帝的尊崇，隨後便進入耶路撒冷，在殿中遵照大祭司的吩咐向上帝獻祭。為表示對上帝子民的尊重，亞歷山大後來更批准巴勒斯坦、巴比倫以至瑪代的猶太人，可以按照他們祖先的法律來生活，每逢安息年更可免稅一年。由於亞歷山大對宗教一直抱開放態度，期望得到各式各樣神明的庇祐，所以若說他曾到耶路撒冷這樣獻祭，也不足為奇。不過，由於約

---

28 譯文見《新約背景文獻選輯》§1。《巴比倫他勒目》之〈論安息日〉69a 有另一個版本，記載耶路撒冷大祭司和亞歷山大在非利士沿岸平原的一處會面，可能是雅麥尼亞。讓一個細小的分封國的管治者有機會向新的管治者聊表忠心，是非常有可能的；然而，這裏出現一個歷史問題，記錄中所提及的大祭司在亞歷山大死後差不多一個世紀才上任。

瑟夫所載的事件，在非源自猶太人的主要文獻都沒有記載，所以一般學者幾乎一致認為這故事純屬虛構，缺乏歷史根據[29]。

無論如何，亞歷山大南下的攻勢凌厲，公元前 332 年，他只花了兩個月便攻陷加沙這座堡壘。同年後期，埃及竟然自動投降，孟斐斯的總督（稱為 satrap）更讓亞歷山大向他們的神明「亞皮斯神」（即神牛）獻祭，並宣稱亞歷山大為法老的繼任人，這就更奠定亞歷山大入主埃及的地位。公元前 331 年，正當亞歷山大向海岸進發，就在尼羅河口岸興建了「亞歷山太城」，這座以其名字命名的宏偉古城不久便取代了推羅城，成為地中海沿岸一個頗具規模的貿易港，亦是古代一個文化樞紐。這座古城迄今依然存在（為現今埃及的首都），記念這位來自馬其頓的少年英雄的豐功偉績。

公元前 331 年春季，亞歷山大返回敘利亞，在高蓋米拿與大流士作最後決戰。當時大流士的軍隊已不再甘心為一位無能和沒落的帝王賣命，結果，大流士被部下一名總督刺殺身亡，全部軍隊都歸順亞歷山大，而亞歷山大就順理成章繼任波斯王位，時為公元前 330 年。

亞歷山大征服的版圖之大，相信連他自己也無法估計，因為在他崛起的十年間，他不斷擴張版圖，從未停下來。公

---

29 要留意一點，記載有關亞歷山大王的歷史的主要歷史學家，例如 Arrian（載於他的 *Anabasis*）和 Diodorus Siculus，均有記述亞歷山大在出征期間，因對某些宗教產生興趣而改動原先計劃。例如，按這兩位歷史學家所記，亞歷山大之所以圍攻推羅，是要懲罰那城拒絕應他在當地的赫拉克里殿中敬拜的要求。因此，若亞歷山大真的到過耶路撒冷，他們更沒有理由沒有提及。參 Momigliano, "Flavius Josephus and Alexander's Visit to Jerusalem," pp.442~448，以及 Grabbe, *Judaism from Cyrus to Hadrian*, vol. 1: *The Persian and Greek Periods*, pp.181~184, 206。

元前 326 年，他更嘗試東征印度（即現代的巴基斯坦）。據說，亞歷山大曾在印度河邊哭泣，因為再沒有地可以給他征服了（實際上，大有可能是軍隊不願再往前去罷了！）。在往後數年，亞歷山大致力鞏固轄下的疆土，而其中最大的難題就是處理廣闊領土當中的多元文化，文化摻雜的情況在軍隊中尤為明顯。在各地的東方文化與傳統希臘文化之間，亞歷山大的取向是儘量容納異地的東方文化，淡化自己既有的希臘文化，冀求泯除差異，和平共處，基本上，這就是「希臘化運動」的精神[30]。這種管理哲學可說十分現代化，任何跨國企業都需要，讓不同文化的人都得到尊重，不過，本族人卻總會因本族文化與異文化摻雜相混、趨於淡化而感到不悅，甚至會認為自己的文化被出賣了[31]。

亞歷山大統治的後期，他雖曾著力鞏固其於本族的領導地位，可惜為時已晚，在那些年間，很多希臘人因為不滿其「東方化」的政策，四處發動兵變。公元前 323 年，亞歷山大在巴比倫駕崩（年僅 32 歲），其後兵變雖然相繼平息下來，但馬其頓帝國真正的動蕩才正式展開，而這也開始了西方古代歷史新的一頁。

---

30 簡單而言，希臘化運動就是要推動希臘人與非希臘人、希臘文化與東方文化的融合。

31 最著名的例子是「屈膝式的敬禮」（希：*proskunêsis*）。對希臘人來說（特別是馬其頓人），這相等於「俯伏」，是專為神祇所作的舉動。亞歷山大要求士兵向他行這種敬禮，不但違反了馬其頓人所持人人平等的傳統，對很多人來說，這是近乎不敬的要求。他將幾名將軍判處死刑，就是因為他們不願意遵行這個命令。

1.4. 羅馬共和國時期

倘若「希臘」歷史是指那些移居希臘半島和愛琴海一帶、操希臘語的人的生活歷史，特別是他們的城邦（包括馬其頓）的發展的話，那麼，「羅馬」歷史就是指「羅馬城」的建立，以及城中居民生活的歷史。在古典世界，「希臘」這名稱並非指某特定國家，但「羅馬」就名副其實是一個國家。

古代王國的曆法主要有兩種計算方式：一是以立國或國號起始，中國（直到今天）歷代的曆法都是這樣計算的；另一種是以城都的建立為起始[32]，而羅馬的曆法計算則屬這類。按羅馬官方的曆法，羅馬城建於公元前 753 年 4 月 21 日。「羅馬」的歷史，主要分為三個時期：「前羅馬共和國」（Pre-Roman Republic）時期，由公元前 753 至 509 年；「羅馬共和國」時期，由公元前 510 至 31 年屋大維剷除所有政敵為止；「羅馬帝國」時期，由公元前 31 至公元 395 年[33]。自此，羅馬帝國分為東、西兩國，但兩者亦分別於 474 和 476 年亡國。新約聖經所記載的事情主要發生於羅馬帝國時期，本書第三章將詳細討論這個時期，而本節則簡單介紹羅馬的起源和共和國時期的歷史。

---

32 見於一些文獻或學術討論，拉丁文簡稱 AUC（全名是 *ab urbe condita*「從建城起」或 *anno urbis conditae*「自建城那年起」）。

33 雖然羅馬人民到帝國時代還繼續以「共和國」來描述他們的國家；這只反映活在歷史進程當中的人對時代改變不敏感，但卻是名不副實。此外，這時期的人有時提到「共和國」時期，他們會稱為「舊」共和國（*Old Republic*）。

1.4.1. 羅馬的起源——母狼的傳說

雖然現代考古學研究也確定，約於公元前753年開始就有一班居民在羅馬城定居，但這個年份並非以甚麼史料為基礎，而是來自一個非常有名的傳說。

在特洛伊之戰以後，有些特洛伊人僥幸逃脫，他們坐船漂流到意大利半島上，在中部台伯河出海口附近定居下來，建立了自己的王國——亞爾巴龍伽[34]。這國有一個王名叫努米托，其弟阿穆留斯密謀造反，把努米托放逐，殺死他的兒子，強迫他的女兒西爾維亞去做魏斯她貞女[35]，不許她結婚。按這個神話所說，戰神瑪爾斯在不知不覺間與她同房，使她懷孕，並且生下一對孿生子。阿穆留斯聽到這個消息，極為憤怒，下令處死這女子，又把孿生子扔到台伯河去，以免他們長大後復仇。

洶湧的河水並沒有沖走盛著孿生子的籃子，反而把籃子沖到岸邊。孩子的哭聲引來了一隻母狼，牠不僅沒有傷害他們，反憐惜地舔孿生子的身體，把他們帶回山洞，用自己的奶餵養他們。還有一隻啄木鳥，常常叼來野果給孿生子吃。一個牧羊人發現了這對孩子，便把他們帶回家中撫養，給他

34 羅馬共和國時期由著名詩人維吉爾（公元前70~19年）所寫一篇被譽為羅馬國家史詩《埃涅阿斯記》當中，補充了從特洛伊戰爭到努米托之間一段時期發生的事。這位埃涅阿斯其實是維納斯（羅馬的愛神）與一名凡人所生的英雄。他離開特洛伊城，流浪了七年，最後到達意大利的拉丁姆，與當地國王的女兒結婚；傳說努米托就是他的後裔。

35 魏斯她（Vestal）是羅馬人的火神（或女灶神）。在這位女神的廟中，燃點著長明火，由六位選出來的貞女祭司負責看管，為期三十年之久；每一年由她們重新燃點一次。Vestal這字在一般英語中亦指「處女」；在遠古時期，性交常被視為污穢和不潔。

們起了名字，哥哥叫羅慕路斯，弟弟叫勒莫斯。兩兄弟就是在一群牧人、流浪者和逃亡的奴隸中成長，成為戰士。

後來，他們遇到被放逐的外公努米托，便決定合力起義。他們起義成功，殺了阿穆留斯，又把政權交還給外公，其後二人在帕拉蒂尼山上（就是他們出生時被拋棄的地方）建立一座新的城市。不幸的是，兄弟兩人為新城市的名字和統治權發生爭執，終於互相殘殺。羅慕路斯殺死了弟弟，自己作新城市的第一個王，又以自己的名字來命名這座城市，叫「羅馬」（拉：*Roma*）。這件事據說發生於公元前 753 年的 4 月 21 日，古羅馬人以這一天作為開國紀念日[36]。這是關於羅馬城的傳說，表達了羅馬人民對國家歷史的深厚感情，亦反映了羅馬先民立國的艱辛，以及那種離不開戰火的國運[37]。

1.4.2. 王政時代——伊特魯里亞人的統治

羅馬，原稱「拉丁姆」（拉：*Latium*），瀕臨地中海，位於意大利中部，台伯河邊。雖然大的船隻未必能進出羅馬港

---

36 這個神話還有下半部分，相信是後人加以演繹的。城市雖然被建造起來，但由於羅慕路斯的手下全都是戰士，且全是男丁。於是，他邀請周圍的部落，其中包括薩賓人，到羅馬城舉行一次盛大的節慶日。當人都在狂歡，羅馬城的男人突然衝出來搶走了六百名薩賓女人，然後趕走其他人。尚武的薩賓人立志要報復；就在兩軍準備進行廝殺時，這些被羅馬人搶走的薩賓婦女，哀求雙方和解。她們的哀求和哭訴竟然深深感動了雙方的戰士，彼此和解，訂下和約：兩個部落合而為一，世世代代都居住在羅馬城，互相關心，互相保護。

37 在羅馬博物館裏，現在仍保存著一尊很特別的青銅像：一隻母狼圓睜雙眼，露出尖利的牙齒，正警覺地注視著前方，在牠的腹下，有兩個可愛的男嬰，正抬頭吮吸著母狼的奶頭。據說這尊銅像已保存了四百多年，生動地表現了羅馬人民對自己祖先的懷念之情，對母狼的感激之情。

口，但其地勢始終有利通商。城市的周圍被阿爾卑斯山脈所環繞，這當然不利於外交，但卻有利這小小民族的建立。此外，羅馬的七個小丘[38]，由北向南，成為天然屏障。

公元前 8 世紀中葉，在意大利半島具經濟力量和技術條件建設城池的，至少有兩個民族。除了開始在南意大利殖民的希臘人，最重要的一群，還是在意大利中部擴張勢力的伊特魯里亞人。約於 7 世紀末，伊特魯里亞人把城市組成一個聯邦，但城邦之間，除了在宗教上有一致性，在政治和軍事上都各自為政，互不相干。這是他們的致命傷，日後被羅馬逐個擊破。

我們對這些伊特魯里亞人認識很少。他們善於耕種，懂得挖掘地下渠道來排去洪流。最特別的地方是，他們很尊重自己的妻子，富裕人家都為自己的夫人建造豪華的陵墓。雖然當時整個西方世界都深受希臘城邦文化的影響，但對於早期的羅馬人來說，伊特魯里亞人在其生活文化、宗教、政治和文字的影響更大。從公元前 8 世紀到公元前 509 年，古羅馬一直由伊特魯里亞人統治。在羅馬歷史中，這是一段稱為「王帝」（拉：*Rex*）的歷史，共有七位王帝。前四個因是農民出身，被稱為農民王，後三個是商人王[39]。這段時期的歷史混合了神話和歷史，與古代的中國歷史相似。

對於生於共和國的羅馬人來說，這段「王政」的歷史是

---

38 這七座山的名稱分別是：奎里納爾、維米納、埃斯奎林、凱里安、阿芬丁、帕拉蒂尼和卡庇托林；其中最高的是帕拉蒂尼山，海拔五十米。

39 他們的拉丁文名字分別是：*Romulus*（即羅慕路斯）、*Numa Pompilius*（努馬·龐皮利烏斯）、*Tullius Hostilius, Ancus Marcius, Targquinius Priscus, Servius Tullius* 和 *Tarquinius Superbus*。

羅馬人的黑暗時期。然而，羅馬共和國的精神和基本結構卻源於這個時期。王帝雖是至高無上，擁有絕對的政治、軍事和宗教的權力，操控人民的生命財產，但他們卻是由貴族所組成的元老院（senate）所委任（新約時期，元老院成員有六百人），任期為終身制，而元老院會對王帝進諫和勸告。這些貴族（一般稱為 *patricians*）不是由選舉產生，而是由國王任命。此外，每個羅馬市民都可以參與的公民大會，雖沒有立法權，但卻有權承認或否決王的政治和軍事提案。公民大會與王有著緊密的聯系，主要職責是選出以國王為首的政府職員。雖然在位時間一旦拉長，王權總是坐大，漸漸獨立於元老院的勢力範圍以外，但這一個三極結構卻令社會穩定——王、元老院和公民大會各自獨立，相互制約。很大程度上，這種三極結構在現今許多政局穩定的國家依舊存在。

可能受到希臘民主制度的發展影響，加上王帝的權力愈趨獨裁，公元前 509 年，羅馬將軍布魯圖（也是貴族出身）推翻了當時的伊特魯里亞王塔奎尼烏斯，實行自治，一個小型的共和國自此誕生。

1.4.3. 羅馬共和國

英文 republic（共和國）一詞源自拉丁文 *res publica*。共和國的特色是沒有獨裁的君主制度，但卻並不表示共和國（至少就羅馬共和國而言）是民主的。

羅馬政府在名義上分成三個部分：由兩名執政官（拉：*consul*）出任最高行政官員，由貴族組成的元老院和由羅馬人民組成的平民。這種結構有其理想，三個部分當中，沒有任何一個部分有足夠能力專權，要彼此依賴，才能執行各自的功能。

執政官取代了王政時代的王帝，擁有國家主要的政治和軍事權力，主持公民大會和元老院，並有立法權。為了防止獨裁，有兩位執政官（由百人大會選舉）共同執政。但當國家被侵略，元老院通常會暫時委派一位「獨權者」（拉：*dictator*）掌握所有權力，直至危機過去。元老院基本上與王政時代沒有太大分別，只有貴族（包括議員和「騎士階層」[40]）參加。因為公職沒有薪酬，所以只有富有的人才有能力擔任，和偶爾支持一些公開活動。理論上，羅馬共和國的統治權應屬人民所有，但由於經濟、政治、軍事和宗教各種因素，人民還是聽從「較優秀的人」，就是貴族領袖。事實上，這些貴族借助元老院和行政官員的勢力控制了政府各個層面。此外，因為絕大多數執政官都是來自元老院的貴族，這兩個本來具有「制約與平衡」作用的機關，結果變成異體同心，重疊起來。公民大會當然是政府裏頭一個重要個體，權力雖然依舊，但由於一切受制於貴族，人民感到自己不再是國家的主人，而是被統治的。總的來說，在結構上，「羅馬共和國」主要是由「元老院和羅馬人民」組織而成，這也是官方名稱所表達的意思，即拉丁文的 *Senatus populusque Romanus*（簡稱 SPQR）；但實際上，國家是落在貴族的手中，共和國也並不太民主[41]。

---

40 英語稱為 equestrians（拉：*equites*）。「騎士階層」也是貴族（僅次於議員）；在古時，這個等級代表的是那些地主，他們有錢買馬，可以參加戰爭。

41 事實上，羅馬社會經常會因種種不同階級而彼此分化。除了這些政制上的職稱身分外，最明顯是奴隸還是自由身；若是自由身，究竟是與生俱來的自由還是被贖回的，究竟是羅馬公民還是拉丁姆本土（可稱為「原住民」）的人，如此類推。

按整段羅馬歷史，共和國時期的特色是停不了的戰爭。共和國成立後的一段時間，羅馬人忙於與試圖恢復君主制的支持者，以及那些想趁機吃掉羅馬的鄰國爭戰。這期間的羅馬，上下一心，團結抗敵。其後，羅馬在意大利一帶的戰役，都是為生存而戰。但自5世紀末，為生存而戰變成為侵略而戰，如與鄰國意大利爭奪霸權。約於公元前270年，羅馬軍隊已經在整個意大利稱霸。羅馬人在意大利本土生活安定，他們得以接觸更遠地區的人，例如迦太基人，時為羅馬共和國的擴張時期（公元前 270~120 年）。特別值得一提的是，兩場與迦太基人對壘的戰爭（公元前 264~241 年和 218~202 年），一般稱為「布匿之戰」。迦太基的傑出將軍漢尼拔率領軍隊和四十頭大象，橫越非洲北部和西班牙，翻越阿爾卑斯山到達意大利，挑戰羅馬共和國。兩次大戰之後，迦太基成為羅馬共和國的一個省份，稱為「阿非利加」（或「非洲」）[42]。

與希臘城邦不同，羅馬軍隊的設備由國家提供。每個羅馬軍團（拉：*legion*）約由五千名步兵組成，配備輔助的騎兵（可在前方進行偵察）。指揮軍團的是百人隊隊長，稱為百夫長（拉：*centurion*）。百夫長佩戴與眾不同的頭盔，頭盔上有羽毛或飾章，使他們在戰場上易於給部隊辨認，並追隨其後。羅馬軍隊裝備精良，訓練有素。

羅馬政府長期對外爭戰，在羅馬史學家利維所談及的「亞奴斯之門」（拉：*Janua Foris*）有詳盡的披露。「亞奴斯之

---

42 雖然這拉丁字與英語的「非洲」類同，但二者所指的地理範圍相差很遠；這裏的「阿非利加」只包括非洲北部的土地。第三場布匿之戰（The Third Punic War）發生於公元前 150 至 147 年；這次戰役之後，迦太基城完全被毀。

門」，相傳是努瑪為亞奴斯所建的一座神殿中，位於東西兩面的門。這些門在戰爭時期打開，在和平時期就關上，按照利維的記載，在整段羅馬歷史中，這道門只關閉過兩次[43]。其實，共和國在這幾百年所遇到的，不僅是外戰，還有內在的問題。

儘管貴族或許在知識和能力方面勝過平民（有時候稱為 *plebeians* 或 *plebs*），但在重視勞動力的古代社會，平民的力量不可低估。實行共和國制最初的十多年，舉國團結抗敵的經驗，讓市民認識到自己的力量。即是說，沒有這些平民百姓的參與，羅馬不可能贏取勝利。不過，連年的戰爭使平民不得不長期遠離自己的土地和工房，經濟處境日漸惡化，但擁有大片農地的貴族卻視若無睹。因此，平民與貴族之間的抗爭便因經濟這導火線而爆發了。平民所爭取的，主要有兩方面：第一，一般平民百姓期望在經濟上有更大的保障，如減稅和減租，甚至是免債；第二，較富裕的平民百姓期望在社會和政治上有所作為，有機會成為元老院的成員。爭取的方式並非以革命來進行，而是經過逐步的改變，而某程度上，是貴族作了一些妥協。

值得一提的，是兩種新機制的成立。於公元前 494 年成立的組織「平民保民官」（tribune of the people；拉：*tribunis plebis*），目的是為民請命。每年選出十個保民官，他們的權力很大，有權利和責任協助遭行政官逮捕的公民，否決行政官的決策，甚至停止課稅或阻止議案通過。另一重要的發

43　一次是在公元前 240 年第一次布匿戰爭後，第二次是在公元前 31 年貓流凱撒死後，奧古斯都平定了安東尼和克利奧帕特拉拉王后之亂後。

展，是要求有文載法規。一直以來，貴族不僅有權執行法律，更有權立法，這對平民極之不利。於公元前 451 年，一個名為「十人組織」（拉：*Decemviri*）被委派，把現行的法律修訂和訂立標準。寫成「十二銅板」，主要保障社會不同群體。這是羅馬法規的開始，其合法地位一直延伸至帝國時期，影響整個歐洲文化。最終，在公元前 366 年，羅馬政府通過法案，准許平民作元老院成員和執政官。平民爭取政治權利的整個過程，透過協商，整體上是平靜的。

然而，爭取經濟上的保障則沒有那麼成功。長期戰亂，平民生活極之艱苦，而勝利所帶來的好處，平民亦未必能受惠。與希臘城邦的情況一樣，沒法維持生計的農民只有將田地賣給貴族，甚至淪為奴隸。面對農地被壟斷，政府於公元前 376 年頒下法命，規定貴族擁有的田地不得多過三百畝，超額的土地必須分給貧民。

1.4.4. 凱撒大帝

至公元前 1 世紀，羅馬共和國進入一個相當不穩定的局面[44]。元老貴族和民主派之間的鬥爭尖銳化固然是一大問題，但連顯赫一時的幾位將軍如龐培（公元前 106~48 年）、凱撒（公元前 100~44 年）和克拉蘇結（卒於公元前 53 年）[45]等也跟元老院不和。他們藉著擴張羅馬版圖，只顧自己得

---

44 例如享有公民權的只是羅馬城內的奴隸主人和自由民，而城區以外，意大利各地和海外行省的自由民卻不能享受羅馬的公民權，但卻要擔負像羅馬自由民一樣的義務。

45 另一位屬於這時期的政客是西塞羅（公元前 106~43 年），西塞羅乃羅馬史上最偉大的演說家（與希臘的修辭學家相似）。

益，漠視其他貴族的利益。（有關龐培進軍敘利亞及猶大地，參 2.4.6。）公元前 60 年，三人結成聯盟，對抗元老貴族，成為歷史上首次有名的「三頭統治」（拉：*triumvirate*）。為了鞏固同盟的勢力，凱撒把自己的女兒嫁給龐培，儘管她當時已跟別人訂了婚。

本來，三人的權力相若，但凱撒的聲威明顯超越任何人。凱撒不用十年便佔領了八百多個城市，殲滅和俘虜了二百萬人，使高盧成為羅馬的行省。他又越過海峽，攻入不列顛島（現在的英國）。凱撒的顯赫戰功和卓越的軍事才能，使他在羅馬人中間的威望日隆。這使龐培嫉妒不安，加上這時克拉蘇結因遠征波斯而死，他便運用自己的權力，頒佈法律，要解除凱撒的兵權；但凱撒反帶領軍隊返回羅馬，奪取羅馬的最高權力，成為羅馬的「獨裁者」，時為公元前 49 年。第二年，凱撒率軍進攻希臘，討伐龐培。龐培被擊敗，逃到埃及。凱撒也追趕到埃及，埃及國王為討好凱撒，派人刺殺龐培。其後，凱撒又率軍進入小亞細亞，只用了五天，就平定了龐培部下的叛亂。他用最簡潔的拉丁文寫捷報送回元老院：「我來了，我見到了，我勝利了」（拉：*veni, vidi, vici*；英：I came, I saw, I conquered）。這就是歷史上著名的「三 V 文書」，充分顯示凱撒用兵神速，用語簡潔。

人民大會和元老院授予凱撒終身榮譽頭銜——「大將軍」和「祖國之父」。凱撒對羅馬的共和制度進行一連串的改革。首先，元老院獲增補三百名成員，他們大多來自被人輕視的商業和一般職業階層，甚至有被征服國的代表。另外，凱撒給自由奴隸的子女和高盧人享有公民權，又將人民遷移到法國、西班牙和希臘等地，而且為羅馬招募了數千名清潔和美化市容的工人。還有，凱撒制止稅收官在各地勒索商人及農民。他給人民帶來了一個最公平、最仁慈、最開明的政局，因他希望讓自己的人民生活在自由的世界裏。凱撒在任期間，他將羅馬曆法改為陽曆，即每年三百六十五天，分為十二個月（每月有三十日或三十一日，二月則有二十八日），每四年有一次閏年（即三百六十六天），我們稱之為「猶流曆法」。這個以凱撒命名的曆法就是現在大多數國家通用的「西曆」。

凱撒的權力愈來愈大，漸漸走向軍事獨裁，引起部分固守羅馬共和傳統的元老貴族的強烈不滿，他們便組織了一個陰謀集團謀殺凱撒。公元前 44 年 3 月 15 日，當凱撒如常隻身到元老院開會時，他被一群叛黨刺殺，叛黨其中一位首領是他的義子布魯圖[46]。

凱撒的死代表共和國時期已經過去，但在帝國未正式成立之前，整個國家還需要經歷一段調整期（參 3.2）。

1.5. 希臘文化

古希臘既為城邦之國，文化肯定是多元的，不過，在宗教、語言和日常生活方面，卻有很多共通的地方。本節主要簡單介紹這三方面的希臘文化。

---

46 凱撒除了是個偉大的軍事家，還是一個著名的文學家。他的主要著作《高盧戰記》是他自己親身經歷的戰爭回憶錄，文筆清晰簡樸，行文巧妙，是初學拉丁文者必讀之書。

1.5.1. 古希臘宗教

宗教是古代希臘家庭和城邦賴以存在的精神支柱。希臘人與羅馬人一樣，對神明同樣存著一顆畏懼的心。在古希臘社會，宗教也是連繫社會群體的工具，藉著敬拜和了解同一個神明，原來有著不同群體的城邦匯聚一起。希臘諸神的誕生，諸神之間的關係以及本身漫長的歷史背景成為無數故事的描述素材，這些故事構成了「神話學」(mythology)。在古希臘時代，神話與宗教分不開。

希臘的宗教，明顯是多神的。很大程度，古代宗教神明的出現，反映了信奉者實際處境的需要。例如，生活上的享樂，也有相關的神明，另外，如醫藥和運動等方面的需要，也要找適當的神明。簡單來說，希臘以及古代社群所敬奉的神明都是功能性的，沒有道德上的規範。希臘人不用為了要成為信徒，或為了取悅神明，而過一種「完善」的生活；從這個角度來看，希伯來信仰在古代社會是頗獨特的。人們求助於神明，僅僅為了獲得生活所需。相反，當他們遭遇不幸的事情，便以為是因冒犯了某神明。而神明本身那種荒誕淫蕩的事，可能就反映一般人民的生活。大概基於這點，神明的性格複雜，甚至矛盾。以雅典娜為例，她又好戰，又溫和；既是戰鬥女神，也是智慧女神。在她身上融合了兩種傳統，就是被原始希臘人敬奉的戰爭女神傳統和城邦活動保護神的傳統[47]。

最早論述古希臘神明體系（或家譜）和創造故事的著

---

47 此外，雅典娜也主管藝術、文學、學識和哲學領域，並經常由一隻貓頭鷹陪伴著。

作，乃公元前 8 世紀赫西奧德所寫的《神譜》[48]。按書中記述，先有卡奧斯（希：*Chaos*，即「混沌」），接著出現蓋亞（希：*gê*，即「大地」），蓋亞所生的烏拉諾斯（希：*Ouranos*，即「天空」）是統治世界的第一個天神。克羅諾斯（希：*Chronos*，即「時間」）把他閹割，取代他的統治，最後宙斯又推翻克羅諾斯，成為眾神之主。宙斯是世界的主宰和公正的象徵，住在奧林匹亞之巔。在希臘人的觀念中，他戴著王冠，有十二位神明圍繞著他。有一點值得留意，希臘人對他們自己所信奉的神明，看法並不一致。他們並不認為需要一種統一的信條，而所敬奉的亦不止這十二位神明，甚至，同一個神明，在不同的城邦裏頭，有不同的面貌和形象。此外，隨著各城邦的英雄（特別是那些神明與人交合所生的子女）成為崇拜對象，神明的數目便不斷增加。而且，在不同城邦，神明亦有輕重之分，如雅典城邦的守護神雅典娜，其重要性就顯然較其他神明為大。

特爾斐和奧林匹亞對於古希臘的信仰生活，是兩個非常重要的地方。位於伯羅奔尼撒半島西北部的奧林匹亞，既為宙斯的住處，又有一座著名神廟和一座巨型的宙斯神像，當

---

48 除了《神譜》外，赫西奧德另一部著作是《工作與時日》。他以對他弟弟的勸戒為由，宣傳每人都應努力勞動，恪守正義。書中又詳細敘述一年四季的田功農，以及每個月的吉日和凶日。這首詩反映受氏族貴族壓迫的農村平民的意識。赫西奧德的時代與荷馬相距不遠，而詩歌韻律亦受荷馬影響，特別是其六音部詩音律（hexameter rhyme）鏗鏘有力的節奏，明顯是借鑒於荷馬。六音部詩是史詩最顯著特徵之一，每行均由六個音部組成，每音部可組自長短短（dactyl）三個音節或長長（spondee）兩個音節：首四音部均可由兩種音部所組成，但第五音部必須是長短短，而第六音部必須是長長。

然是重要的。希臘人的大聚會都在此舉行，各城邦把最優秀的競技者派到宙斯神廟（可能於較後期才建造）參加比賽。自公元前 776 年（希臘紀年之始）起，這種比賽每四年舉行一次，只限希臘男性公民參加，比賽項目一直只有五個：擲鐵餅、標槍、跳遠、摔跤和賽跑[49]。運動會對於維繫城邦之間的關係非常重要，儘管大家本來因激烈競爭而鬧得四分五裂，但總會一起參加在宙斯神廟舉行的宗教慶典[50]。可以說，這反映一種「泛希臘主義」(pan-Hellenism) 的精神。

特爾斐是希臘最著名的神諭之地，位於希臘中部色雷斯境內帕爾納索斯山南麓，阿波羅亦在此降旨示意，並以阿波羅神廟的女祭司皮提亞所宣示的「特爾斐神諭」著稱。特爾斐在希臘政治和精神生活方面有舉足輕重的地位。人們對阿波羅神諭的重視，使祭司擁有無上權威。很多神諭都由女祭司傳講。她在阿波羅神廟一個地下室舉行宗教儀式。她高高坐在一個三腳支架上，出神地宣讀神諭。她的言語永遠隱晦難懂，因此，必須由專家來解釋。

雅典人很可能對信仰異常虔誠。希臘歷史學家色諾芬說過，雅典的宗教節日比任何希臘城邦都多。喜劇作家亞里斯托芬也感慨良多，指出雅典不但廟宇多，神明的牌位多，奉

---

49 這些項目名稱與現今的體育運動很相似，但實際比賽方法並不完全相同。譬如有一種跑步比賽，運動員必須穿戴全副的盔甲。還有一種賽馬比賽，運動員在最後一段賽程要從馬上跳下來，和他的馬一起跑到終點。

50 這種競技會一直延續至公元 394 年，被羅馬王帝狄奧多西禁止。現今的奧林匹亞運動大會是由一名法籍男爵 Pierre de Coubertin 發起的，於 1896 年 4 月 6 至 14 日在雅典舉行；有二百名運動員參加，競逐九個項目。

獻的祭品和節日的朝拜也多不勝數。一年到晚，天天都是節期，為神明大排筵席，供品上插滿美麗的鮮花。柏拉圖亦說：「我們不單祭品送得多，朝拜隊伍也花團錦簇，隆重異常。」總之，大小廟宇遍佈雅典。廟內所奉祀的神明，有的保佑城邦，有的保佑部族，有的保佑家庭。每一幢房屋就是一座神廟，每一寸土地都有一座神聖無比的墳墓。

一般而言，希臘人十分迷信，迷信預兆占卜。如果在做某事的當兒，打了個噴嚏或耳內響鳴起來，這件事也就斷乎做不得。雅典人在出海之前，總要占卜問凶吉。若是嫁娶，還要看看天空飛鳥是否吉利。要是病了，一定會在脖子上掛個護身符。公民大會雖然隆重，但只要有人說天空出現不祥之兆，草草就散會。正在進行的祭禮，一旦被壞消息打斷，就必須重新開始。

1.5.2. 早期希臘文字和文學的發展

希臘文字的起源，可追溯至公元前約 2000 至 1450 年間（即米諾斯文明）刻在粘土泥板上的 A 類和 B 類線形文字（Linear A 和 B）。時至今天，A 類線形文字仍未能破譯[51]，但歷史語言學家卻深信，B 類線形文字[52] 大概是在公元前 17 世紀、在 A 類線形文字的基礎上發展出來的宮殿文字，主要

---

51 在米諾斯相繼出現三種書寫系統。前兩種為象形文字，後一種為 A 類線形文字。

52 以「B 類線形」文字刻上的石碑超過四千塊；於 1952 年由 Michael Ventris 辨認出來，參 Ventris and Chadwick, *Documents in Mycenaean Greek; three hundred selected tablets from Knossos, Pylos, and Mycenae with commentary and vocabulary*。

用於會計和行政文書方面。這種文字最先在邁錫克使用，亞該亞人征服克里特島後，繼續沿用，這顯示這種文字具相當的穩定性。

約於公元前 1000 至 700 年期間，希臘人開始採用腓尼基字母，有三方面的根據。首先，希臘文字母的次序與腓尼基文相同。第二，有些希臘文字母的名稱，本身並非希臘文字，而是腓尼基文。例如，第一個字母 *alpha* 源自腓尼基文的 *aleph*，意即「牛」（原來字母狀似牛角「∀」），而第二個字母 *beta* 和第三個字母 *gamma* 也是源自腓尼基的 *beth*（即房屋）和 *gimel*（即駱駝）。第三，早期的希臘文（全見於碑文）是從右至左書寫的，這與腓尼基和很多東方語文相同。希臘文字受腓尼基文字的影響，對整個希臘文文學和後世文明的發展，可算是祝福。因腓尼基文較簡單，只有二十二個字母（完整的希臘文字母有二十五個）。因與一些近東語文相比，就普及得多，近東語文所採用的「楔形文字」（cuneiform scripts）有超過一百個符號，故往往只能成為專業人士的專利。

希臘文在借用腓尼基文的字母時，為配合已習慣的口語表達，也要作出若干修改。在腓尼基文的二十二個字母中，公元前 8 世紀之前的希臘文採用了二十一個，而其中兩個在古典時期（即公元前 5、4 世紀）已沒有使用，即 *digamma*（形狀如 *F*）和 *koppa*（形狀如 ϙ）。為要使文字學習變得普及和容易，口語和文字[53] 必須儘量一致。腓尼基文的字母，

---

53 在人類語言的歷史裏，由於書寫文字是一種較精細的語言現象，因此，書寫文字往往是一種在較後期才演變出來的語言現象，晚於口語。今天，人類的語言有三千多種（指口語），但不是每一種語言

像希伯來文一樣，原本沒有元音字母，只有子音字母。希臘人便把四個原來是子音的字母（即 *aleph*, *he*, *yod*, *ayin*）變成元音（即 *alpha* [α], *epsilon* [ε], *iota* [ι], *omicron* [ο]），又加入新的字母 *upsilon* (υ)，以及長元音 *eta* [η] 和 *omega* [ω]。另外，又引入雙子音字母（即由兩個子音所組成的字母），即 *phi* (φ)、*chi* (χ) 和 *psi* (ψ)；這些字母原來是用兩個字母表達。

本來在希臘本土所流通的希臘語，有多種方言，而在不同方言的地區，所採用的字母也有出入。公元前 403 年，在雅典的歐幾里得的帶領之下，雅典官方的碑文均採用愛奧尼亞話的字母，而非阿提喀的字母。不久，這決定得到其他城邦的支持[54]。因著這轉變，阿提喀字母中原來有氣號（breathing）的 H 字型被 eta 字母所採用，而原來的有氣號（rough breathing）卻用 H 的左半（類似「|-」形狀），無氣號（smooth breathing）則以 H 的右半（類似「-|」形狀）來表示（這些符號只出現於碑文）。最大的改變是，希臘文改變了書寫的方向，把原來早期由右至左的書寫方向（因為由右至左，在一些早期碑文出現的 E 字母，變成Ǝ），變成由左至右，這是約公元前 5 世紀之後的事。而在轉變的過渡期間，出現一種雙向的書寫方式，先由右至左，然後由左至右，這種書寫法在古代碑文中並不罕見，稱為「牛轉式書寫法」[55]。

留意我們在這裏所指的字母，全都是大楷體，我們常用的小楷體是在公元 9 世紀左右才通行的。小楷體乃一重要發

都有文字。對於討論古代語言的歷史，區分這兩種表達方式特別重要，因為有不少古代語言，在發展成文字之前已經完全消失。

54 歐幾里得在那一年重新恢復雅典的民主政制，亦同時推行文字改革。

55 源自希臘文字 *boustrophêdon*，意即「耕田時如牛一樣轉動」。

展，給古典時期希臘語和希臘文化的傳播提供極有利的條件。各地希臘部族採用這種字母書寫各自的方言[56]。

真正的希臘語文學要到公元前 800 年才開始。我們透過荷馬那偉大的敘事式史詩（epic）——《伊利亞特》和《奧德修斯》，欣賞到卓越動人的希臘文學。這兩部巨著見證了希臘史上最早期的文學作品，而我們要認識有文字記載以前的希臘歷史，除了靠賴考古學的發現和語文學的重構，就是荷馬那繪影繪聲的作品。所謂「史詩」，是指篇幅較長的敘事式詩體文學作品，內容大多環繞英雄人物，主題嚴肅而高尚。兩部史詩皆長達萬行以上，各有二十四卷。兩個故事都是以特洛伊戰爭為主題。

《伊利亞特》主要描述特洛伊戰爭其中一幕。當希臘和特洛伊兩陣交鋒之際，希臘的兩位領袖：亞該亞王阿伽門農和這首史詩所描述的英雄阿基里斯發生爭執。之後，阿基里斯退兵，這一著險些兒使希臘一方敗陣。可是，當他後來重返戰場，卻導致其好友普特洛克勒斯之死。這本史詩叫人著迷的地方，是人物對比的刻畫。另外，就歷史角度而言，使人更了解邁錫克時代希臘人的生活。《奧德修斯》的故事，則始於特洛伊城陷落之後十年，主人公是希臘陣營的一個戰士奧德修斯，內容記述他浪蕩回伊薩卡島家園的旅程，以及與妻兒失散和重逢的故事。

由於這兩部史詩的故事背景均屬這個「黑暗時期」，因此，學者對史詩內容的可信性也自然有所質疑。我們知道，

---

56 有關希臘文的發展經過，參黃錫木：〈從社會語言學探討「共同希臘語」的誕生〉，頁 239~263，以及參其他文章如 Porter, ed. *Diglossia and Other Topics in New Testament Linguistics*。

荷馬雙目失明，四處漂泊，像中國的賣唱藝人似的，背著七弦豎琴（希臘古代的樂器），吟唱自己的詩。他的詩全是希臘的歷史事蹟、神話和傳說。像一般吟誦詩人一樣，他只是把一代一代的故事口傳下來，有關邁錫克時代重要的英雄歷史故事（原來很可能是零散的篇章），荷馬靠著記憶背誦，他大概只是將故事按當代的社會處境加以整理和編修而已。如此，希臘最早期的文學可謂將歷史、文學和音樂共冶一爐。現存這兩部史詩，有多少出自荷馬的手筆，很難定斷，然而，定稿時期較能確切敲定，約為公元前 6 或 5 世紀[57]。

1.5.3. 希臘人的生活

希臘人精通製作陶器。他們製造的容器，有各種不同的形狀、大小和用途。而且，他們會在陶器上繪畫日常生活的面貌。因此，我們可以從希臘人的陶器來了解他們的生活。此外，考古學的發現亦提供不少非常寶貴的資料。

我們知道，希臘人居住的房屋很簡單，用曬乾的泥磚建造，盜賊（鑿牆洞的人）很容易進入。屋頂通常是用稻草和蘆葦蓋的，以瓦片蓋的屋頂則顯示主人的富裕。豪華的住宅有附屬的房屋分散在院子周圍，大宅裏還有通向上層的木梯子，但多數的建築物只有一層。房屋圍繞著中央的天井而建，天井有一個祭壇。房屋裏面有一間廚房，燒飯的火爐是露天的，還有一間浴室，臥室在上層。一些人家裏挖了私人的水井，但大部分人還是去公共的水井打水。打水是婦女的

57 從公元前 5 世紀起，於雅典每四年慶祝一次的重要節日，都有朗誦荷馬史詩的文藝節目。

工作，她們把水壺頂在頭上，卻保持著身體平衡。

雖然各城邦對婦女權益的看法不同，但一般來說，婦女（不論是貧窮還是富有的）普遍被當作二等公民，沒有甚麼權利可言。很多婦女除了要下田耕作，還要做飯、清潔、紡紗和編織等。男人與婦女有各自的房間，用來工作、與朋友相聚和娛樂等。希臘的婦女要擔起全家的事務，但一般都有奴隸[58] 或僕人作幫手。婦女肩負許多責任，包括準備每天的飲食和照顧孩子，還要掌理家中的財政，為全家人編織衣服。希臘的男人熱衷於宴樂與酒會。除了女奴和女藝人外，這些聚會通常不讓婦女參加。奴隸要服事客人吃飯飲酒。飯後，男人會就一些專門話題進行討論（拉：*symposium*），或者觀賞音樂、雜技與舞蹈表演。

嬰孩一出生便要立即交給父親，由父親來決定是否讓孩子活下來。如果嬰兒太瘦弱，或者是個女孩，又或者家裏太窮，養不起孩子，這個嬰兒就會被丟棄，任其死亡[59]。如果孩子被接受，就要熱烈慶祝。把這個孩子獻給他們的神，還從各個家庭得到許多禮物。孩子出生十天以後，要給他起名字。男孩子滿七歲要到學校上課，一般來說，女孩子不會接受任何教育，有的，都只是與持守家務有關。

從七歲到十二、三歲（十二歲已算是年輕成人），男孩子在學校上課，也有些富家子弟在家裏上課。他們在學校裏

58 希臘社會就如一般有奴隸制度的古代社會，虐待個案實在不多，因為這始終是一個投資；主人希望奴隸健健康康，一生一世幫助主人。奴隸是主人的財產，沒有任何權利。不過，他們往往會藉著為主人征戰，因表現英勇而可以成為公民。

59 不過有些棄嬰會被那些沒有孩子的家庭收養過來；有些被收養，為的是長大後可作奴隸。

學習閱讀，寫作，算術，音樂，詩歌，體育和健身。富有人家的男孩子，由一個類似「陪讀」的奴隸，陪他們一起上學。這奴隸坐在教室裏，督促男孩上課。這樣的奴隸，希臘文是 *paidagôgos*，《和合本》譯作「師傅」，《現代中文譯本修訂版》譯作「監護人」則較為貼切。這在新約聖經也有出現（林前四 15；加三 24），特別是哥林多前書四章 15 節，保羅把這個字與「父親」（可能是指一些「入室弟子」）的關係作比較。至於女孩子，大部分在十五歲左右便出嫁，丈夫是父親替她們選擇的，年紀通常比女孩子大很多。結婚以後，婦女過著很封閉的生活，她們沒有甚麼權利，不能參加選舉投票。

出身於富裕家庭的青少年，在十三至十八歲期間繼續接受教育。首要是學習音樂。有些向雄辯家（或修辭學學者）學習辯論，以及在公開場合講話的技巧，這在政治集會上大派用場。還有一些跟哲學家學習。所有學生每天都要去體育學校或角力場鍛煉身體。一些不太富裕的學生，雖然也會去這些地方，但是次數少得多。年滿十八歲、屬騎士階級和重甲步兵階級（自梭倫改革後，按財產劃分階級）的青年人，要履行為期兩年的兵役義務，進入既重文化又重軍事的學校。而屬最低層傭工階級的青年人則被召到艦隊充當划槳手。

斯巴達人的生活較為特別，值得一提。原則上，孩子是屬於國家的，他們長大後便成為勇士，或者勇士的母親。因此，不分男女，所有公民都是國家的儲備士兵。男孩子到了七歲，必須離開家庭，到軍營生活，鍛煉身體。他們在軍中，床是用乾草鋪成的，很少清洗，他們經常挨餓，所以會偷東西吃，但亦間接訓練了他們祕密行動的技巧與機智。斯巴達的女孩子要接受摔交和各項運動的訓練，這是為了她們要生育健康強壯的下一代。在一般希臘人眼中，斯巴達的女子較為開放。因為丈夫經常外出打仗或呆在兵營，女子便成了家中的主人。年輕女子也要接受體育訓練，那些對此反感的希臘人稱她們是「露出大腿的人」。斯巴達的男人要到二十歲才可以結婚。新郎必須按照古代習俗，假裝掠奪他的新娘。為了測試他的勇氣和主動精神，新婚的斯巴達男子要與新娘分開一段時間，只許與妻子偷偷會面[60]。

很多希臘人以務農維生，甚至住在城市的家庭也擁有郊外的農場，交由奴隸管理。從事農業並不容易，大部分農場都很細小，出產只能供應一個家庭所需。人們在農場種植水果和蔬菜，供自己的家庭食用，而最肥沃的土地則種植穀物，用來做麵包和麥片粥。麵包和麥片粥摻雜著葡萄和橄欖葉，是希臘人的主要食糧。其中橄欖更異常重要，有多方面的用途；既可以直接食用或用來榨油，也可以用於煮食、塗抹皮膚或點燃，用以照明。農場裏飼養著各種牲畜，有綿羊和山羊，提供羊奶、羊肉和羊皮。牛耕田，還有用來食用的豬和各種家禽。只在希臘水草最繁茂的地區才有牧養母牛。人們把葡萄放在大桶裏，用力擠壓出汁液，再把葡萄汁釀成酒。所有希臘人都喜歡喝酒。

由於適合放牧的土地很少，肉類的價格昂貴，主要供應富有的人。不過在海邊居住的，物產較豐富，他們有許多海產可作食物，可以吃新鮮的，也可以吃曬乾的。希臘人用橄

---

60 古希臘人視身體為大自然的一部分，可供欣賞，所以許多的藝術雕塑，都有裸體的造型；然而，這並不表示他們經常濫交或不道德。不過，有些地方就確實較為開放。在萊斯沃斯（Lesbos）島上的婦女在生活和語言上，似乎較其他城邦的婦女享有更多自由。女同性戀（lesbian）一詞就是源自萊斯沃斯這個名字。

欖油，就像中國人用醬油一樣，是不可缺少的烹調作料，任何食物都要加入橄欖油。除了食用外，橄欖油還可以作為洗滌劑，或者點燃，用來照明。希臘人沒有糖，所以用瓦陶作的蜂房養蜜蜂，用蜂蜜製作甜食。

市場是每個希臘城鎮的中心。人們在那裏作買賣，經營生意，與朋友聚會，或者尋找工作。整個市場被稱為「集會」（希：*agora*）。集會的中央是露天的區域，農民和其他商人每天在這裏擺貨攤作買賣。而周圍有一些建築物環繞，是固定的商店。最初人們用以物換物的方法進行交易。約在公元前590年左右，硬幣在希臘被廣泛使用，買賣交易就方便多了。大多數硬幣都有官方的印記。管理市場的工作人員會定期檢查商人的砝碼和計量器，以及貨物的質量。

休閒的時候，希臘人喜歡聚在一起閒談或者遊戲。他們也非常熱愛運動。對於男人來說，擁有健碩的身體很重要，因他們隨時會被召服兵役。此外，人們可自由參加各項體育競賽，其中最著名的，當數奧林匹亞運動會（參 1.5.1）。這個運動會極受歡迎，所以，比賽期間，戰爭會暫停，讓人可以安全地從希臘各地趕來參加運動會。希臘人在宴會、婚禮、葬禮和音樂節等場合都會演奏音樂。一些奴隸在特殊的學校接受培訓以後，成為專職的音樂藝人。大多數古希臘城市的中心都有一座露天的圓形劇場。有關神明和神話英雄人物生平故事的戲劇，最受歡迎。喜劇和悲劇的演員都戴著面具，以顯示人物的性格。

1.6. 羅馬文化

古羅馬在地中海的崛起，是一個漫長的過程，而且主要要歸功於當時的古希臘文明。事實上，古羅馬人極其尊崇古希臘人，並以古希臘文明作為楷模。因此，上文（1.5）對希臘文化的討論，大致也適用於此。

1.6.1. 古羅馬宗教

羅馬人所崇拜的眾多男女神祇，是他們從征服之地的文化（如希臘文化和埃及文化）借來的。例如，羅馬人喜愛占卜，且是透過觀看動物的內臟和腸臟來進行的，這種方法是從伊特魯里亞人學來的；還有，每個家庭的神龕所敬奉的女灶神魏斯她，也可能是習自伊特魯里亞人（參 1.4.1）。但其實這些神祇主要還是來自希臘宗教。從公元前 800 年至公元 400 年，古希臘人崇拜各種各樣男女神祇，相信這些神祇掌管著生活與自然界的各個層面（參 1.5.1），如太陽和月亮，氣候和植物生長，動物和人類繁殖，戰爭甚至特殊事業（如航海、教育或紡織）等。羅馬人亦感染到這種宗教心態。

因此，許多神祇既有希臘名字，也有拉丁（羅馬）名字。如羅馬神祇朱庇特被視為最大的神，操縱著自然界和人類歷史各種事件，而許多與朱庇特相關的事件，皆源自希臘神祇宙斯相關的事件。同樣，掌管自然界、有「狩獵的處女神」之稱的亞底米，於羅馬宗教稱為戴安娜，而希臘女戰神雅典娜變成米內瓦，掌管農作物的女神得墨忒耳則稱為刻瑞斯，而希臘戰神阿瑞斯和愛神阿佛洛狄忒分別稱為瑪爾斯和維納斯。

對羅馬人來說，這種採納外邦神祇的古代宗教心態，跟他們的征服心理息息相關。羅馬人認為，要徹底征服一個民族，就必須把該民族所敬奉的神祇轉移到自己的民族。所以，羅馬人要把希臘神祇的名字更改，是要表示這些神祇已經成為羅馬人的神祇。與希臘人相比，羅馬人的宗教熱誠要熱切得多，甚至可說是迷信得多。因此，民間的宗教熱誠往往成為一些知識分子的笑柄。

整體來說，羅馬人對神祇是畏懼多於敬畏，這一點與古希臘的宗教精神分別很大。從這個角度看來，使徒行傳十七章 16 至 34 節記載保羅在雅典傳道，見到一座寫著「未識之神」的壇，大概是反映羅馬人的宗教心態，而不是典型希臘人的宗教心態。

羅馬人相信，只要崇拜者舉行合宜的崇拜儀式，如何看待這些神祇均無關重要。宗教所要求信徒的，是相信這些男女神祇的存在，並為它們舉行祭祀儀式，取悅它們，保持一種「與神和諧」(拉：*pax deorum*) 的關係。對於信徒個人的層面，這關係意味著信徒可以在神祇的庇佑之下，事事亨通，正如西塞羅在其《論神祇的本質》(3.36) 指出：「朱庇特被稱為『最好』和『最偉大』，不是因為它使我們公義、莊重和聰敏，而是因為它使我們健康、富庶和昌盛。」。對整個國家來說，這種關係更能促進國家的繁榮和昌盛。因此，國家元首往往成為「至高大祭司」(拉：*pontifex maximus*)，亦有一個稱為「十五人議會」(拉：*Quindecimviri*)，專責宗教事務。帝王崇拜於 1 世紀開始普遍，奧古斯都死後（公元 14 年），羅馬參議院宣佈他成為神祇，並向他獻祭，以確保帝國持續繁榮。在奧古斯都之後繼任的王帝也宣稱自己是神，宣稱那些在他們以前的王帝也是神。到了公元 100 年，羅馬帝國所有民眾都要求向王帝禱告獻祭，據稱這是帝國生存和保持穩定所必須的。

在耶穌離世之後最初幾年，羅馬人視基督教為眾多猶太宗派之一。由於允許猶太人按其祖先的傳統敬拜，因此基督徒也可以自由聚集，不受羅馬政府任何干擾。公元 1 世紀之後，羅馬統治者不再視基督教為官方保護的宗教，開始逼迫追隨基督的人。在尼祿王執政早期（即公元 54~68 年），他甚至將一些基督徒宣判為帝國的敵人，將之處死。至公元 2 世紀上半葉，特別是在基督徒拒絕參與將王帝當作神的崇拜儀式時，這種迫害愈演愈烈。為信仰被處死的基督徒稱為「殉道者」（希臘語字意為「見證人」）。羅馬對基督徒的迫害一直持續到君士坦丁時代（公元 306~377 年執政）。

1.6.2. 早期拉丁文字和文學的發展

「拉丁語」（拉：*Latinum*）這字的意思指在拉丁姆（即意大利中部）一帶所通用的語言。這種語言原本微不足道，隨著羅馬共和國的政治地位不斷擴張，便成為羅馬國的官方語言，亦是古代世界最重要的語言之一。在所有古代西方語言中，拉丁語對現代語言的影響至為重要。從拉丁語演變出來的歐洲語言有意大利語、法語、西班牙語和葡萄牙語，而這些語言歸納為印歐語系的意大利語族。

羅馬早期的歷史既由伊特魯里亞開始，伊特魯里亞語對拉丁語的影響是肯定的。現代歷史語言學家亦認為，拉丁語字母（與英語字母相同）亦是源自伊特魯里亞語。然而，若與希臘語相比，就顯得遜色。雖然拉丁語乃為羅馬政府的官方語言，但一直以來，希臘語在哲學及宗教的範疇，都把拉丁語比了下去，成為當時西方政治上的共通語言（就如亞蘭語是近東的共通語言）。羅馬政府的高級官員常要接觸其他民族，也是以希臘語溝通。公元前 2 世紀，羅馬共和國征服希臘之後，希臘語不單更加普及，對拉丁語的影響亦更明顯。因此，若然不是羅馬政府在軍事上的強勢領導，也撇開意大利地區（或拉丁姆）人民的民族意識，拉丁語在政治和文學上的地位不可能超越希臘語。奧古斯都臨終時，將其功績撰寫成《神聖奧古斯都功績紀》，即其統治期間重要事件之官方版本，在加拉太省的安居拉，同時以拉丁文和希臘文，銘刻在以他為名之廟宇的大理石圍牆上。

在文學方面，要媲美希臘文學的拉丁文學，要到公元前 3 世紀的安尼烏（生於公元前 239 年），才真正能夠把古希臘文學的精華嫁接到拉丁文學裏去。古典西方文學家認為，安尼烏之前的拉丁文學是粗糙的。其他重要的詩人有奧維德（公元前 43~公元 17 年）[61] 和維吉爾（公元前 70~19 年；參 1.4.1 註 34），但最傑出的可算是西塞羅（公元前 106~43 年）。西塞羅不僅是羅馬著名的政治家和雄辯家，還是著名的詩人，許多著作都流傳至今，是必讀的古典文學。至於史學家，重要的有幾位，如塔西圖、綏屯紐和利維等人，我們在這部分開首的「資料來源」已有提及。基本上，羅馬人自己雖然有偉大的作家，但依然容易受希臘文學的影響。他們的教育制度亦與希臘很接近，並以希臘文學為基本教材。

---

61 奧維德尤以對愛的研究聞名。他的著作繁多，不少傳流至今，其中最著名的是《愛》和《變形記》。

1.6.3. 羅馬人的生活

在羅馬社會，婦女和兒童的地位，與希臘社會差不多，當然，兩者都較猶太文化開放得多。男人和婦女，任何一方都有權要求離婚，終身到老的婚姻很罕有。羅馬的婦女，有更多權利接受教育和財產，她們比其他地方的婦女有更大的政治影響力（參徒十六 14，十八 3）。但是，羅馬婦女的生活，還是以家庭為主。對於貴族婦女來說，家庭還包括奴隸。公元前 27 年，奧古斯都王登基，在他的倡導下，整個羅馬社會對婚姻與家庭的態度日漸趨向保守。

一般女孩子的名字只有一個字（即她的姓氏），但男孩子的名字卻分為三部分，包括前名，姓氏和名字，而第三個部分是用以區分某人在家庭中與別不同的祖系特徵。例如，凱撒的全名為 *Gaius Julius Caesar*（拉），而龐培的全名為 *Gnaeus Pompeius Magnus*（拉）。今天西方姓氏的系統也是源自羅馬人的。

現代西方婚禮當中，許多禮節和儀式都源自古羅馬。例如，結婚指環戴在左手無名指上，因人們認為有一條神經從那裏直通心臟。此外，新娘穿白色的寬鬆長袍，頭戴彩色面紗；在新娘的父親家中舉行宴會，並為賓客預備結婚蛋糕；以及女孩的父母通常要給男方家人錢財和物品作為嫁妝等，都是古羅馬人的習俗。

一般古代社會的貧富懸殊非常嚴重。在羅馬，許多富有的公民都會擁有兩處住宅，包括一棟城市住宅和一座鄉間別墅，典型的富有家庭還會有噴泉或水池，非常舒適。另一方面，大多數平民百姓的生活擔子卻是沉重的。羅馬政府主要的收入來自賦稅，賦稅加在貨物、遺產、農產品和個人財產之上。賦稅由稱為「稅吏」的收稅官收取，稅吏與政府簽訂合同，每年交納一定數額的稅款，然後自行收取他認為是合理的費用。這導致窮人對富人安逸奢華的生活極之不滿。與希臘城邦相比，羅馬奴隸的遭遇可能更壞，地位更低。公元前 134 至 100 年間，在西西里就發生了兩次「奴隸之戰」，可見奴隸被壓迫的情況非常嚴重。

羅馬人的生活，最大特色是公共浴池。由於一般房子沒有洗澡間，人們只好使用公共浴池。據知，羅馬城在公元前 33 年有一百七十座浴池，有些是男女分開的，有些是男女共用的。有些浴池非常華麗，不許一般平民使用，為富有的人專用，他們在那裏可花上一整天，與朋友相聚。此外，娛樂活動也非常普遍，如戰車比賽，以及一些血腥的運動，如奴隸、勇士和野獸搏鬥。這些活動大多在羅馬的圓形競技場（Colosseum）進行，那裏可容納五萬人。

所謂條條大路通羅馬，羅馬的道路是由羅馬軍隊建造。道路的建造促進了貿易的發展，擴闊了人民的活動空間，但其實所建道路的首要任務是方便羅馬軍隊征服領土。羅馬的公路，一般都相當筆直，主要用石塊在沙礫層上鋪成，並且有一定的弧度，有助排水。路上每隔一千步就設置一塊里程碑（拉：*mille*），用來計算從最接近的城市到達本地的距離。大多數主要的道路都派了軍隊駐守，人們便可以更安全地旅行往來。新約聖經提到的亞比烏大道是從意大利南部通向羅馬城的主要道路。保羅最後一次的旅程，很可能就是沿著這條路到達羅馬的（徒二十八 13~15）。

儘管造船技術有所改進，大部分船隻仍然只在 5 月與 9 月之間航行，加上冬季的天色總是陰暗，因此船隻在冬季多停留在港口（徒二十七 9）。儘管保羅在旅程當中曾遇過三次海難（林後十一 25），但他沒有因而膽怯。由此可見，當時以水路作跨國旅行是可能的事，而且或許已經相當普遍。海路交通日漸通達，一定程度上有助基督教從巴勒斯坦傳到羅馬帝國遙遠的海岸地區。

大多數商業活動由商業公會組織，而這些公會又多在異教神明的蔭庇之下。因此，猶太人和早期的基督徒要順利進行交易，非常困難。兩個宗教團體都遭受自己公會的反對，因為他們的信仰與市場上一些商人的利益有所衝突。例如，以弗所的銀匠以出售偶像和神廟的物品或紀念品予亞底米神廟的朝拜者維生，但他們發覺自己的生活受保羅以及其基督教的教導所威脅，便逼迫保羅，阻止他在那裏宣教（徒十九 23～41）。售賣肉類的行業也受到影響，因為他們不能把動物作為祭物出售。

羅馬帝國的政治中心是羅馬城的公共集會所（拉：*forum*），包括寺廟、長方形會堂（拉：*basilica*）[62]、凱旋門和法庭。這公共集會所是人民聚集的中心，亦是王帝的祭司給神獻祭以及演說家談天說地的地方。

---

62 這種建築物有一定特色，那是長方形廊柱大廳，為古羅馬的一種公共建築，中央有一個正廳，在一邊或兩邊的末端，以及兩邊的通道，是幾排柱子分隔的半圓形室，經常用作法庭或公眾集會的場所。這種建築特色後期被基督教教會所採用，*basilica*（拉）也可指「教會」。

第二章

兩約之間歷史

黃錫木博士◎著

新約時代所承接的歷史背景並非舊約聖經的歷史，而是一段銜接這兩個時期、約有幾百年的歷史，一般稱之為「兩約之間」。當中見證了猶太人宗教文化的改變，包括很多教派的產生、新的聖品人員制度的落實、《七十士譯本》的面世，以及新的宗教和政治意識的形成。在這段歷史裏，我們的焦點是馬加比時期（即公元前最後兩個世紀）。

我們先從兩約之間之前一連串的亡國事件說起。

2.1. 由亞述到馬其頓

於公元前 722 年，撒瑪利亞遭亞述人攻陷以後，原居於以色列北方的十個支派，終告滅亡。但當巴比倫興起，亞述的國運則日見衰弱，公元前 612 年，亞述國慘敗於巴比倫手下。接著，南面猶太國於公元前 587 年，亦告亡於巴比倫。猶太人中較豐裕的均被遷徙到巴比倫去。當波斯王塞魯士登上政治舞台後，以色列人的轉機隨之來臨。勢力強大的塞魯士（參 1.3）先後攻佔瑪代帝國和巴比倫，甚至企圖攻打希臘。他們最有名的王是大流士，正是但以理時期的主要統治者（但五 30，六 1~28，九 1）。

波斯人統攝外族的政策，有異於亞述和巴比倫。亞述和巴比倫攻佔敵國後，均實行大規模遷徙政策，社會上層人士無一幸免，並在境內強逼人民信奉異教。然而，波斯人不但沒有強制大規模的遷徙，更沒有迫令人民奉行單一宗教。相反，他們按不同地方的情況，容許當地人民持守原有習俗，保留既有的宗教生活，以懷柔政策圖取得人民的歸服。如此，「一國多制」並非近代的政治產物，乃源自古波斯。為方便跟不同民族溝通，在處理一般官方的事務，波斯政府更放棄用波斯語，而採通行於敘利亞和巴勒斯坦一帶的亞蘭語，這行動證明他們是如何貫徹這政策[1]。

猶太人在巴比倫的統治下，宗教生活被迫淡化，那些每日都要在聖殿施行的獻祭等禮儀完全無法進行，但藉著謹守某些規條，如安息日和割禮等，他們仍能保持整個民族的合一和獨特性。這種種規條，在猶太人返回猶太地後，成為他們重拾宗教生活的理性基礎。終於，在塞魯士王的詔令下，以斯拉和所羅巴伯等人帶領猶太人重建聖殿（拉六 3~5），而回歸的人數也陸續多起來。其後，耶路撒冷的城牆被建造，為著保持猶太人的民族性，回歸的人民要與上帝重新立約，不與外族人通婚。這時候，雖然猶太人是在波斯的統治之下，但仍能持守自己的律法。在這猶太省，我們見證「一國兩制」已經全面實行。

波斯政府厚待猶太人，惹來不少鄰近居民的妒忌。最明顯的，是與他們有血緣關係的撒馬利亞人。所謂撒馬利亞人，是北國以色列國滅亡後，亞述王從巴比倫和其他地方把一些外族遷來，安置在撒瑪利亞城（以色列國的首都），這些外族與當時遺留在那裏的以色列人（主要是瑪拿西及以法蓮支派的後代）通婚，成為撒馬利亞人。大概一個世紀之後，由通婚而生的子女數目，較回歸的以色列人還要多，但後者卻認為自己才是純正的以色列人，不願接納這些撒馬利亞

---

1 通行於伊朗高原上的語言就可能有十多種，而波斯語只是其中一種。在波斯帝國統治時期，亞蘭語逐漸普及，成了最普遍的語言和外交用語。從語言的狀況來看，各地區仍保有當地的文化傳統。波斯人有意鼓勵這一點，因為他們明白到，惟有與各地的菁英合作，才能建立持久的政權。從宗教方面來說，這種政策應是正確的。

人。在波斯的統治下，撒馬利亞人經常受到猶太人的仇視。很可能就在這時候，撒馬利亞人為避免到耶路撒冷與猶太人一同敬拜和獻祭，便在基利心山建造自己的聖殿[2]。

在波斯的統治下，可說四境平靜，直至希臘的馬其頓人來犯。當亞歷山大大帝繼任為馬其頓王，他統領所有主要的希臘城郡，更在哀撒斯城一役後（公元前 333 年），擊敗當時的波斯王（大流士三世），繼而一口氣吞併整個瑪代－波斯帝國，把版圖延伸至今天的阿富汗。面對這個剛崛起的強大勢力，猶太人震懾於希臘軍隊的兵力，並甘於臣服在他們的統治之下；亞歷山大亦因而讓猶太人繼續享有自主。值得注意的是，那時候居住於巴勒斯坦地的猶太人，毗鄰是希臘人，但他們不單沒有敵視希臘文化，反而不自覺地受希羅文化影響，對希臘文化的成就深表欽羨[3]。此外，更由於要與希

2　雖然約瑟夫（《猶太古史》11.310~311；13.74~79，譯文見《新約背景文獻選輯》§1）指出，撒馬利亞人是在亞歷山大大帝統治期間，得到他的准許才建造這聖殿。一般學者卻認為，在亞歷山大時期，聖殿已經存在。無論如何，猶太人視此聖殿直接違反摩西律法的教導（參約四 19~26）。這聖殿於公元前 124 年被當時執政的哈斯摩尼阿家族的許爾堪一世拆除（參 5.1.4.4）。此外，按猶太人的見解，撒馬利亞人曾多次冒犯猶太人，拉攏猶太人的政敵，以保自己的安全（參 5.1.3 註 21，5.1.4.4 註 27 和 5.2.1.1）。因此，猶太人和撒瑪利亞的仇恨更是分解不了；在新約聖經中，兩個民族的惡劣（參約八 48，路十七 18）關係成為主耶穌教導「愛人如己」適切的題材（路九 51~56，十 30~37）。

3　事實上，在許多猶太人的圈子中，對希臘人優越文明和文化的熱愛程度不但有增無減，甚至在公元前 2 世紀，部分耶路撒冷的猶太人堅信他們與斯巴達有血緣關係，因為斯巴達人的公平法律最為人稱著。《馬加比一書》提到一封書信，更可證明這點。這信是由斯巴達國王阿雷斯執筆，寫給大祭司奧尼阿斯，信中提及一古老文獻的發現，證明斯巴達人和猶太人有兄弟之親，同是亞伯拉罕的後裔（《馬加比二書》12.21）。

臘人通商交往，希臘語逐漸在巴勒斯坦一帶通行起來；及至新約時代，希臘語的通行程度，與亞蘭語和當時的羅馬官方語言拉丁語相比，有過之而無不及[4]。

亞歷山大大帝於三十三歲猝然病逝（公元前 323 年），使這年輕的帝國即時混亂起來。多位曾臣服於亞歷山大的軍事將領，紛紛起來爭權，最終導致帝國分裂。經過七年多的競逐，四位出色的領袖（稱為「繼承者」，希：*diadochoi*）終告出現，即佔據敘利亞的安梯古納斯、佔據馬其頓的卡桑德拉、佔據埃及的多利米．拉戈斯和佔據巴色雷斯一帶的拉西馬德斯。其後經過十五年斷斷續續的爭戰，原效忠亞歷山大的將領，已各據一方。

2.2. 埃及的多利米．拉戈斯

公元前 4 世紀末，埃及的多利米．拉戈斯可謂獨當一面，巴勒斯坦也由他統治。公元前 315 年，原來統治敘利亞的安梯古納斯開始擴張勢力，與多利米爭奪巴勒斯坦地的統治權。約瑟夫在記述多利米攻陷耶路撒冷時，曾引用另一位外邦歷史學家革尼土的阿加莎奇德斯的記載。當中反映一般外邦人並不欣賞猶太人對某些律法規條的執著，例如在戰爭期間還要守安息日。約瑟夫引述這記載，某程度是反映他對自

4 在文化和社交方面，猶太人更深受希臘文化的影響。例如，猶太人「躺臥」用膳是源自希臘人的習慣（福音書常出現的 *anakeimai* 一字，確實意思是「躺」，而不是「坐」）。此外，在社交上，猶太人亦很喜愛希臘人的劇院和沐浴池，因此，當大希律在任為猶太人的王時，他在耶路撒冷也興建了不少這一類的設施。

己民族那種「墨守成規」的信仰情操有所歎息（《反駁阿皮安》1.209~210）：

> 當時有一個民族叫猶太人，他們住在具有最強大防禦能力的城市，當地的人稱之為耶路撒冷。他們遵行慣例，每周的第七天休息，不會服兵役、耕種，或進行任何事務性工作，只會由早到晚在他們的聖所裏高舉雙手禱告。就在這個時候，拉戈斯之子多利米的軍隊入城，而這些猶太人依然遵守他們愚昧的慣例，沒有好好防衛，結果，國家被暴君佔領，並暴露了這受律法保護的習俗的流弊。這事件給全世界上了一課（或許猶太人除外）——別過度墨守律法的傳統，因它有迷惑人類理智的危險。

可是，當安梯古納斯最終差不多收復昔日整個波斯帝國版圖的同時，卻惹來前政府其他帥領的妒忌，聯合起來反對他。最後，多利米反取得巴勒斯坦地的統治權，更同時佔領敘利亞南部部分地區。按《阿立斯蒂亞書信》（§12~27）的作者所記，由於猶太人在安梯古納斯與多利米開戰期間，曾支持安梯古納斯，多利米便將數十萬猶太人遷移至埃及地，並揀選了三萬人，作國家的駐防軍[5]。

5　有關文中所提及的數目。雖然一般人都很清楚，古代文獻中的數字不盡準確，但我們有理由相信，作者是基於某些歷史事實來得此結論的；此外，埃及碑文及蒲草紙均指出在多利米時期，埃及有大量猶太人。無論如何，我們幾乎可以肯定，在公元前 200 年至公元 200 年期間，猶太人分散在地中海一帶的文明國家之中（參徒二 9~11；馬一 15.16~24）。約瑟夫引用第 1 世紀羅馬著名的地理學家斯特拉波的話，指出「有人居住的地方都遍佈了猶太人」，又說：「[115]……這些猶太人成功進入各個城邑，所以在可以居住的地方都不

多利米的統治手法，與波斯人和亞歷山大大帝相若，儘量不干預猶太地一帶，就是以耶路撒冷為中心，方圓約十公里的範圍。因此，除每年要繳交稅項，猶太地的猶太人享有高度的自治權，甚至有自己的法律制度。如此，那位大祭司，作為民族所推舉出來的宗教領袖，所承擔的責任就不單限於宗教事務，也要兼任猶太地的首長。由於祭司的職任與聖殿的存在息息相關，所以，這時期的猶太地亦可稱為「聖殿省郡」。住在猶太地以外的猶太人，不論是在民族身分或宗教上，都期望維繫他們與這主流猶太教基地的關係，每年均在經濟上支持耶路撒冷的工作，包括聖殿的維修[6]。一般學者相信，由七十位猶太人社會領袖（包括大祭司、一班祭司長、文士、法利賽人和一群貴族撒都該人）組成的「猶太人議會」（《和合本》作「猶太人公會」），亦在這段時間慢慢形成[7]。

難找到他們，感受到他們的勢力。」（載於約瑟夫《猶太古史》14.115；全文參《新約背景文獻選輯》§103）；雖然內文主要提及古利奈，但這話卻是一概括性描述。參 Stern, "The Jewish Diaspora," pp.117~183。非常詳細討論散居於各地的猶太人移民和其人口的研究。

6 這可謂是日後所有羅馬帝國的猶太人繳交「殿稅」的開始。

7 這種議會的模式可追溯至舊約時期，那在曠野漂流期間協助摩西處理日常事務的 70 位長老（參民十一 4）。古代文獻第一次記載「猶太人議會」，是約瑟夫《猶太古史》12.428，文中所記載的時段是猶太地剛剛被納入西流古政府的統治之下。一般猶太人文獻稱這議會為「七十人議會」或「耶路撒冷的大議會」，但非猶太人文獻則有時稱之為「長老議會」（Council of Elders 或 Gerousia，後者源自希臘語，意即「長老」）。

2.3. 西流古的安提阿古三世和安提阿古四世（神明顯現）

公元前第 3 世紀，差不多整整一百年，巴勒斯坦地仍是兵家必爭之地。多利米和西流古兩個王國之間，也至少有五次戰爭，這些戰爭常被稱為「基利—敘利亞之戰」[8]，而這些戰爭對國民和經濟所造成的破壞，不難想像[9]。

巴勒斯坦在公元前第 3 世紀，大部分時間由多利米王朝統治，直至 3 世紀末，多利米的從屬國西流古逐漸強大起來，成為一獨立的君主國，並開展了西流古王朝，日漸威脅附近的國家。最後，於公元前 301 年，除多利米外，所有勢力均結盟起來，在伊西斯一役中，推翻了當時野心勃勃的安梯古納斯。安梯古納斯戰死沙場，他的帝國亦宣告終結，其國土給盟國瓜分。公元前 283 年，多利米．拉戈斯去世，兒子多利米．非拉鐵夫繼任。按《阿立斯蒂亞書信》的記載，多利米．非拉鐵夫（又稱多利米二世）是位愛書之人，並希望把亞歷山太圖書館建立成世上最大的圖書館。因此，他在位期間（公元前 285~247 年），下令圖書館館長德米丟搜羅天下種種書籍，又接受德米丟的獻議，把猶太人的聖經翻成希臘語。於是，德米丟致信耶路撒冷的大祭司，提供原文稿本和翻譯員。結果，七十二人花了七十二天把聖經（大概是指五經而

8 這個名稱指黎巴嫩和黑門山之間的窪地，這窪地沿著約旦河谷一直延伸至死海。

9 有學者認為，《以諾一書》所記那些破壞大地的「偉人」（女人跟天使所生的後代），是指亞歷山大大帝的「繼任人」。他們的軍事活動看來是要威脅國民的性命。參 Nickelsburg, *Jewish Literature between the Bible and the Mishnah*, pp.51~52。

已）全部翻譯好，而亞歷山太的猶太人對譯本更是讚不絕口；這譯本正是我們所熟悉的《七十士譯本》。雖然現代學者均不會完全接納《阿立斯蒂亞書信》這記載，但卻一致認為，《七十士譯本》的起源地應該是在亞歷山太，時間方面，亦是多利米二世在任期間。

多利米王朝在猶太地的統治，於公元前 3 世紀末（或 2 世紀初）終告結束。西流古王安提阿古三世（公元前 223~187 年）把巴勒斯坦成功從埃及分割出來，而多利米人則被迫退守埃及；這正代表西流古家族在巴勒斯坦統治的開始。為了維繫國境內不同種族人民的關係，安提阿古積極提倡以希臘化運動來進行同化。一如過往，作為猶太人領袖的大祭司，仍負責執行西流古的法律和規條。又因大祭司負責監管人民按時繳稅，故在西流古政府需要多收稅款時，會向他施壓。

安提阿古四世（綽號 Epiphany，意即「神明顯現」[10]）於公元前 175 年取得西流古治權，當時耶路撒冷的大祭司為奧尼阿斯，他是一位嚴守律法的人。然而，他在祭司體系中也有反對者，就是其親弟約書亞，以及那些希臘化運動的追隨者。約書亞取了一個希臘名字耶孫，他從稅款中取了一筆相當龐大的款項，進貢予西流古政府，從而由奧尼阿斯手中取得大祭司的職位[11]。數年後，奧尼阿斯更遭殺害，而他的兒子（奧尼阿斯四世）則逃亡至埃及。他在多利米人的支援下，約於公元前 161 年，在尼安多波尼斯興建聖殿，並獲當

---

10 安提阿古四世認為自己是希臘眾神之首宙斯的化身。

11 安提阿古四世之所以接納這個賄賂，主要因西流古國在公元前 190 年的麥尼西戰役中慘敗於羅馬帝國的手下，需要賠償大量金錢予羅馬政府。在國家面臨經濟危機之際，耶孫所提出的支持實在非常吸引。

時多利米六世的支持；又沿用耶路撒冷聖殿的獻祭模式，直至公元 73 年為止[12]。在耶孫的領導之下，耶路撒冷正式展開全面的希臘化運動，包括興建沐浴池、歌劇院和希臘式的教育學校（拉：*gymnasium*）[13]；學生在這些學校鍛煉身體時必須赤裸全身，很多猶太人恐怕被希臘人看見自己受割禮的記號，便試圖接受一種割禮還原手術（《馬加比一書》1.15；參林前七 18）[14]。

耶孫任大祭司三年，有一位叫曼利紐的，向西流古王進貢比耶孫更大筆的款項，輕易取代了他，成為大祭司；大祭司一職遂成為可供買賣的政治商品。曼利紐知道在西流古人的蔭庇下，職位才能保，故此對西流古政府，有求必應。公元前 169 年，安提阿古為了補償他與多利米和羅馬人爭戰時所損失的財富，便將耶路撒冷聖殿中的貴重陳設，包括香壇、金燈臺和陳設餅桌子，全數掠至安提阿（《馬加比一書》1.20~24）。翌年，耶路撒冷的猶太人企圖罷免曼利紐的大祭

---

12 參約瑟夫《猶太戰記》7.423~432 和《猶太古史》13.62~73。按學者的意見，這聖殿的影響力非常有限；當時大多數的猶太人視這聖殿為一種分歧現象，而居住在埃及地的猶太人仍堅持到耶路撒冷聖殿崇拜。在《米示拿》這文獻裏，這聖殿被稱為「奧尼阿斯的家」，而非「聖殿」，而當中的祭司亦不能在耶路撒冷的聖殿服事。參 Bruce, *New Testament History*, p.5 註。

13 英語的「運動場」便源於這字，這可反映在希臘教育哲學裏，體育是相當重要的環節。歐洲一些國家還用 *gymnasium* 此字來指準備進大學的高中班。

14 大約在此期間，安提阿古四世向猶太人大施宗教逼迫，撒馬利亞人為保清白，向安提阿古四世申明自己與猶太人無關，更自認是波斯人，原到猶太地一帶開拓殖民地的殖民者。又為討好安提阿古四世，他們甚至要求准許把基利心山上的聖殿奉獻給宙斯(約瑟夫《猶太古史》12.257~264）。

司職位，這消息使安提阿古極為憤怒，以為猶太人要叛亂。結果，安提阿古把耶路撒冷的城牆拆毀，搶劫聖殿的庫房。另外，為要使猶太人完全跟其他民族同化，便廢止猶太人固有的宗教生活權利，包括守安息日、施行割禮等。於公元前167年基斯流月，在耶路撒冷原有的祭壇，安提阿古竟豎立首個異教祭壇，向奧林匹亞最高神明宙斯獻祭，甚至以豬作為祭物，而無數虔誠的猶太人（特別是祭司）為抗議此種行為而殉道[15]。安提阿古四世是當時極力擁護「希臘化運動」的帝王，他認為只有全面推行這運動，使所有民族同化，才可以穩定治理這廣大的版圖。因此，安提阿古對猶太人的措施，並非純粹刻意敵對他們的信念，而是反映他對「希臘化運動」的理念。他認為不論哪種宗教的敬拜，最終都是敬拜同一位神明，而這神明可稱之為耶和華、天神巴力或宙斯。

自亞歷山大大帝時代開始，全面的「希臘化運動」已經展開。在4世紀之前，由於各國民族都有自己的語言，儘管都是希臘語，但各主要城郡的方言不同（方言的差別，大則有如西班牙與南美洲國家的西班牙語之差別[16]，小則有如美國北部與南部的英語之差別），要與不同民族溝通，必須有共通的語言。從這個角度來看，亞歷山大所推行的「希臘化運動」，只是實務性質，並沒有全力和強制的推行。但安提

---

15 一般認為相信這次聖地的褻瀆，相等於但以理書十一章31節，十二章11節中所談及的「那行毀壞可憎的」，並認為但以理書是為了安慰那時候受壓逼的群體而寫成的。

16 中國內地屬漢族的七種主要「方言」，按一般方言研究來說，很多都不是「方言」（dialect），而是「語言」（主要因有些方言的差別很大）。然而，今天我們稱這些語言為「方言」，主要是政治的因素，其次是因各種「方言」都以同一種文字來書寫。

阿古四世的政策卻不然，他期望各地人民有同一的生活和宗教習慣。「希臘化運動」是一種同化運動之外，還代表以希臘文化為本的人以自己的文化為榮。英文的 barbaric「野蠻」，乃源自希臘文的 *barbaros*，原指「說話結巴的人」；遠自古希臘詩人荷馬（約公元前 8 世紀）開始，希臘作家已經常以 *barbaros* 一字來指那些不懂希臘語（或操別的語言）、甚至是屬別的文化的人（參林前十四 11），故帶有貶意。希臘一般的知識分子深信，希臘文化是最優秀的，而希臘語是最完美的語言，因此，操希臘語的城郡制度也是最完美無瑕的政治體系。總的而言，希臘化運動實質是象徵一種以超越的文化來統戰次等文化的運動[17]（參 1.5.2）。

在這段希臘化時代的許多非猶太文獻，皆惡言指摘猶太民族和宗教是迷信和無神主義的（因猶太人不相信有其他神明）；而猶太人亦以藐視異教徒來回應。很多源自兩約之間或新約早期的猶太文獻，其寫作動機都是以維護猶太教為出發點，其中有不少被納入次經，例如《馬加比一書》、《彼勒與大龍書》、《猶滴傳》、《以斯帖記補篇》（以斯拉續篇卷上、下）、《多比傳》和《蘇撒拿傳》。此外，也有一些文獻是透過希臘哲學和文化來宣揚猶太教，例如《西卜神諭記》第三卷，作者是一位猶太人，他援用異教的觀念來傳遞「那惟一真實和永活上帝信仰」。很多時候，這些作者均顯示他們深受希臘思想所影響，《所羅門智訓》便是一例。另一典型例子，是亞歷山太的斐羅的著作，其著作主要的目的是展示聖

---

17 在羅馬書一章 14 節，雖然保羅以 *hellênes kai barbaroi*「開化的、沒有開化的」《現》這組合來指所有人，但 *barbaroi* 似乎未帶有貶意；另參使徒行傳二十八章 2、4 節。

經信仰與希臘哲學的關係。他經常運用亞歷山大的寓意法，來證明摩西是其中一位希臘哲學家[18]。

但無論是猶大地或散居在外的猶太人，希臘化的影響無孔不入，深入猶太人的文化。甚至保守如昆蘭群體，其著作中的二元論、天星學和天使論，都可追溯至希臘化的思想模式。視乎不同時期、地域（耶路撒冷、猶大地、其他省份如加利利、不同的猶太散居地、城市、鄉間）、社會階層，不同的文化範疇，如語言、政治、社會、教育、意識形態、宗教、物質生活，都有不同程度的希臘化[19]。

2.4. 哈斯摩尼阿王朝（公元前 167~37 年）

馬加比叛亂有多個起因。根據《馬加比一、二書》，馬加比叛亂發生經過如下[20]：

1. 公元前 175 年，耶孫在西流古的支持下推翻其兄弟奧尼阿斯的統治（《馬二》4.7~8）；
2. 耶孫要求在耶路撒冷建立一個希臘化的城市，就是猶大的

---

18 有關斐羅文獻的介紹，可參考紹麟：〈斐羅文獻〉《聖經正典與經外文獻導論》，11.2。

19 特別參 Hengel, *Judaism and Hellenism*, 2 vols 和他的另一著作，*The 'Hellenization' of Judaea in the First Century after Christ*；Levine, *Judaism and Hellenism in Antiquity: Conflict or Confluence*。針對散居地猶太人希臘化的情況，見 Barclay, *Jews in the Mediterranean Diaspora: From Alexander to Trajan (323 BCE ~ 117 CE)* 精湛的分析。

20 參 Healey, "The Maccabean Revolution," in *New Perspectives on Ancient Judaism*, vol.5: *Society and Literature in Analysis*, p.162。

安提阿城，並且御准某些人可預早登記成為居民(《馬二》4.8~10）；

3. 公元前 172 年，親西流古的曼利紐推翻耶孫，自己作大祭司（《馬二》4.23~38）；
4. 公元前 169 年，安提阿古擊敗埃及人，並搜掠耶路撒冷和聖殿；
5. 公元前168至167年，安提阿古再度擊敗埃及人，但被羅馬干涉而退兵（《馬二》5.2）；
6. 公元前 168 年，耶孫從曼利紐手上重奪政權，但卻得不到群眾的支持而未能佔有耶京（《馬二》5.11~26）；
7. 公元前 167 年，米西亞長亞波隆尼厄斯[21] 奉命率兵在安息日攻入耶路撒冷，進行搶掠，殺掉很多男人，又把很多女人和兒童賣作奴隸（馬一 1.29~35；《馬二》5.23~26）；
8. 公元前 167 年，安提阿古下詔令，禁制猶太人守摩西律法，強迫猶太人向外邦神明獻祭，並將聖殿改為宙斯神廟（馬一 1.41~50）；
9. 公元前 167 年，在一個叫莫丁的小村，老祭司馬他提亞殺掉一個正準備向外邦神明獻祭的猶太人和那推動獻祭的官長，馬他提亞及其子叛，引發公開的叛亂（馬一 2.15~28）。

《馬加比一書》1.41~50（另參但十一 31，十二 11）提到「那行毀壞可憎」的行徑（或指將異邦神祇的像放於聖殿，

---

21 米西亞是小亞細亞西北面的一個地區（著名的別迦摩就是屬這地區）；這地區曾先後被敘利亞的安梯古納斯和拉西馬德斯統治。在安提阿古四世統治的日子，他從這地區徵用了五千名僱傭兵，這單位的統領稱為米西亞長；而這位亞波隆尼厄斯可算是歷來的米西亞長最差勁的一位。

及以豬獻祭等），顯然是叛亂的導火線。此外，整個叛亂的背景，與猶太不同派別之間的內訌，關係密切。於公元前 3 世紀，親多利米的多比亞世家和執掌聖殿管理的撒督祭司之間，時有權力的鬥爭。公元前 230 年，多比亞的兒子從奧尼阿斯手中奪取稅吏的職位（《猶太古史》12.162），雙方開始交惡。叛亂大概是親西流古希臘化的大祭司曼利紐因推行政策失利，欲借助安提阿古四世之力，硬要實行某些猶太人難以接受的做法而觸發的。

當時的社會，基本上分為三個階層。第一是統治階層，是由幾個世家所操縱的祭司階級；第二是擁有大量土地的貴冑和商人；第三是庶民，大部分是貧農。在希臘化時期，稅收制度和財富資源，都是有利於統治和富裕階層的，對於一般的庶民，那是沉重的經濟壓力。另一方面，希臘化的過程亦做成社會激烈分化。統治階層大力推動希臘化，主要還是因經濟上的利益。沉苛的稅項造成大部分猶太農民與統治階層的祭司之間關係緊張。加上統治階層的分裂內訌，亦是促成內亂的重要因素。可見當時的社會矛盾是多方面的，多比亞家族與奧尼阿斯家族的權力鬥爭、親多利米與親西流古兩派的衝突、掌權者與一般百姓和宗教領袖之間的張力、力主推動希臘化的與保守派之間的角力等等，其中的鬥爭是政治性的，亦是社會性和宗教性的。

2.4.1. 猶大（統治期：公元前 165~160 年）

起初，以馬他提亞為首的猶太人並未刻意要與當時的西流古政府對抗，只實行有限度的攻掠行動，繼而破壞鄉間的異教神廟，或嚴厲處分曾經背叛的猶太人。可是，當馬他提亞逝世，其三子猶大承繼他的職任以後，他們的行動便轉變成小規模的游擊隊。猶大有天賦的軍事才能，為家族贏得「馬加比」的綽號（這詞可能源自亞蘭語 *makkaba*，意即「鎚子」）[22]。儘管安提阿古嘗試派軍隊討伐哈斯摩尼阿家族，猶大卻在對抗敵軍的戰事上，屢有佳績。

猶大更成功重返耶路撒冷城，佔領曾被褻瀆的聖地，且再次恢復舊約五經所明言的，就是敬拜以色列的上帝。公元前 164 年，基斯流月（即今天的十二月）的二十五日，重新潔淨祭壇，獻給上帝。自此以後，猶太教每年以這日為「修殿節」（希伯來語為 *Hanukkah*），以作紀念（參約十 22）；這節期有時又稱「燭光節」，因為聖殿裏的燈又被點燃起來了。在修殿節期間，人們都會燃點燈光，象徵光亮來到以後，陰暗與黑夜都要成為過去。

當安提阿古四世逝世後，猶大與西流古政府取得協議，就是承認西流古的統治來換取猶太人的宗教自由。這協議在西流古統治期間，一直生效。可是，猶大及其跟隨者始終不信任西流古人。他們不再著眼於要重新確立合宜的敬拜；相反，他們有意更進一步，要爭取政治上的獨立。猶大開始將矛頭直指向由西流古王於公元前 162 年選立的大祭司阿金馬斯身上，挑戰他的權力，又在這個時候，率先與羅馬政府打交道，期望羅馬政府承認哈斯摩尼阿家族為猶大地的合法管

22 按約瑟夫記載（《猶太古史》12.263），「哈斯摩尼阿」是馬他提亞曾祖父的名稱，故這家族應稱為哈斯摩尼阿家族。「馬加比」是別人給予的外號，原來單指馬他提亞的兒子猶大那種硬朗的情性和身軀，後來引申指整個家族的成員。由於《馬加比書一、二、三書》只見「馬加比」這名稱（沒有「哈斯摩尼阿」），故一般學者均以這兩個名稱為通用。

治者。雖然這初次接觸未能成功，但卻成為日後政治談判的先例。

總的來說，馬加比成員以為政治獨立，便可有效抵抗西流古和當時希臘化運動的侵略。跟他們的政治野心相反的，是一群熱衷於教導律法的的哈西典人，或稱「敬虔者」，他們最終的訴求，便是宗教自由[23]。

公元前 161 年，猶大與敘利亞的尼加諾將軍作戰，再次取得決定性的勝利，但卻在戰場上被敘利亞的巴奇底所殺。

2.4.2. 約拿單（統治期：公元前 160~142 年）

猶大去世後，他的五弟約拿單取代其領導地位。雖然，這時候的叛亂仍屬細小的規模，約拿單成功擊退不少敵軍，更把統治伸展到巴勒斯坦數個地區。

公元前 152 年，約拿單得西流古政府的同意，成為首位非按撒督家系及非祭司血源的大祭司。一般人認為，約拿單這種霸道行為終必過去，故暫時容忍，但那些曾經熱心參與馬加比叛亂的人，對這事的發展深表關注。在約拿單統治期間，他很會跟西流古政府打交道，亦多次捲入西流古政府內部的政治角力。很可惜，他竟然企圖與敘利亞建交，信任一

---

23 在這個時候，「敬虔者」大概還不是一個有系統的派系，不同敬虔者有不同的做事方式。有些明顯是較強調苦行（馬一 2.29），後來退隱曠野，成為日後的愛色尼群體，有些則可能只是與哈斯摩尼阿家族不同心，但依然希望藉著政治商議來改變目前境況（參馬一 2.39~48）。如有些敬虔者就情願支持阿金馬斯（他也是猶太人，並是亞倫的後裔），希望他能代表他們與西流古政府議論，但後來卻被他出賣，有六十人被殺；後來，這些人還是跟隨猶大（參《馬二》14.6）。

名叫特來弗的將軍，結果被出賣，累及一千名猶太勇士的性命，而約拿單自己亦被當時的將軍設計捉拿，最後也被殺，時為公元前 143/2 年（參《馬一》12.46~48，13.20~24）。

2.4.3. 西門（統治期：公元前 142~135 年）

約拿單死後，由他的二哥西門來承繼，西門取得更佳的戰績。在這段兩約之間的歷史當中，他可算是最為人稱頌的大祭司。《便西拉智訓》（又稱《傳道經》）讚譽他為「偉大的弟兄，人民的光榮」，又稱他為公義者西門。「他使本國得享平安，以色列人皆大歡喜。人人坐在自己的葡萄樹及無花果樹下，無人前來驚擾。」那時國內的敵人已經絕跡，列王已被擊退。凡國內低下小民，他都予以扶持；他尋求律法，以剷除一切惡徒敗類（《馬一》13.11~14）。

西門使猶大地這「聖殿省郡」完全獨立。他不但使耶路撒冷城完全脫離西流古人的管治，更說服西流古政府，給猶太人豁免徵稅（公元前 142 年）。他又重新與羅馬政府建交（這關係其實在約拿單時代已經開始），這無疑鞏固了他自己的地位，以抵禦敘利亞的入侵。《馬加比一書》13.41~42 有這樣的記錄：「……外邦的重軛，由以色列人身上得以消除了。所以以色列眾民在盟書契約上特意的寫著：『祭司長、將軍、猶太的領袖，西門元年』」。自此，「哈斯摩尼阿王朝」這稱號可謂正式被確認，其名聲甚至遍及羅馬人。

西門又因重建遭多利米一世破壞的耶路撒冷城牆而被尊崇，更傳言曾修築聖殿，並開鑿巨型水庫，在旱季或被敵人圍攻時，給耶路撒冷居民提供足夠的食水。在後期的拉比文獻中（如《米示拿》之〈先賢集〉）[24]，他更是其中一位肩負「口傳妥拉」[25] 傳承的人，與摩西和亞倫之名並列。由於西門勵精圖治，關懷貧窮，為律法及聖殿大發熱心，其形象幾可媲美猶太人在末世所期盼來臨的彌賽亞。因此，西門被尊稱為「領袖和大祭司，直到一位忠誠的先知興起為止」（馬一 14.41，另參 14.25~49）。換言之，由西門開始，大祭司的繼承，從原來是設於公元前 960 年（即所羅門王的聖殿）的撒督家系，轉移到「哈斯摩尼阿」家族。

一些祭司和熱心的人民，如當時屬法利賽派的「敬虔者」，卻對哈斯摩尼阿家族的統治深表不滿。結果，反對與支持馬加比家族的人爆發衝突；遂使在約拿單任大祭司初期，有部分嚴守猶太律法的人，退到曠野生活。他們居住在死海沿岸地區，過著嚴守律法的生活。很可能就是這群以色列人，演變成日後的愛色尼人。

2.4.4. 許爾堪一世（統治期：公元前 135~104 年）

公元前 134 年，西門遭人殺害，其統治突告中止，便由他的兒子約翰．許爾堪（後稱為「約翰．許爾堪一世」）來

---

24 〈先賢集〉乃第 1 世紀前六十多位拉比言訓的語錄集，於公元 70 至 170 年期間編成，是《米示拿》最古老的一部分。

25 這「口傳妥拉」原來只是歷世歷代對五經的釋經和應用的詮釋，但後來卻被認為是整個律法（即妥拉）的一部分；因此，耶和華在西奈山頒布「成文妥拉」時，亦同時頒布「口傳妥拉」。既是「口傳」，便不是靠抄寫來傳遞，而是靠口述；因此，每一世代某些突出的聖賢／文士便要肩負這口傳的重責。於拉比時期，這些口傳妥拉均被傳抄下來，方便猶太人學習研究。參《米示拿》之〈先賢集〉1.1~3（譯文見《新約背景文獻選輯》§141）對口傳妥拉的討論；另參張略和黃錫木：〈拉比文獻〉，《聖經正典與經外文獻導論》，9.1。

繼承。若說約拿單和西門標誌著政治權與祭司權的結合，許爾堪及其承繼者則開啟另一個新年代——首重軍事權。一直以來，猶太人的軍隊都來自平民，就是農民和小商人所組成的義勇軍，但許爾堪卻引進專業的僱傭兵。

他又使用金錢外交，與西流古政府達成協議，令西流古部隊完全撤出耶路撒冷。在僱傭兵的支援下，許爾堪晚年開始擴張猶太人的勢力範圍，伸延至猶太地及撒瑪利亞鄰近地區，且沒有罷休，不斷拓展領土。此外，許爾堪為猶太人首次鑄造自己的錢幣（銅幣）[26]，並用古希伯來文把自己的名字刻在銅幣上，某程度上使人民聯想起第一個聖殿（即所羅門王）的光輝。

約瑟夫對他的評價非常高，他說許爾堪在三十年來以德政來帶領政府，「他為上帝所尊重，可見於三方面特別的恩典——國家的管治、大祭司的尊榮和預言的能力，因為上帝與他同在，所以讓他能看見未來的事情。」(《猶太古史》13.299~300)他在位期間，最特別的事就是於公元前 128 年[27]，將撒馬利亞人視為神聖地方的基利心山聖殿夷平[28]；又揮軍直入古代以東屬地以土買。但因著多番的軍事行動，約翰．

---

26 雖然大多數學者認為「許爾堪」是首位鑄造銅幣的哈斯摩尼阿成員，但也有學者認為應是「亞歷山大．約拿單」（參 Rajak, "Hasmonean Dynasty"；Sievers, "Hasmoneans"；Stoops, "Coinage: Jewish"。

27 有些學者從基利心山一帶所發現的錢幣，推斷年份為公元前 111 年，參 Sievers, "Hasmoneans"。

28 許爾堪此舉是可理解的，因為在哈斯摩尼阿家族與安提阿古四世經常爭戰的日子，撒瑪利亞的總督亞波隆尼厄斯曾興兵攻打猶太人（參馬一 3.10 和《猶太古史》12.287）。

許爾堪漸漸失去法利賽人及熱心群眾的信任。最後，許爾堪終於轉而投向對政治持現實態度的人。與此同時，許爾堪又向撒都該人靠攏，因他們對許爾堪的做法較表同情。

2.4.5. 亞立斯托布一世（統治期：公元前 104~103 年）、亞歷山大・約拿單（金納斯）（統治期：公元前 103~76 年）和亞歷山特拉（統治期：公元前 76~67 年）

約翰・許爾堪死後，由其子亞立斯托布（後稱為「亞立斯托布一世」）取得統治權。許爾堪原意是讓其妻出掌國政，可是，亞立斯托布卻將母親和三位親兄弟囚禁，只與另外一位兄弟安梯古納斯分享治權，後來又乾脆將他殺掉。亞立斯托布是一位暴君，又是政治的極端主義者。按照約瑟夫《猶太古史》13.301 和《猶太戰記》1.70，亞立斯托布是首位自稱為「王」的哈斯摩尼阿成員。他死於公元前 103 年，其妻沙羅米便將先王的兄弟，從獄中釋放出來；將國權交與最年長的亞歷山大・約拿單，後更成為他的妻子。

新君主將名字希臘化，把約拿單改稱為金納斯，自稱為亞歷山大・金納斯。他是一位軍事專家，在其統治下，國土的面積，幾乎等如所羅門時代以色列國和猶大國的總和。可是，他的王國並不穩固。金納斯是一位殘酷的軍人，那些公開反對他的人，全數被殺絕。

在慶祝住棚節期間，金納斯正任職聖殿大祭司，人民因為不滿這位不道德、酗酒、血腥的無賴當這聖職，便惡言相向，甚至向他投擲攜來慶祝節期的香橼果。此外，金納斯又沒有按照法利賽人的建議，將水獻在祭壇，反倒灑在自己的腳上。此舉意味著金納斯公開表示自己站在撒都該人的立場，藐視法利賽人的獻水禮。據稱，這獻水禮的意義，在於天旱時節，向上帝祈求雨水充滿耶路撒冷城的儲水庫。撒都該人主要來自城中貴族或上流階級，他們不會關心儲水庫的存水量是否足夠；但法利賽人大多居於城中，不容易取得井水或泉源。撒都該人視獻水禮為世俗之舉，不但可有可無，甚至對祭司制度是一種輕蔑；尤其因這禮儀在贖罪日的逼切祈禱、五天以後舉行。

據約瑟夫記載，金納斯的僱傭兵異常憤怒，瘋狂地殺害六千名法利賽人。這事以後，耶路撒冷瀰漫著血腥暴戾，終在公元前 94 年爆發暴亂。經過六年內戰，至公元前 88 年，法利賽人及民眾向西流古王德米丟三世求援，他是那自稱為「神明顯現」的安提阿古的後裔。金納斯與德米丟三世經過多場戰役，深受打擊。可是，當西流古人正準備進軍耶路撒冷時，法利賽人和民眾要作出抉擇，接受一位非猶太裔統治者，還是重邀那被認為是「次惡」的金納斯（他已逃至山區）。這確實是一個悲慘的決定，當金納斯重返耶城，即拘捕其餘的暴亂領袖。他甚至在妃嬪群中，一邊喝酒，一邊觀賞極其駭人的一幕——八百個囚犯被釘十字架，他們的妻兒則同時被處以極刑[29]。

不過，金納斯在臨終前，卻建議妻子亞歷山特拉[30] 與法

29 參約瑟夫《猶太古史》13.380；譯文見《新約背景文獻選輯》§15。這事亦見於死海古卷中的《那鴻書註釋》（4QpNah）3~4 i.2~8，文中稱金納斯為「忿怒的獅子」。

30 究竟這位「沙羅米」是否金納斯的原配（即亞立斯托布的遺孀），還是金納斯另一位妻子，又或這妻子是同一人但不是亞立斯托布的遺孀？參 Ilan, "Queen Salamzion Alexandra and Judas Aristobulus I's

利賽人議和。金納斯去世後，其妻執掌朝政共九年（公元前76~67年）。雖然亞歷山特拉貴為王后，卻因是女性，未能當上大祭司一職。所以，她委派兒子許爾堪二世為大祭司。這是以色列或猶太人歷史上第一位女王，很有可能是受埃及文化的影響。亞歷山特拉是一位極具政治手腕的女性，內外皆贏得不少盟友，並得到法利賽人的支持。亞歷山特拉的名字在《他勒目》經常受到很正面的評價。

2.4.6. 亞立斯托布二世（統治期：公元前67~63年）和許爾堪二世（統治期：公元前63~43年）

亞歷山特拉在任期間，她把法利賽人納入猶太人議會裏。可是，她的兒子亞立斯托布二世卻與她為敵，並聯同其餘不滿王后政權的人，以及撒都該人（猶太高級議會中舉足輕重的人），成為反對派。當亞歷山特拉在公元前67年去世，亞立斯托布二世起來，要與許爾堪二世爭奪統治權。

亞立斯托布二世早前因得到羅馬大將軍龐培[31] 的支

Widow," pp.181~190；引自 Sievers, "Hasmoneans"。按 Sievers 的意見，約瑟夫稱亞歷山特拉的，原名應為 *Shelamzion*，死海古卷中一份文獻（4Q322 2.4）也有提及。

31 當時，大將軍龐培的聲威非常厲害。特別是在龐培進入耶路撒冷之前，他在小亞細亞西面連場的戰役中，例如與本都王米米提利特六世的戰役，確是得勝連場。在昆蘭所發現的《哈巴谷書註釋》（寫於龐培攻破耶路撒冷之前），書中作者以「基提」（Kittim）為猶太地的審判者，參《哈巴谷書註釋》（1QpHab）3.4~6.12；參《新約背景文獻選輯》§300。作者其實是因龐培的聲勢而以「基提」來指羅馬人，預言他們會來懲罰當時的猶太人。同樣，在舊約的經外文獻《所羅門詩篇》（寫於公元前50年），「羅馬人」亦明顯是指哈斯摩尼阿家族（17.8）。

持，登上寶座，並成為大祭司，但為期只有數年。原臣服許爾堪二世的將軍安提帕特（即大希律的父親）和當時的法利賽人卻堅持支持許爾堪二世，在得到阿拉伯王亞哩達的協助下，他們成功擊敗亞立斯托布二世及其支持者；然而，此舉卻令羅馬政府大為不滿。於是，羅馬大軍在龐培將軍的領導下，直搗敘利亞及猶大地，雙方均向羅馬軍求助。公元前 63 年，龐培進軍耶路撒冷，經過三個月圍攻[32]，許爾堪獻城出降，亞立斯托布被擄羅馬，龐培扶立許爾堪二世為大祭司，但為期只 80 年（公元前 143/2~63 年）的獨立告終。自此，猶大一帶成為直屬羅馬中央政府管轄的敘利亞省份的一部分。

這時候，羅馬局勢極度不穩，凱撒與龐培相爭（參 1.4.4），許爾堪二世及安提帕特當時表態支持龐培。可是，在公元前 48 年，龐培遭猶流．凱撒追殺，死於埃及，許爾堪二世和安提帕特轉移向凱撒投誠，甚至派遣補給軍隊到埃及，以示友好。凱撒作出回報，不但恢復耶路撒冷敬拜群體一貫的權益，更給予各項特權，包括約帕城再次歸由大祭司管治、許爾堪二世為大祭司一職再獲肯定、並同時封為專責管理猶太人事務的提督（即地區的總督，參 3.1.2 註腳）和羅馬政府的盟友。而安提帕特則獲得世襲的羅馬公民權，並

32 龐培進入耶路撒冷時，竟堅決要進入聖殿最神聖的至聖所；這至聖所是大祭司在每年一次的贖罪日才得以進入，為民贖罪。雖然祭司極力阻止，亦有不少因而被殺，但龐培仍堅決進入。龐培此舉可說直接侮辱整個民族和宗教，為人民所痛恨。十五年後，因羅馬的權力鬥爭，龐培逃亡至埃及，但當他一踏足埃及，便被猶流．凱撒殺死（公元前 48 年）。大概這個時候，舊約偽經《所羅門詩篇》2.26~27 的作者這樣寫：「不需很久，我便可指望上帝指示我，那侮慢的人被殺於埃及的山丘上。他所得到的尊崇，較那最微小的還要少……。無人會埋葬他，因他羞辱並拒絕上帝。」

成為猶太地的「巡撫」。這意味著在古代大祭司的傳統以外，設立了政府官員制度；從此結束了自金納斯和西門所開始的，就是大祭司和行政權力的結連。故此，一方面宗教活動不再局限於聖殿群體內，而會堂社區的宗教活動又不再受禁制；另一方面，政治活動卻受羅馬政府的監管。基於這架構的重整，安提帕特的地位超然，並把治權分予兩個兒子——費沙奧和希律。

正當野心勃勃的大希律準備鞏固自己的勢力，哈斯摩尼阿家族最後一位成員斯托布二世的兒子安梯古納斯，與帕提亞人（古波斯國的後人）聯手攻擊安提帕特，佔領整個巴勒斯坦一帶，把許爾堪二世趕走。結果，安提帕特和費沙奧一同被殺，幸好希律逃到埃及。後來他得安東尼厄斯和屋大維（即日後的奧古斯都）兩位羅馬領袖的支持。於 40 年 12 月，羅馬議會封希律為「猶太人的王」，但他要負責把安梯古納斯逐出耶路撒冷。他得到羅馬軍隊的幫助，於公元前 37 年將安梯古納斯殺死，掌握了整個地區的控制權，結束了哈斯摩尼阿王朝的統治，開始了另一個王朝。

2.4.7. 哈斯摩尼阿王朝沒落的原因

1. 哈斯摩尼阿王朝的建立，使猶太地再次服在王權之下，掌權者的權力甚大；特別在金納斯．亞歷山大在位期間，與希臘統治時期的獨裁者不相伯仲；
2. 由於連年戰爭，軍備不斷擴張，而經濟的壓力，則落在一般庶民身上。當統治者攻佔了土地，利益仍歸給自己和統治階層，一般庶民無緣分享成果；
3. 哈斯摩尼阿王朝的成員跟原來擁護他們的宗教領袖之間

的矛盾激化。金納斯在位期間，猶太的反對者曾與大馬士革的德米丟三世結盟，將他擊敗。當金納斯戰勝後，就將八百個反對他的猶太人釘在十架上，且在他們面前，將他們的妻子和兒女殺死（《猶太古史》13.380）。當時敬虔的法利賽人對他深惡痛絕。他死後，其妻亞歷山特拉與法利賽人修好，法利賽人則乘機將支持金納斯的餘黨肅清，這便種下了禍根，使後來金納斯兩個兒子亞立斯托布二世和許爾堪二世在不同派系的支持下發生內訌，甚而引起內戰，最後為以土買的總督安提帕特借助拿巴提人的力量，將亞立斯托布圍困於聖殿，卒由羅馬軍事直接介入，結束了哈斯摩尼阿王朝。

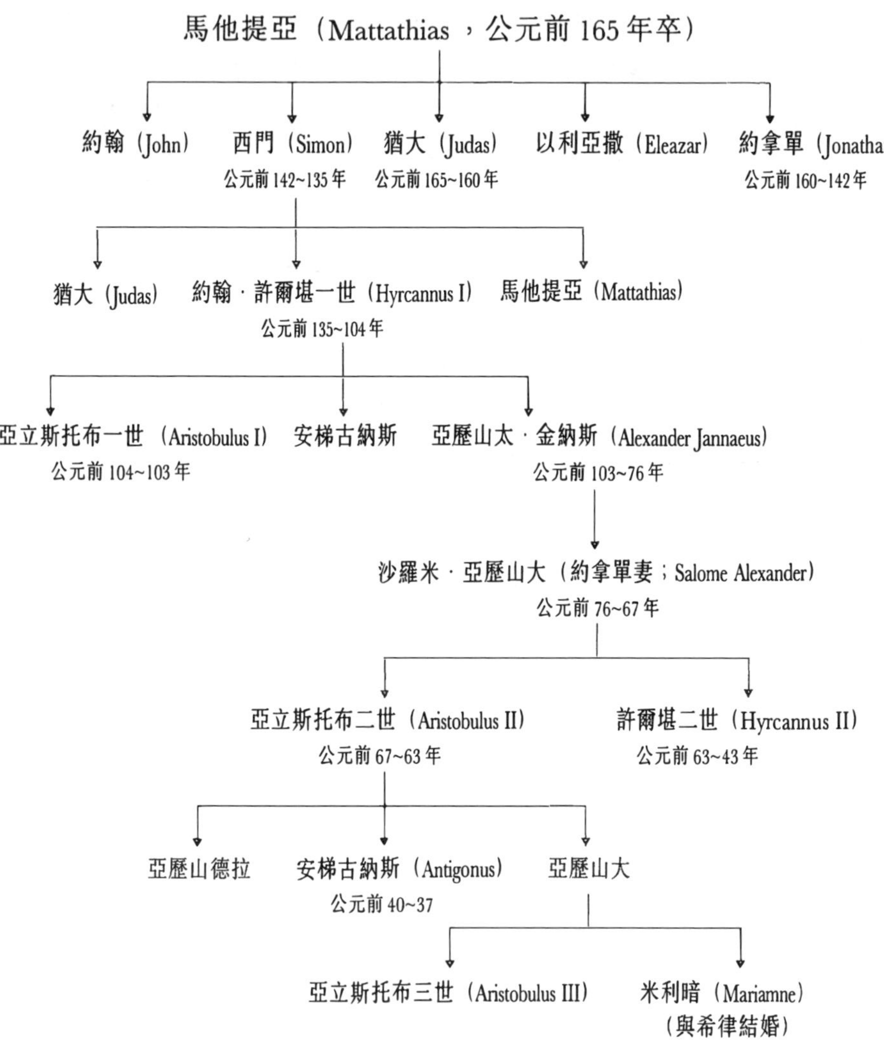
馬他提亞（Mattathias，公元前 165 年卒）
約翰（John）
西門（Simon）
公元前 142~135 年
猶大（Judas）
公元前 165~160 年
以利亞撒（Eleazar）
約拿單（Jonathan）
公元前 160~142 年
猶大（Judas）
約翰．許爾堪一世（Hyrcannus I）
公元前 135~104 年
馬他提亞（Mattathias）
亞立斯托布一世（Aristobulus I）
公元前 104~103 年
安梯古納斯
亞歷山太．金納斯（Alexander Jannaeus）
公元前 103~76 年
沙羅米．亞歷山大（約拿單妻；Salome Alexander）
公元前 76~67 年
亞立斯托布二世（Aristobulus II）
公元前 67~63 年
許爾堪二世（Hyrcannus II）
公元前 63~43 年
亞歷山德拉
安梯古納斯（Antigonus）
公元前 40~37
亞歷山大
亞立斯托布三世（Aristobulus III）
米利暗（Mariamne）
（與希律結婚）

第三章 新約歷史

黃錫木博士◎著

在「新約時代」這一章，我們會透過兩個家族來探討這段歷史，即代表猶太人的希律家和代表主流羅馬政府的凱撒家；這兩個家族的歷史剛好代表新約聖經處境中的民族地區性（即關於猶太人）和主流（即關於羅馬帝國）的歷史。

雖然本章所討論的，主要集中公元第 1 世紀的歷史，但發生於 132 至 135 年的第二次猶太人叛亂（第一次叛亂發生於 67 至 73/74 年），對於猶太人的歷史極其重要。這段歷史似乎已超越了「新約」的歷史框架，也是另一個經常被新約學人遺忘的時代。這個時代的重要性不單單因第二次叛亂，卻同時見證新的猶太教體系的誕生（即拉比猶太教）和使徒教父的出現。隨著使徒和第一代信徒去世，新的一代便接管傳福音和維護正統信仰的責任；這種種活動對雛形的基督教和整個教會傳統的發展，是舉足輕重的[1]。按此，我們便以公元 2 世紀初作為新約時代的終結。本章最後一節會簡單討論猶太散居地的處境。

3.1. 希律家族

希律本身是以東人（或以土買人），在約翰・許爾堪一世在任的期間，所有以東人被迫歸化猶太教（參 2.4.4）。因此，希律在血統上雖只是「半個」猶太人，但在宗教上卻算是一個猶太教教徒。繼許爾堪一世以後，亞歷山大・楊紐斯統治猶太人，當時希律的祖父安提帕特一世代表其以東人在楊紐斯軍中當統領。

---

1 有關使徒教父及其著作，參張略和黃錫木：〈使徒教父文獻〉，《聖經正典與經外文獻導論》，11.3。

希律的父親安提帕特二世在新統治者許爾堪二世在任期間，運用其天生的政治智謀，不單得到許爾堪二世的信任，又藉著協助當時羅馬最大統領猶流．凱撒東征，因而獲賜世襲的羅馬公民權。安提帕特二世有四子一女，而長、次子分別接管猶大省和加利利省；這位次子，正是我們所熟悉的大希律：

- 公元前 37~4 年：大希律
- 公元前 4~公元 6 年：亞基老（猶太、撒瑪利亞和以土買）
- 公元前 4~公元 39 年：安提帕（管理加利利和比利亞的分封王）
- 公元前 4~公元 34 年：腓力（以以土利亞和特拉可尼的分封王）
- 公元 37~44 年 亞基帕一世
- 公元 53~92 年 亞基帕二世

3.1.1. 大希律

希律自年幼，已處處表現其領袖的風範，他管治加利利省時，只有二十五歲；當時的加利利省，已經是一個高度自治的省份。所謂時勢做英雄，愈是混亂的政治局勢，愈能夠讓希律這類機會主義者一展所長。

3.1.1.1. 猶太人的王

公元前 44 年，布魯圖和卡修斯刺殺凱撒大帝，希律和他的父親安提帕特二世料想他們會接續執政，便以大量金錢支持他們；但在這一次不容有失的政治賭局，希律錯下投注了。

正當希律積極支持布魯圖和卡修斯，羅馬已經成立那

「三頭統治」的政府（參 1.4.4），不久，叛黨亦相繼被捕。這時候，哈斯摩尼阿家族最後一位成員亞里斯多布勒二世的兒子安梯古納斯與帕提亞人（古波斯國的後人）聯手攻擊安提帕特二世，佔領整個巴勒斯坦一帶，把許爾堪二世逐出。結果，安提帕特二世和費沙奧相繼被殺，獨剩希律。希律逃到埃及，僥幸得到王后克利奧帕特拉拉的款待和支援，便隨即啟程往羅馬（公元前 40 年），一方面為昔日曾接待布魯圖和卡修斯，向當時羅馬兩位領袖安東尼厄斯和屋大維（即日後的奧古斯都）深表悔意；另一方面，又游說他們，叫他們相信他有能力治理巴勒斯坦和控制帕提亞人。

於是在同年 12 月，羅馬議會封希律為「猶太人的王」，但他要負責把安梯古納斯逐出耶路撒冷。實質上，希律並沒有得到甚麼優待。因羅馬帝國版圖極大，各民族的差異大，要事事直接由中央管理，根本不可能。所以在羅馬帝國東面的屬地，羅馬一貫的政策，是讓當地的「君王」自己「統領」。希律得著羅馬軍隊的幫助，於公元前 37 年，將安梯古納斯殺死，控制了整個地區，結束了哈斯摩尼阿王朝的統治，開始另一個王朝。

希律享有全面的自主，不須繳納任何稅項，又不須向巴勒斯坦原來隸屬的敘利亞省交待，反而直接向羅馬負責。猶太人一直都極之不喜歡希律，因他不是純猶太人；相反，撒馬利亞人抓緊機會拉攏希律。事實上，自猶太地被納入羅馬的管轄範圍，撒瑪利亞為鞏固自己的政治地位，對羅馬政府及其一切決定，總會支持[2]。這直接加深猶太人和撒馬利亞人之間的仇恨。

2　例如，當龐培把耶路撒冷納入羅馬的統治後，他重建附近很多外邦城市，其中包括撒瑪利亞（參《猶太古史》14.75；譯文見《新約

3.1.1.2. 希律的執政

希律作為「猶太人的王」，其實是羅馬政權的忠心擁護者和支持者，儘管在他的統治下，猶太地安定繁榮，加上他為了讓他的國人視自己為哈斯摩尼阿王朝的合法繼承人，便娶許爾堪二世的孫女米利暗為妻（公元前 37 年；其實這個婚約早於公元前 42 年已經訂下）；只是，希律並沒有為猶太人所尊崇。一方面因他曾殘殺哈斯摩尼阿王朝的成員，另外，希律只不過是半個猶太人，他的祖先有以東人的血統，而以東人又是遠古猶太人的敵人（參民二十 14~21），再加上他在羅馬被封立為猶太人的王時，曾向羅馬神朱庇特獻祭，觸怒了猶太人。

希律在位期間，干預耶路撒冷祭司的委任。因他不是純猶太血統，以致雖貴為民族元首，卻不能兼任大祭司，但他又不願委任哈斯摩尼阿家族的成員，以致揀選了一位埃及籍的猶太人哈楠業為大祭司。不過，其妻米利暗後來游說他允許她的兄弟亞里斯多布勒三世當大祭司（兩者均是哈斯摩尼阿成員）。哈斯摩尼阿家族的得勢十分短暫；當亞里斯多布勒三世上任後第一次公開露面時，人們已議論紛紛要推翻希律的統治，希律以為是亞里斯多布勒三世的陰謀，於是把他淹死，還訛稱他是死於意外。

希律的殘暴，從他處死自己兩個妻子、三個兒子，以及在馬太福音二章 1 至 18 節記載，他頒令殺害國中所有兩歲以下嬰孩等等事件，表露無遺。他的私生活也是一團糟，他曾

背景文獻選輯》§17），這令撒馬利亞人對羅馬政府千依百順。此外，當大希律在羅馬政府的支持下，攻入耶路撒冷（要把安梯古納斯趕走），撒馬利亞人亦有幫助希律（參《猶太古史》1.156, 1.229）。

結婚十次，家庭出現無數的問題，起因都是他的妻子和妻子的母親們為了要使自己的子女得到某些優待或特權。約瑟夫對他的描述非常恰當（《猶太古史》17.192）[3]：

> 「他是一個對人極野蠻的人，是情感的奴隸，也不理會甚麼是對的，但他的命運比任何人都好，[192]因為他從一個平凡人升到一個君王；雖然他被一萬種危險包圍，仍能一一排除困難，直到年老。至於他家內和兒女的事情，照他自己看是如意的，因為他能戰勝一切敵人，但在我看來，他卻是一個最不幸的人。」

歷史對希律最突出的描述，出自奧古斯都。當他聽到希律殺了自己的骨肉，他幽默地說，「當希律的豬，勝過當他的兒子」，其中「豬」和「兒子」這兩個希臘字（*hus* 和 *huios*）的發音非常近似。

另一方面，希律處理商業、軍事和政治的手腕，使他在羅馬政權巔覆動蕩期間得以自保。羅馬統治者對他極之信賴，使他能夠趁其鄰近國家領導者勢弱之時，拓展自己的疆界。希律在任期間，功績方面，他大興土木，經營了十多個大城邑，最有名的是地中海沿岸的凱撒利亞，他策劃了不少偉大的建築，如露天半圓劇院、歌劇院、學校、港口、引水道、神廟等。另外，希律很會享受生活，他分別在耶利哥、希律堡、馬薩他和耶路撒冷，為自己建造了豪華的王宮[4]。但

3　譯文見於《新約背景文獻選輯》§29。

4　約瑟夫特別記載和評論希律的建築，參《新約背景文獻選輯》§§33~35。

最重要、亦因此得到猶太人歡心的，是他於公元前 19 年開始重建聖殿。聖殿本身的建築物很快便完成，但附近的建築和裝飾卻花了很多人力和時間，給工匠提供就業的機會[5]；整個工程在公元 63 年才完成，但不到七年便被拆毀。雖然希律重建聖殿，但他並不是虔誠的猶太教信徒，既沒有敬畏的心，也不在乎甚麼是正統；反之，他卻熱愛希羅文化和宗教。

希律在位三十五年，卒於公元前 4 年。他一死，耶路撒冷即出現暴亂。聖殿遭焚燒搶掠，但被武力鎮壓，數千人被羅馬政府釘上十字架。在騷亂不斷發生的同時，羅馬政府完成他的遺願，將國家一分為三，交由希律剩下的三個兒子治理，分別是亞基老（參太二 21）、安提帕和腓力（參路三 1）。但三人均希望能夠獨攬大權；在許多陰謀詭計之後，羅馬王帝奧古斯都把地分作三份。

3.1.2. 亞基老

亞基老被封為猶太、撒瑪利亞和以土買一帶的地方官長，專責管理猶太人的事務[6]。他統治了十年後（公元前 4 至公元 6 年；參太二 22），與其父的暴行相比，可謂有過之而無不及。結果，耶路撒冷連同撒瑪利亞派遣一隊專員到羅

---

5 參《猶太古史》15.380~402；譯文見《新約背景文獻選輯》§§32。有關希律建築聖殿的動機，參 Richardson, *Herod: King of the Jews and Friend of the Romans*, pp.174~215, 245~249。

6 *Ethnarch* 一字原來的意思是「人民的統治者」；這字可能只是泛指某些地區的統治者。在新約聖經中，惟一一次出現是在哥林多後書十一章 32 節，《和合本》翻成「提督」，但這名稱與羅馬制度中的 *praefectus*（參下面討論）明顯有別；《現中》翻成「總督」可能更好。

馬，投訴他在治理上的無能和殘酷。羅馬政府終於把統治權奪回，他的職任由科龐尼厄斯取代，稱為地區性「巡撫」[7]。自此以後，所有地區的提督皆由羅馬中央（即凱撒）委派，他們以凱撒利亞為總部，受命於敘利亞省份的巡撫。路加福音二章2節記載耶穌出生時，居里扭當敘利亞的巡撫，作一次人口普查，用以計算稅收[8]。

新約聖經所提及的羅馬巡撫，最有名是本丟．彼拉多，他在公元26至36年當此職。耶穌就是被他審訊和處死的。耶路撒冷的猶太議會有權裁判猶太人的宗教事務，最高可判三十九鞭的刑罰，但當猶太議會裁定耶穌所犯的是刑事罪行，便要將耶穌送到彼拉多那裏。由於猶太議會的權力在希律統治時期已被削弱，彼拉多是惟一有權判處罪犯死刑的人（參太二十七 1~2）。所以，當猶太人決意要治死耶穌時，他們不能親自下手，必須透過向彼拉多施壓，才能達到目的。

彼拉多跟以前的巡撫不同，對猶太人沒有那麼體諒，例如他把羅馬王帝的像帶進耶路撒冷，引起猶太人的公憤，猶太人中反抗的聲音愈趨強烈，但彼拉多卻毫無顧忌以殘酷的手段鎮壓，他的下場也許由此而起[9]。

7　「巡撫」這名稱是取代另一個較早期的、軍事意味較重的名稱——提督（prefect；拉：*praefectus*）。除了本丟彼拉多，我們對其他巡撫的政績所知有限。約瑟夫只在《猶太古史》18.29~35中對這些巡撫作了概括性的論述；譯文見《新約背景文獻選輯》，4.6，註 109。

8　有關約瑟夫對亞基老的記載，參《新約背景文獻選輯》，4.6。

9　有關約瑟夫和斐羅對彼拉多的記載，參《新約背景文獻選輯》，4.6。

3.1.3. 安提帕

希律．安提帕的職銜是「分封王」[10]，即管理加利利和比利亞的四分一（公元前 4 年至公元 39 年）。耶穌和施洗約翰的傳道旅程經過的地方，主要是安提帕的所屬地（太十四 1~12；可六 14~29，八 15；路三 19~20，九 7~9，十三 31~32，二十三 6~16）。施洗約翰也是被這位希律殺害，因為他批評希律與妻子離婚，以便迎娶其同父異母兄弟腓力（這腓力並非下文 3.1.4 節所提及的一位）的妻子希羅底。可能正因安提帕的所作所為，特別是他對約翰所作的事，耶穌毫不留情稱他為「狐狸」（參路十三 31）；「狐狸」這綽號，意思大概如漢語的「狡猾」、「奸險」等，但在拉比文獻裏，「狐狸」亦可指「縮頭烏龜」。按路加的記載，安提帕也有參與耶穌的審訊（路二十三 6~12），亦因此與彼拉多成為好友[11]。

3.1.4. 腓力

腓力亦是「分封王」，統治版圖遠及巴勒斯坦東北，包括加利利東面和北面，路加福音（路三 2）曾提及其中兩個地區，就是以以土利亞和特拉可尼。腓力克制個人的野心，沒有耗費人力物力於奢華的建築工程。他重建了加利利湖一帶多個城市，包括伯賽大；他又開拓了凱撒利亞．腓立比這個城市，以自己和羅馬王的名字作為這城的名稱。

腓力可能是大希律的繼承者中，惟一的好領袖。按約瑟

---

10 *Tetrarch* 一字原來的意思是「四分一地區的統治者」；與 *ethnarch* 相似，這字可能只是泛指某些地區的統治者。

11 有關約瑟夫對安提帕的記載，參《新約背景文獻選輯》，4.4。

夫所記，他愛護人民，又尊重猶太人。腓力的統治，到公元 34 年止[12]。

3.1.5. 亞基帕一世

亞基帕一世是大希律的孫兒，其父給大希律處死（公元前 11~10 年）。他在羅馬長大，早年的遭遇不太好，但卻認識了兩位非常重要的朋友，他們日後均成為羅馬王帝，就是該猶和克勞第（又稱革老丟）。

加里古拉在公元 37 年登位作羅馬王，亞基帕被封為猶太王，管治巴勒斯坦東北地區，這地原本為腓力所統治。就在這時候，安提帕的妻子希羅底眼見亞基帕的封號比自己的丈夫尊貴，極力游說安提帕到羅馬見加里古拉，希望討好加里古拉，把他封王。可是加里古拉卻索性廢立安提帕，並把他放逐，而原為安提帕所管轄的地方，也納入亞基帕的領土。

該猶後來被暗殺，克勞第登位。亞基帕於早年曾助克勞第度過艱苦的日子，當克勞第在公元 41 年登位，他把原為希律大帝所統治的整個巴勒斯坦一併交由亞基帕一世管治。另外，又因亞基帕能平息於公元 40 年發生的猶太人大騷亂（參 3.2.3），克勞第承認，只有猶太人管治猶大地是最好的。結果，經過四十五年的分裂，希律大帝所定的國界重新合併起來。

亞基帕一世的施政，一方面仍然效忠羅馬政府，另一方面也極之尊重猶太教，這點在他熱切迫害初建立的基督教教會表露無遺，如把雅各處死，又監禁彼得（參徒十二 1~4）。

---

12 有關約瑟夫對安提帕的記載，參《新約背景文獻選輯》，4.5。

雖然路加在使徒行傳十二章 20 至 23 節特別解釋他突發身亡是藐視上帝的結果（公元 44 年）[13]，但在猶太人心目中，亞基帕因遵守傳統猶太教的教訓和規條，得到猶太人的敬重，及至拉比時代，也有不少人對亞基帕一世加以讚許[14]。

3.1.6. 亞基帕二世

亞基帕的兒子希律．亞基帕二世在父親去世時才十七歲（公元 44 年），人們認為他太年輕，不能繼任，結果羅馬政府再次指派巡撫統治猶太地，並以凱撒利亞為總部，這統治方式一直維持至「第一次猶太人叛亂」為止。新約聖經也有提及這兩位巡撫，即安東尼厄斯．腓力斯（任期為公元 52 至 60 年）和波求．非斯都（任期為公元 60~62 年）。

亞基帕二世不足三十歲，已慢慢取回原來由希律管治的土地。當尼祿王在公元 54 年繼承克勞第的帝位，亞基帕二世已繼承了其祖叔父腓力的疆土。因此，當非斯都準備要審問保羅時，他認為亞基帕二世熟悉猶太人的習俗，所以邀他來聽保羅的分訴，而他的妹妹百尼基亦在場（徒二十五 13~二十六 32）[15]。然而，亞基帕二世跟其父一樣，極其尊重猶太教傳統和聖殿傳統，故未能幫助保羅。

---

13 一般學者認為這病是由盲腸破穿引致的急性腹膜炎，參 Merrins, "The Deaths of Antiochus IV, Herod the Great, and Herod Agrippa I," pp.561~562；另參 Bruce, *New Testament History*, p.263。

14 參《新約背景文獻選輯》，5.3。

15 留意「百尼基」的英文譯名可有兩個——*Bernice* 和 *Berenice*；前者按原來希臘字 *Bernikê* 譯出，後者則按異文語句 *Berênikê* 譯出。由於 *Berenice* 較符合拉丁語名稱，故為一般學者採用。

這段由巡撫統治的日子非常重要，因再一次見證羅馬政府忽視猶太人這個民族，以及他們對遵守律法的執著，還有就是巡撫的暴政。亦因猶太人對宗教的熱誠，他們非常齊心，整個民族猶如一人，對抗那些企圖敵對他們的同胞和宗教的人。

亞基帕二世完成其曾祖父大希律修葺聖殿的計劃，並在耶路撒冷多處街道上，鋪上大理石塊。他雖然敬重猶太教，但仍然忠於羅馬。公元 66 年，當「第一次猶太人叛亂」剛剛開始，亞基帕二世和他的妹妹百尼基竭力勸阻猶太人對抗羅馬政府，但不成功，二人轉而支持羅馬政府。亞基帕二世不單擴張自己管轄的領土，更與後來成為王帝的提多將軍成為好友。亞基帕二世於公元 96 年去世，此後，希律家再沒機會直接管理猶太人的事務。直至 132 年（即第二次猶太人叛亂），巴勒斯坦一帶的形勢非常緊張，因此，所有管理猶太人的職責，皆直接由羅馬政府所委派的巡撫來處理。

3.2. 凱撒家族

「凱撒」這名稱原來專指猶流．凱撒，是個家族的名字。猶流未去世之前已經立下遺囑，要把王位傳給其孫姪兒屋大維（安東尼因而遷怒屋大維）。這可算是新約時代羅馬帝王的一大特色——王位主要並非世襲（法拉維王朝除外，參 3.2.7），而是欽選的。同樣，繼承屋大維王位的提庇留亦非屋氏的親兒子，而是其妻與前夫所生的兒子。由於猶流．凱撒對國家的建樹鉅大，而屋大維又很珍惜他為凱撒大帝養子的身分，故此他取了猶流的姓氏。自此以後，這名字逐漸與「帝王」扯上關係，故有些譯本把「凱撒」一詞翻成「王帝」

（參《現代中文譯本修訂版》路二 1:「羅馬王帝奧古斯都」）。

奧古斯都在任期間，羅馬國的政制適逢一個歷史性的轉型期。雖然他儘量保留共和國的憲法精神，但實質上卻以君主的身分統治全國。雖然在當時的元老院中也有反對聲音，說這些改變剝奪了他們的實質權力，又說這些轉變表面上或許包裝得很好，但實際上卻是要將一切的最終決定權，掌握在一人手中。不過，這位奧古斯都給人民帶來的貢獻，遠遠化解了某些保守派人士的憂慮。因此，這個新舊政制的過渡異常順利，屋氏帶來的改變不單遍及整個新約時代，更延伸至公元 5 世紀為止。

- 公元前 27~公元 14 年：奧古斯都
- 公元 14~37 年：提庇留
- 公元 37~41 年：該猶／加里古拉
- 公元 41~54 年：克勞第
- 公元 54~68 年：尼祿
- 公元 68~69 年：迦勒巴，奧索和威特留
- 公元 69~79 年：維斯帕先
- 公元 79~81 年：提多
- 公元 81~96 年：多米田
- 公元 96~98 年：納華
- 公元 98~117 年：他雅努
- 公元 117~138 年：哈德良

3.2.1. 屋大維和提庇留

凱撒於公元前 44 年被刺殺，結束了共和國的獨裁統治，但羅馬政局亦因凱撒的死而變得非常動蕩。經過多方面的協

商，於公元前 37 年，屋大維、馬庫斯．安東尼厄斯和馬庫斯．萊皮達斯組成「三頭統治」的政府。萊皮達斯最先去世，而安東尼厄斯竟聯同其埃及妻子克利奧帕特拉拉王后來對抗屋大維。奧氏得著全國上下的支持[16]，於公元前 31 年在亞克田的一場戰役，徹底消滅安東尼厄斯和克利奧帕特拉拉王后；二人後來回埃及，雙雙自殺，而埃及自此成為羅馬帝國的一個省份。

由於屋大維平息了十多年的動亂，並以仁義見稱，在元老院和人民的擁護之下，他本可享受其養父那種「獨裁」政治，但卻只謙虛地自立為「首席元老」(拉：*princeps*)。為了表達國民對奧氏的愛戴，元老院於公元 27 年封他為「奧古斯都」(拉：*Augustus*)，意即「可敬畏的」。奧氏選用 *princeps* 這名銜，是要暗示他不是「獨權者」或帝王。一般官方的文獻多稱「凱撒」，或以其最高宗教領袖的稱號，即「最高教長」(拉：*pontifex maximus*) 稱之。「王帝」(拉：*imperator*) 的稱謂很少來自官方，奧氏及他的繼承人提庇留從未自稱為「王帝」；一般來說，這多數是第三者或現代人對凱撒較為籠統的稱呼。

奧古斯都是羅馬帝國歷史中最偉大的王帝，他不單平息了幾十年的內戰，讓人民再得享和平的日子，而且，他在任期間，整頓國家多方面的不善，如除去元老院一些反叛的議員，大量裁軍，但又同時建立一支正規軍隊，為公民籌辦一所軍事學校，他又看重家庭生活，推崇道德生活等。為了使帝國更穩固，他進行了一次全國性的人口及財產調查，作為

16 其中一個原因是，一般羅馬人不能接受安東尼厄斯和克利奧帕特拉拉王后這段戀情。

徵兵及徵稅的依據（這就是耶穌出生時的人口調查）。另外，他又在全國組織警察和消防部門，並且委任官員專責監督配糧工作，又改善羅馬帝國的道路和水利等設施。種種建樹，大大改善人民的生活。奧古斯都去世後，人們把他當作神明敬奉[17]。

奧古斯都去世，其義子提庇留被選立作繼承人。提庇留算不上很賢能，但卻很自知和自足。他在位時，人民提議要封他為神明，但他說：「我只是一個凡人，神性尊榮是屬於奧古斯都的，他才是人類真正的救主」。不過，在他晚年（特別於公元 23 年後），提庇留的疑心非常重，並經常向元老院提案，懷疑部屬反叛，而其中很多根本不是事實。但於公元 31 年，禁衛軍指揮官雅里斯．斯仁尼士真的叛亂，幸好及時被發現。自此以後，提庇留更加倍猜忌；稍有微言，即遭厄運。他的離世（公元 37 年），可說讓元老院鬆一口氣。

不過，第 2 世紀羅馬著名的歷史學家綏屯紐所寫《十二凱撒生平》（原為拉丁文，寫於公元 120 年）一書，共討論十二位凱撒的歷史，他對奧氏和提庇留的評價（尤其對各省的管治）非常高。然而，塔西圖和綏屯紐記載他如何迫害猶太人，這或許反映猶太人在一般羅馬人心目中那種不受歡迎的程度[18]。

17　有關奧古斯都的政績主要見其自傳《神聖奧古斯都功績紀》，參《新約背景文獻選輯》，§36。

18　有關塔西圖和綏屯紐對提庇留的記載，參《新約背景文獻選輯》，4.2。

3.2.2. 羅馬帝國的政府

從以上對羅馬共和國歷史（參 1.4）的簡述，可見羅馬帝國的興起，歸因於其逐步擴張領土的策略。公元 117 年，羅馬王帝他雅努去世的時候，整個帝國已擴展至最大的範圍，包括四十個省，總面積接近三百六十萬平方公里（二百萬平方英里），相當於現在中國面積的一半。各地建造了引水渠、公路、劇院、競技場、寺廟、豪宅，亦實行了統一的貨幣、法規與稅制。要管治這龐大的土地，羅馬政府混合了「自治」和「強權」兩種體制。有些地區會給予很大的自治權，但有些則要直接隸屬省長，甚至由元老院負責；而且，管治的方式會受到人為因素或政局而有所調整。猶大省明顯是一個好例子。這地區曾經由奧古斯都任命大希律管理，但當希律死後，奧古斯都就把這省份的管治範圍分割，由不同的人負責。

整體而言，羅馬社會是以強權為統治的原則。社會分成明確的階級，是一個建立在強權體制上的非平等社會，權力與財富往往集中在少數精英的手上。進入帝國時期，王帝(即凱撒)既為一國之君，地位超然，權力遠高於各階層；不過，元老院（像現代國家的國會）依然對王帝有若干制約作用。

元老院以羅馬為根基，由王帝管治，由執政官、法官和省長組成。羅馬以外的省市，由王帝委任的代表和政府官員管轄，並且實施羅馬的法律，維持羅馬的階級體制。在奧古斯都時期，他限定元老院的人數不得超過六百人。元老院的成員皆來自古代羅馬的統治貴族。元老院掌管最重要的省份，並在軍隊中擔任高級職位。經濟方面，他們通常擁有土地和農場。

然而，隨著王帝的權力日漸坐大，元老院與王帝之間的衝突與敵意也日益加劇。最終，在克勞第在位期間，羅馬貴族在元老院的數目被大大削減，取而代之的，是非羅馬與非意大利出生的貴族，形成一個多元化的文化。在元老院等級下面，是騎士（參 1.4.3 註腳 40）。在羅馬帝國時期，只要出生自由（意即不是奴隸，又或已經贖身奴隸的兒女），並且登記的收入超過一定標準，就可以被授予騎士頭銜。騎士代表中層階級的精英，他們在軍隊當中擁有一點權力，又負責政府的財政管理，並且管理一些較小的省份，如猶大省。

各個省份的地方政府官僚，也是貴族。這些官僚在政治與經濟上都是既得利益者，有相當的財富和地位。他們在管理公共事務，維修建築物，包括市場和港口，以及大使館的外交工作等方面，扮演重要的角色。在貴族階層下面，是眾多沒有固定官銜與組織的自由平民（也是公民）。大部分平民都是窮人，他們的收入微薄，大多依靠糧食救濟，或其他形式的資助維生；或者作苦力或服事富人，勉強維持生活。他們基本上是自由的，但卻沒有甚麼政治權利。

奴隸是整個社會的最底層，沒有任何法律權利。不過，作為服事主人的獎賞，或者為了維繫僕人對主人的忠實，主人可以給予奴隸自由。一旦獲得自由，一些奴隸會向更高的社會階層發展，腓力斯（徒二十三 26）就是這樣被解放的奴隸，他後來成為猶太的巡撫。然而，一般來說，社會各階層之間的相互流動是有限制的，貴族的特權極受保護。路加福音十六章 19 至 31 節反映富人與窮人之間巨大的鴻溝。

3.2.3. 該猶／加里古拉

提庇留的遺願本來是要讓格默洛斯和該猶共同執政，但當他去世後，禁衛軍[19] 和羅馬議會等人認為提庇留在定立遺囑的時候，神智不清，故只把執政權交給該猶一人。該猶的父親是一名大將軍，亦是提庇留的外甥。當該猶還年少時，他喜歡穿起軍服和軍靴，在家園遊玩和出入軍中，故自小便得來「小靴子」（拉：*Caligula*）的綽號；這稱號在歷史文獻中，較那極普遍的「該猶」，更為人所熟悉。

該猶登位後，在首六個月，他像提庇留一樣，實行親民政策。但在突發一場大病之後，他仿如兩人，性情大變，更以為自己不是一般凡人，有神明附身。他可算是第一位自封為神明的羅馬王帝。該猶似乎沒有直接做一些對早期基督徒不利的事，但對於一般猶太人來說，他的暴行卻反映一種強烈的「敵猶太人」心態，差點兒還激發民族性的集體自殺。

事情首先發生於約公元 40 年左右的雅麥尼亞。城中的羅馬人為慶祝該猶長征凱旋回國，為他築起一座壇，但當地的猶太人卻將之拆毀。這消息傳到該猶耳中，他一怒之下，下旨要為自己建造一座巨型的雕像，豎立在耶路撒冷的聖殿裏。這無疑是要刻意公開褻瀆上帝，結果，耶路撒冷的猶太人警告該猶，倘若他硬要這樣做，全體猶太人將會集體自殺。在最後關頭，幸好得到亞基帕一世的勸阻，該猶終於收回承命。

---

19 「禁衛軍」有如古代中國王帝的御林軍，在職務上，實質是最高執政者的近身護衛（如王帝的近身太監）；亦因經常接近國家元首，故在羅馬帝國時期，禁衛軍的影響力非常大，更往往是謀朝篡位的主腦。

該猶這次暴行不單惹起一般猶太人的憎恨，對於早期基督徒來說，這是預表敵基督的來臨。有些新約學者認為[20]，馬可福音十三章 14 至 19 節「那行毀壞可憎的，站在不當站的地方」一段經文，可能在馬可還未寫其馬可福音（寫作日期約為公元 65 至 70 年間），已經存留了一段時間，而最先以片段的形式被記錄下來的時候，可能正是猶太人面對該猶這位暴君的日子。事實上，該猶的作為與約二百年前的安提阿古四世（2.3）不相伯仲，安提阿古四世自命為宙斯的化身（故有「神明顯現」的綽號），而該猶想要豎立的雕像，名字是「年輕的宙斯顯現」（拉：*Zeus Epiphanes Neos*）。

該猶不單為猶太人所憎惡，連羅馬人也對他那狂莽的作風極為不滿，但憲法不容許廢掉王帝，只好把他暗殺。該猶於公元 40 至 41 年左右被隨從的護衛兵首領刺殺，並擁該猶的叔父克勞第為凱撒[21]。克勞第是一個書獃子，沒有甚麼政治經驗，個子又不太吸引，而且行動不便（可能有先天輕微癱瘓）；大概正因這些缺點，護衛兵等人以為他較容易應付。殊不知，他上任第一件事，就是將那位拿刀刺死該猶的護衛兵處死！這可算很有智慧的做法[22]。

---

20 Beasley-Murray, *Jesus and the Future*, pp.172~173.

21 英文的 *hail Caesar* 正好反映當時兵將對凱撒的稱呼，相等於「願凱撒萬歲、萬歲、萬萬歲」。克勞第被推舉為凱撒，可謂純屬意外，亦可反映哪些人才是宮廷中真正掌權的：當該猶被殺，克勞第剛好在場，但恐怕被牽連，躲藏在窗簾後面；後來護衛兵發現了他，捉拿他到護衛營裏去。當議會還未決定擁護哪一位為凱撒時，一群護衛兵便已先擁護了克勞第。

22 有關斐羅和約瑟夫對該猶的記載，參《新約背景文獻選輯》，4.2。

3.2.4. 克勞第

克勞第和在他之後的尼祿是第1世紀十多位凱撒之中最重要的兩位，因為於他們在位的日子，早期教會在保羅的推動下迅速發展。

基督徒積極傳福音，無疑為羅馬政府帶來一定程度的憂慮。按信仰的內容，基督信仰（如耶穌是彌賽亞、是主、是王等觀念）不單直接抵觸傳統猶太教，更引起羅馬政府一定程度的隱憂。所憂慮的，不單是耶穌這已去世的人物在某些人心中的地位超然，更是因基督信仰（如「除主耶穌以外，別無拯救」或「除上帝以外，別無他神」等觀念）確實抵觸政府那「異教共存」的政策。關於排他性這點同樣叫猶太群體非常關注，因為各人都了解，不同民族和宗教信仰者和諧共處是羅馬政府非常重要的政策（一般稱為 *Pax Romana*，意即「羅馬昇平」），但基督徒傳福音的熱誠，恐怕是羅馬政府不能容忍的。使徒行傳十七章5至8節記述帖撒羅尼迦城的猶太人抗議保羅等人傳福音的工作：「那不信的猶太人……喊叫說：『那攪亂天下的也到這裏來了……這些人都違背凱撒的命令，說另有一個王，耶穌。』眾人和地方官聽見這話，就驚慌了。」當時羅馬政府難以清楚分辨猶太教和初期基督教（彌賽亞）運動，以為所有信奉「上帝」和擁有同一經典的，都是猶太人。

克勞第是當時著名羅馬史學家利維的學生，他精通羅馬歷史和宗教，是個書獃子，但至少他不是瘋子，能井井有條地處理政務——儘管他對猶太人或早期基督教會有不利的政策；事實上，除奧古斯都外，他是惟一一位在死後（可能是被其妻毒殺）被議會封聖的凱撒。新約（徒十八 2）提及克勞第，是他下命把所有住在羅馬城的猶太人驅逐出境（約公元 49~50 年間）。要解釋克勞第為何這樣做，我們必須從另一件事來了解；而這些事情，正好反映克勞第對宗教事務的敏感。

克勞第上任第一項任務，是處理國內的紛爭，也就是該猶未有好好處理的事，即在埃及亞歷山太城原居民與猶太人的紛爭。自亞歷山大大帝的時代開始，以他的名字命名的亞歷山太城已有很多猶太人居住。及至多利米時代（參 2.2），城中的猶太人更組成「團體」（希：*politeuma*），並且與當地居民有很好的關係。但當羅馬政府接管亞歷山太後，大概因為羅馬領袖和人民一直不能忘記安東尼厄斯和埃及王后克利奧帕特拉拉的戀情，以及他們二人對屋大維的計謀（3.2.1），羅馬政府很明顯處處敵視當地居民，但卻偏愛猶太人，而猶太人亦很會利用這機會來鞏固自己的地位。自此，在亞歷山太的居民中便形成了一種「敵猶太人」的氣氛[23]。於公元 40 年期間，這氣氛變得緊張起來，因當地的羅馬局長弗拉克斯被那些敵猶太分子的拉攏，取消猶太人原來享有的團體權利，又規限他們只准住在城中一角，甚至燒毀猶太人的會堂，迫他們吃豬肉，和故意把該猶的雕像放在會堂裏。

這些行徑明顯導致當時很多暴亂的發生，而弗拉克斯亦因而接受羅馬政府的審判，並被放逐到其他地方；然而，亞歷山太的居民與猶太人之間的糾紛仍未解決[24]。結果，在新

---

23 其中很著名的一位，是學校主管阿皮安，他寫了很多敵對猶太人的文章，約瑟夫的《反駁阿皮安》便是為反駁阿皮安的種種指控而寫的。

24 斐羅的《反駁弗拉克斯》便是描述弗拉克庫向猶太人所作的敵對行為。按斐羅提出的數據（他自己亦是亞歷山太的猶太人），埃及地

上任的局長的安排之下，於公元 39 和 40 年，雙方均派遣一隊使者前往羅馬向該猶申訴和解釋暴亂的事（猶太人一方由著名的知識分子斐羅領導）。但那位不學無術的該猶卻未能察覺箇中嚴重性，故未有謹慎處理。克勞第卻不然，他接手處理後，立刻翻查種種資料，然後回信給亞歷山太的居民，決定不追究暴亂的事，但重新確定猶太人在亞歷山太的地位和身分，並承認該猶處理不當。

猶太人數目眾多（單在埃及，就可能逾百萬），加上他們在宗教民族等事情上的同心，使克勞第在處理猶太人的事務上，極其謹慎。既是如此，為何克勞第約於公元 49 年要把所有猶太人逐出羅馬城（徒十八 2）？羅馬政府針對猶太人，是否只為「殺一警百」，以確保羅馬城的治安？但為何要猶太人作代罪羔羊？他又是怎樣將所有猶太人驅逐出羅馬城？若不是所有猶太人，又是哪一些？史學家綏屯紐在記載此事時，較路加交代得清楚：「由於猶太人受到『基里斯督』（拉：*Chrêstus*）的煽動，一直在鬧事，所以克勞第就把他們統統從羅馬境內趕了出去。」[25]（綏屯紐《克勞第》25.4）。這位 *Chrêstus* 大有可能是指「基督」，因為按當時的希臘語，*Christos* 與 *Chrêstus* 兩個字的發音沒有分別，故當翻到拉丁語時，很容易以 *Chrêstus* 來替代[26]。那麼，綏屯紐所提及的

約有一百萬猶太人，其中大多數都住在亞歷山太城。

25 譯文見《新約背景文獻選輯》§59。

26 另一點可證明 *Chrêstus* 等同 *Christus* 的，是使徒行傳十一章 26 節提及的 *Christianous*，有些古卷（包括最好的古卷《西奈翻頁書抄本》）的語句是 *Chrêstianous*，即把原來的 i 變成 *ê*；在保羅時代的希臘語，這兩個字母的發音完全相同（稱為「i–音現象」），因此，當翻成拉丁字時，把 *Christus* 誤為 *Chrêstus* 實在很平常。此外，綏

騷亂是指甚麼？我們可以嘗試從現存零碎的歷史資料來了解當時實際的情況[27]。

自猶大・馬加比時代起，已經有不少猶太人住在羅馬。公元前 59 年，羅馬著名的思想家和政治家西塞羅指出，在羅馬城的猶太人群體對當時的羅馬社會已有一定的影響力。按學者估計，在保羅時代，居住在羅馬的猶太人約有四萬至六萬之多[28]。在提庇留在任期間（公元 19 年），羅馬政府亦曾下令全部猶太人撤離羅馬城[29]，但不久（大概於提庇留去世後），很多猶太人返回羅馬城。及至克勞第在位第一年（即公元 41 年），第 3 世紀的史學家戴奧・卡修斯這樣記載：「當（羅馬城的）猶太人的人數*又*不斷增加，惟恐日後需要把他們趕走時，會引起動亂，政府禁止他們按慣常的生活方式聚會，但卻沒有驅逐他們出境。」（《羅馬歷史》60.6）。卡修斯強調「又」一字，明顯是回應二十二年前另一次的驅逐出境。但在隨後的幾年（克勞第在位第一年，即公元 41 年，至公元 49 年克勞第下旨離境），基督徒的福音工作非常

屯紐並非說「一位 *Chrêstus*」，而單是 *Chrêstus*，意即這位 *Chrêstus* 似乎是當時讀者都頗為熟悉的一位。

27 有關初期羅馬教會的形成，可參 Donfried and Richarson, eds, *Judaism and Christianity in First-Century Rome* 所收錄的文章。晚近最詳盡的研究有 Lampe, *Die stadtrömischen Christen in den ersten beiden Jahrhunderten*。

28 考古學的證據就是在羅馬發現的墳墓，從墓碑得知，住在羅馬的猶太人較喜歡用希臘名字，但卻為他們的子女起拉丁名字。

29 事件起因是：羅馬城有四名猶太人欺騙一名富商大筆金錢，以捐贈予耶路撒冷聖殿為名，實質卻據為己有。這觸怒了羅馬政府，除了下令把全部猶太人撤離羅馬城，更把四千名猶太人充軍（參《猶太古史》18.81~84）。

活躍，可能惹起非猶太人的反感，但我們可以肯定，這必會引致猶太裔／非猶太裔的基督徒與非基督徒猶太人之間的紛爭[30]。

我們不知道克勞第這道旨令在甚麼時候取消，或者在他還在世時，已經慢慢失效，而猶太人亦慢慢返回羅馬城；但無論如何，當保羅寫羅馬書時，羅馬教會明顯非常興旺，以致保羅在信首說，他們的「信德傳遍了天下」，而且，當中的非猶太人或許較猶太裔基督徒還多（參羅十一 13、18）[31]。

3.2.5. 尼祿與三個凱撒

尼祿是羅馬帝國芸芸統治者中，最為人熟悉的，他們且以瘋癲、暴政和殘酷見稱。尼祿就任宣誓時，聲稱會以奧古斯都政策為本。首幾年，他似乎真的能履行承諾，但其殘酷的個性漸漸顯露出來。公元 59 年，他殺死自己的生母（尼祿其實是克勞第的養子），並且開始對周圍的人極度猜疑。他又花費大量金錢享樂；尼祿特別喜愛藝術，故經常贊助很多與藝術有關的活動。他無心從政，但卻以殘暴手段對待企圖與他對抗的人。正如該猶一樣，這類人只會惹來被暗殺的下場。公元 65 年，他第一次被企圖暗殺，但行動失敗，他把

---

30 另一項資料有助了解早期基督徒所構成的影響。大約在克勞第處理亞歷山太的民族爭拗之後不久，克勞第在予當地猶太人的覆函中（此蒲草紙文獻藏於英國博物館），禁止亞歷山太猶太人從敘利亞（即巴勒斯坦地）帶進猶太人，以免「助長正在蔓延全國的瘟疫」。這所謂「瘟疫」很可能正是起源於巴勒斯坦地的基督信仰。參 Bruce, *New Testament History*, pp.292~295。

31 有關 20 世紀初在希臘（亞該亞）的德爾斐發現的石刻斷片上的克勞第王《御令》，參《新約背景文獻選輯》§60。

所有近身侍衛和將軍全部殺死。自此，尼祿變得更加猜疑，有如昔日希律因幾位智者的一番話便實行嬰孩大屠殺一樣。結果，尼祿卻自行了斷，而護衛兵擁立迦勒巴作王。

尼祿是第一個凱撒，直接且大規模地逼迫當時羅馬城的基督徒（但並非全國性的逼迫）。事件的起因是公元 64 年 7 月 19 日晚上的羅馬城大火。由於羅馬城的建築物稠密，火勢一發不可收拾，焚燒了整整五天，把羅馬城十四個地區的其中十一個嚴重焚毀，包括整個王宮。羅馬居民認為這場火災是有人故意縱火的，矛頭所指第一個嫌疑人物便是尼祿，因他一直想按自己的藝術構思重建羅馬城。雖然有證據顯示起火的時候，尼祿不在羅馬城，但卻有人見他在王宮裏自言自語，又很陶醉地哼出古推羅城被焚的歌詞。有些居民甚至看見有人縱火，即使有人要救火，有匪徒卻阻止他們。尼祿為要轉移從各方而來的壓力，便以「基督徒」為代罪羔羊。

與綏屯紐同期的史學家塔西圖在他的《編年史》（寫於公元 115~117 年間）指出[32]，這些基督徒為「世人所憎惡的人」。主要因為羅馬人認為住在城中的基督徒非常離群；或許因羅馬人道德敗壞，信徒追求成聖生活，便沒有投入羅馬人的社交活動。此外，在教義方面，一般早期教會信徒都渴望主再來和新天新地，而在這一切來臨以先，這世界會被焚燒[33]。我們不難想像，當羅馬城火光熊熊，有些信徒或會出

32 有關羅馬城的大火和基督徒所受的逼迫，可見《編年史》15.44，譯文見《新約背景文獻選輯》§68。

33 在新約，較清楚說明現今世界將會被焚燒的是彼得後書（如三 10~12）和啟示錄（如十九 20，二十一 8），但新舊約聖經均常以「焚燒」的意象來表達上帝的審判。

來歡呼吶喊，歡慶主耶穌的來臨，並叫人悔改……這些熱切的舉動，便成為尼祿的證據。

尼祿向基督徒（包括猶太裔和非猶太裔）所施的暴行難以言喻：有的被釘十字架、有的被披上獸皮，然後被野狗追殺、有的活生生被燒死……。這些暴行，連羅馬城的人民也為他們難過，同情他們的無辜，並更確信背後的劊子手其實就是他們的王帝尼祿。按早期教會歷史記載，彼得和保羅亦在這連串逼迫之下被殺，俄利根和後期的優西比烏均清楚指出，彼得和保羅是死於尼祿的毒手，但最早暗示這兩位使徒的死，或許是身在羅馬的革利免[34]。

尼祿臨終前後期間，羅馬政局非常混亂，國家經濟亦陷入危機，叛亂的事不單在屬敘利亞省的猶太地發生，其他地方亦受牽連；但不幸的是，尼祿已無心處理這種種問題。公元 68 年，羅馬元老院宣布尼祿為元老院敵人，而不久他亦了斷自己的性命（6 月 9 日），終年三十歲。在尼祿死後的十多二十年來，有很多原來支持尼祿的人相信他還活著，並有不少人宣稱自己就是尼祿王。久而久之，這成為第 1 世紀末的「尼祿復生」（拉：*Nero redivivus*）傳說，即尼祿王有一天會復活過來。或正是基於這傳說，新約啟示錄提及一個有七頭的獸（這獸可能象徵羅馬帝國），本來受了致命傷，但仍能存活[35]。

---

34 參《革利免一書》5.1~4。革利免特別指出他們的死是基於「妒忌」，對保羅的案件來說，可反映在來自猶太地對保羅的控訴；而對彼得，革利免可能暗指在羅馬城外邦人教會和猶太人教會的紛爭。有關羅馬史學家對尼祿的記載，參《新約背景文獻選輯》，5.5。

35 尼祿是教會歷史上第一位屠殺基督徒的凱撒，他的行徑稱為「尼祿行徑」（拉：*institutum Neronianum*）。當早期基督徒要面對逼迫時，面對國家大亂，元老院期望賢能之士能把國家從種種危機中挽救過來，而在短短一年（公元 68~69 年）內，便有四位凱撒出現。第一位是迦勒巴，他上任不久，已證明不是一個善於統治的人；不出數月，尼祿的好友奧索賄賂護衛隊，取代迦勒巴的帝位。於此同時，另一將領威特留亦被他的部屬推舉為王。最後，正在對抗猶太人的維斯帕先，也被部屬推舉為王。在經過一番小規模內戰，維斯帕先的勢力終得著鞏固。

3.2.6. 「第一次猶太人叛亂」

那是在尼祿在任期間，發生「第一次猶太人叛亂」（公元 66~73/74 年）。起因有很多，一方面猶太人仍念念不忘自己本為上帝子民的身分，故不甘被外邦人統治，特別是該猶和尼祿，他們很想念哈斯摩尼阿王朝時代猶太人所享有的自由。另外，猶太人常被各地居民所藐視，在該猶期間，引致亞歷山大城的猶太人與弗拉克斯發生衝突（參 3.2.4），而在尼祿在任時，同類事情在凱撒利亞（當時由羅馬的巡撫所駐守）亦有發生。

腓力斯當凱撒利亞的巡撫時，凱撒利亞的猶太人極力爭取羅馬公民權，但當地居民卻非常反對。兩方常有衝突，由於猶太人愈來愈多，故往往佔上風。腓力斯在企圖平息他們之間的紛爭，擊殺並俘虜不少猶太人，這令情況更惡化。結

有些護教士（apologists）便會引用這名稱，指控這些執政官（甚至是凱撒）的行為屬「尼祿行徑」。當然，這類指控未必能阻止逼迫的發生，但卻指出第一位逼迫基督徒的凱撒是最壞的凱撒，參 Bruce, *New Testament History*, pp.410~411。

果，雙方均派遣特使向尼祿王申訴。猶太人由猶太人史學家、當時為年輕祭司約瑟夫領隊，但結果，尼祿贊同凱撒利亞居民的立場。按約瑟夫的意見，凱撒利亞一事是導致「第一次猶太人叛亂」的主因之一（參《猶太戰記》2.14.4~17.5；《生平》4~5）。

這種情形不止發生在凱撒利亞和亞歷山太，整個羅馬帝國都瀰漫著強烈的反閃族情緒。倘若羅馬政府還不正視這些種族紛爭，整個國家就難以穩定維持下去。公元 66 年，格斯佢斯・弗洛佢斯作巡撫，羅馬出現了更大的危機。弗洛佢斯非常貪心，他在聖殿的庫房偷走約六百公斤黃金。憤慨的猶太人就扮成乞丐，在耶路撒冷城內四處求乞，稱自己是為這位「窮」巡撫求乞，有意嘲笑弗洛佢斯。此事激怒弗洛佢斯，他派兵一千二百人進駐耶路撒冷，殺了三千五百個猶太人。他又從凱撒利亞派兩隊羅馬軍團進入耶路撒冷，吩咐猶太人為這兩隊軍團安排一個敬禮儀式，以示歡迎。猶太人也按吩咐而行，但弗洛佢斯卻暗中命令這些軍隊不許在典禮中回禮。城裏的猶太人本來已經很不願意向這兩隊軍人致敬，但如今又再遭受凌辱，結果引發全城騷亂。弗洛佢斯只好撤退，留下一隊軍團駐守安東尼亞堡（由希律所建，當發生暴亂，這堡壘是用來保護聖殿的）。

此事以後，亞基帕二世及其妹百尼基，還有大祭司和法利賽人，均欲說服猶太人不要以武力反抗，但當時猶太人的憤怒已一發不可收拾。自從奧古斯都開始，猶太人每日都為羅馬帝國代求，給上帝獻祭，但弗洛佢斯事件後，聖殿的守殿官（希：*stratêgos*）以利亞撒卻命令所有猶太人停止為羅馬帝國獻祭，這是叛亂開始的徵兆。以利亞撒與那些律法的狂熱者（zealots），包括那些以極端手法行刺不守律法的人士（或稱「刺客黨」，源自拉丁語 *sicarii*），組成奮鋭黨（Zealot）。他們先將亞基帕二世和百尼基趕出耶路撒冷，然後佔據安東尼亞堡，殺盡所有羅馬軍隊，佔領整個耶路撒冷城。全城充滿廝殺，那些不太激進的猶太人也被殺害，其中也包括大祭司。另外，「刺客黨」亦佔據了原為羅馬部隊駐守的馬撒大（或譯：馬薩他）。在這個時候，原來只限於猶太地的叛亂，已擴展至整個巴勒斯坦地。

羅馬人眼見叛亂如此迅速蔓延，感到震驚。駐守敘利亞的總督卡斯迪厄斯立刻派兵對抗，這一場戰役的規模其實很小，但卻是決定性的。若卡斯迪厄斯戰勝，就能阻止猶太人的叛亂，若是失敗，便只會鼓勵猶太人把叛亂升級。結果羅馬軍不但不能控制耶路撒冷，反而徹底戰敗，傷亡慘重。而在耶路撒冷的猶太人卻變得士氣激昂，他們真的以為自此之後，可以脫離異族的管治。他們組織游擊隊，又在加利利設一個防壘，約瑟夫就是此時從耶路撒冷被派到加利利駐守的。

此時，羅馬王帝尼祿派將軍維斯帕先率兵六萬，攻擊猶太人，希望可以平息叛亂。維斯帕先及其子提多一同上陣，二人分別由安提阿和埃及帶兵出發，匯合之後就向北面的加利利進發。由於羅馬軍隊來勢洶湧，猶太人感到驚慄，立刻撤退，羅馬人便不費吹灰之力，奪回加利利城附近的鄉鎮。再經過四十七日的圍攻，猶太人亦相繼失守加利利。這個時候，奮鋭黨要求黨員殉國，但約瑟夫拒絕，他為了自救，就歸順維斯帕先，並預言維斯帕先將會成為下一任羅馬王帝，維斯帕先因此饒了約瑟夫一命。自此，約瑟夫留守在羅馬軍營總部，見證整個猶太人叛亂的經過（然而，這並不表示他的記載完全準確）[36]。而奮銳黨其中一個領袖吉斯卡拉的約翰帶著小撮人從加利利逃到耶路撒冷。直到公元 67 年，羅馬終於奪回整個加利利地區。

耶路撒冷城乃猶太人決定勝負的地方，當時整個局面都被激進的奮銳黨所支配。當時有兩個主要的奮銳黨派出現，由吉斯卡拉的約翰和吉奧拿的兒子西門所帶領，他們彼此不相容。由約翰率領的奮銳黨，搶奪聖殿附近一帶地區，而城裏其他地方就被西門所率領的奮銳黨所佔據。兩黨之間彼此攻擊。

按優西比烏所提供的資料，當時的基督徒社群並沒有參與這次叛亂，他們寧願離開耶路撒冷，移居至約旦河外的比拉城（又譯：比拉）[37]。羅馬軍隊知道猶太人正在發動叛亂，但他們沒有立刻行動，靜觀其變，等待進攻的機會。到公元 69 年，約瑟夫的預言果然應驗，維斯帕先被軍隊擁立為王，隨即返回羅馬，留下其子提多（當時提多還未到三十歲）備戰。

公元 70 年的逾越節，正值許多朝聖者入城朝聖，提多將軍趁機帶著四營部隊（每營各有一千人），和強大的輔助部隊進攻耶路撒冷。耶路撒冷城建在山上，登山惟一的途徑是城北的一條路。羅馬軍隊就從這北面的路徑上山，並且圍困耶城，城裏所有居民及朝聖者都被圍困。面對這麼強大的外敵，猶太人只好放下黨派間的鬥爭，聯手對抗羅馬人。猶太人雖有爭戰的耐力和士氣，但仍不及羅馬人精銳的部隊和高明的戰術，結果猶太人敗在羅馬人的手下。許多人相信路

---

36 有關約瑟夫的生平，參考紹麟：〈約瑟夫文獻〉，《聖經正典與經外文獻導論》，11.2。

37 《教會歷史》3.5.2~3；譯文見《新約背景文獻選輯》§92。

加福音當中某些經文（路十九 43~44，二十一 20）正是提及這個情景。

為威嚇其他叛逆者，羅馬兵隊在耶路撒冷城外一條河的兩岸，將所有俘虜釘在十字架上。事情雖然發展到這個地步，城裏仍有小撮奮銳黨擁有部分控制權，他們堅持要對抗到底，甚至強迫城內的老百姓不准退讓。猶太人仍相信上帝會加以援手，拯救祂的子民。羅馬人乘勝追擊，拆毀耶路撒冷三面的城牆，繼續向殘餘反叛的猶太人施壓，最後終燒毀聖殿。從圍困到淪陷只五個月。在聖殿還未完全被燒毀之前，提多將軍剛好趕及進入至聖所，搶走有七個燈盞的燈台（*menorah*）及擺陳設餅的桌子，作為戰利品。在凱旋的回歸，羅馬人帶著這些戰利品在羅馬遊行。羅馬人為慶祝提多凱旋回歸，特別建一座凱旋拱門，叫「提多拱門」[38]。直到今天，這個燈台及桌子的雕塑，仍放在羅馬提多將軍的牌坊前，以示紀念。最後一班叛亂的猶太人，仍嘗試作最後反抗，但至終被剷除。吉斯卡拉的約翰和吉奧拿的兒子西門被擄去，羅馬人將這兩個俘虜從耶路撒冷帶到羅馬，作為慶祝凱旋歸回的戰利品。聖殿和聖城被毀以後，猶太教便失去了標誌著這宗教存在的地方。

耶路撒冷城被毀以後，其他地方的叛亂也相繼被鎮壓。作亂的人四處逃奔，撤退到有防禦的地方，逃避羅馬人的追迫，其中在馬撒大駐守的，要算堅守得最持久的一撮。馬撒大屬於猶大曠野，位於死海最狹窄的地方，形成了一個天然山寨，四圍是荒野，敵人難以攻破。耶路撒冷城淪陷後，羅

38 公元 81 年，這座原來用木和灰泥造成的拱門，被一座用銅和大理石建造的拱門取代；至今這座拱門依然存在。

馬人為要剿平這班亂黨，就圍攻馬撒大。羅馬人一向的戰略是將敵人的城鎮整個圍困，並且斷絕敵人與外界的接觸，他們會因饑餓被迫投降。他們亦會用戰槌及大型的彈弩去攻打城牆。但是馬撒大卻因城高踞山上，形成一個天然的城壘，故不能使用武器攻城；而且猶太人也有足夠的食水及糧食。羅馬人既不能圍攻整個峭壁，便築了一個巨大的斜坡，終於花了七個月，登上馬撒大（公元 73 年）。但登上馬撒大城後，只發現兩個婦人和五個小童躲藏在地下的水道，全城近一千人已全部自殺[39]。以色列考古學家費煞心思的發掘，發現馬撒大整個城壘及羅馬人在馬撒大駐軍的版圖的痕跡。

根據約瑟夫的計算，在這場戰爭中死去的，共一百三十三萬七千四百九十人；此事近年已被考古學的發現證實。繼馬撒大失守後，「第一次猶太人叛亂」始告平息。維斯帕先征服猶太人之後，下令將猶太地從敘利亞分割出來，成為羅馬一個行省，其總督仍需向凱撒利亞交代，而曾在耶路撒冷安營的羅馬第十旅軍團，亦返回羅馬駐守[40]。

有關第一次叛亂，有四個因素值得注意：[41]

1. 猶太人自己的內訌：與馬加比叛亂一樣，猶太人自己不同派系的競爭、衝突和仇殺，是造成整體社會不穩定的主因。內訌包括多方面：
   a. 地方與地方之間——耶路撒冷、加利利、撒瑪利亞、

---

39 有關約瑟夫對整個馬撒大的描述，參《新約背景文獻選輯》§§87~89。

40 有關約瑟夫和古代作者對第一次猶太人叛亂的記載，參《新約背景文獻選輯》，5.6。

41 Hayes & Mandell, *Jewish People*, pp.204~207.

猶大、以土買、約旦河外和地中海沿岸都是獨立的地方，有其獨特性，不容易由一個領袖統領，這些地方之間存在著惡性的競爭，再加上城市與農村之間在利益上發生衝突，問題就更形複雜；

b. 宗派派別之間——例如撒都該與法利賽黨在多次宮廷的鬥爭中，都扮演重要的角色；

c. 社會階層之間——貧與富、管治者與被管治者之間產生矛盾。

2. 俠盜勢力的擴張：第 1 世紀中葉，有大量「俠盜」或「草莽英傑」出現，公元 46 至 48 年間出現饑荒，羅馬大舉鎮壓這些劫富而不一定濟貧的「俠盜」或土匪。至公元 66 至 67 年間，當約瑟夫在加利利組織防禦，「俠盜」已成為該區一個主要勢力，他們通常得到一般平民百姓的擁護，百姓視這些「俠盜」為對抗權貴的公義力量，他們也是不義制度下的受害者，所以把他們當作英雄，當作群眾的希望。

3. 猶太人領導層的不穩定：在猶太圈子的領導階層，缺乏有效和持續的領袖，公元 6 至 66 年間，單是大祭司就轉換了二十次之多。特別在叛亂初期，總是要透過武力去決定誰作領導，對抗羅馬人。

4. 末世的信仰和彌賽亞的預言：根據約瑟夫的記載（《猶太戰記》6.312），引發這些戰爭最主要的原因是，這些叛亂者相信預言，說有一位彌賽亞將要來臨，並會統治世界。綏屯紐（《維斯帕先》6.5）和塔西圖（《歷代史誌》5.13.2）在評論這次戰役時，亦有類似的說法。因此在這次叛亂之中，吉斯卡拉的約翰和吉奧拿的兒子西門都可能是如此理解自己的身分。

3.2.7. 法拉維王朝

公元 1 世紀的羅馬帝王歷史，只有維斯帕先的家族出現世襲的情況，我們稱這家族為「法拉維王朝」。

維斯帕先在任期間，正是羅馬帝國在第 1 世紀當中最動蕩的一段日子。羅馬曾在一年之內換了三位凱撒，分別是迦勒巴、奧索和威特留。維斯帕先是軍人出生，曾為國家戰勝多場戰役（如當時的大不列顛和非洲一帶），但從未作過政客、議員或所謂的「騎士階層」(拉：*equites*)[42]。不過，憑著他的領導才華，卻平定了羅馬帝國的動蕩局面。他具有天賦的外交智慧，又能效法奧古斯都，儘量保持「共和國」的精神，在沒有加強議會成員的勢力的情況下，尊重各人的意見和地位。維斯帕先是惟一一位凱撒，要建立家族王朝的人。維斯帕先就任之時，已經聲明要讓其長子提多繼任，而在提多之後，若然提多無子，則由次子多米田繼位。

提多將軍，既有昔日亞歷山大大帝的風采，又配備羅馬政府強大的兵力，戰勝猶太人亂黨實非難事。當約瑟夫記述整個戰役，極其誇獎提多的才華。然而，提多畢竟太年輕，欠缺人生經驗。在剿平猶太人的亂黨後，他大肆慶祝，又容讓屬下為他鑄造銀幣，並刻上 *imperator*(王帝的專稱)一字。自此，謠言滿天飛；幸好其父維斯帕先非常體諒和信任他，又沒有因此要把提多剷除。相反，維斯帕先卻讓提多掌大權，甚至當禁衛軍統領，負責國家安全等事務。而提多亦未有令父親失望，事事表現其領導才能以及對家國的忠心。因

---

42 英語有時翻成 equestrians。「騎士階層」在古羅馬共和國時期已經存在，指社會裏有特權的市民階層成員；大多數「騎士階層」都住在羅馬城，並為貴族和元老院議員。

此，維斯帕先去世後，提多順利承繼父位。提多在位的日子不多，期間國家亦沒有發生嚴重的事故。私生活方面，他與亞基帕二世的姊姊百尼基的一段戀情，惹來不少羅馬人民的反感，而當提多上任不久，二人之間的關係亦沒有維持下去。提多去世時只是四十一歲，沒有兒子，因此，其弟多米田便登上王位。

多米田在任的日子雖然不短，但卻不是一個受歡迎的凱撒，主要因在人民心目中，他既沒有其兄長提多的才華，亦不善於外交，又不懂與議會成員相處。傳統認為，多米田是第二位逼迫基督徒的凱撒，但在這方面實質的證據卻不多；故這傳說可能只是因為多米田對猶太人非常敵視而已[43]。

3.2.8. 納華、他雅努

多米田被暗殺後，元老院決定推舉納華為凱撒，主要因他亦是元老院的成員之一，資歷甚高（就任時已六十五歲）。納華其實並沒有軍事和任何管治的經驗，故在任期間，經常受禁衛軍等人所牽制。結果，納華收養他雅努為兒子，並封他為攝政王。這一方面有助國家脫離內訌的危機，另一方面，亦為他雅努鋪路，成為下一任的國家元首。

他雅努並沒有令納華失望，他確是一位好王帝。他秉承維斯帕先的德行，愛戴人民，又與元老院議員維持良好的關係。在他的帶領之下，羅馬的版圖得著擴展。正當他雅努專

---

43 2 世紀的教父赫格西樸記載一事可以證明這點：多米田曾審問耶穌弟弟猶大的兩個孫兒，因為他們被控告為大衛王的後裔，但經審問後，發現他們兩人只不過是一些普通的猶太人（優西比烏《教會歷史》3.20）。

注擴張國家的版圖，在古利奈加、埃及的亞歷山太和塞浦路斯（亦有學者指亦包括巴勒斯坦）一帶，均有猶太人叛亂的事情發生（公元 115~117）。優西比烏（《教會歷史》4.2.1~5）和羅馬史家戴奧．卡修斯（《羅馬歷史》）只略略提及。兩者均提及猶太人的叛亂有他們的「王」作領導，但確實的名字卻不清楚：優西比烏稱他為路加亞斯，而戴奧則稱他為安德烈。無論「王」確實是誰，這王卻暗示猶太人的叛亂，並非只是不滿某個政策，而是直接向羅馬挑戰，要求獨立。此外，這王的存在亦在暗示，猶太人對末世彌賽亞來臨愈發渴望的心。這次叛亂很快結束，但雙方傷亡慘重，猶太人因戰敗，死傷是自然，但按戴奧的記載，在叛亂開始期間，猶太人對城中的人大肆殺戮。這場叛亂對散居地的猶太人來說，影響十分深遠，因自此以後，在亞歷山太的猶太人不再享有以往的影響力。

3.2.9. 哈德良與「第二次猶太人叛亂」

在第一次猶太人叛亂之後，猶太人的宗教生活固然受到很大的衝擊，但他們的政治權利和基本生活模式，卻並未因此而被羅馬政府所扼殺[44]。然而，原來為耶路撒冷的聖殿所繳納的半舍客勒（half-shekel）「殿稅」，羅馬政府卻將之歸於羅馬城，就是位於卡庇托林山（羅馬七丘之一）的朱庇特神廟（Jupiter Capitolinus）的庫房，稱之為「猶太人的稅」（拉：*fiscus Iudaicus*；參約瑟夫《猶太戰記》7.218）。另外，原來

44 按教會史學家伊皮法紐《藥庫》9.7 和優西比烏《為福音辯證》3.5，哈德良上任不久（約為 117~120 年期間），他曾到訪耶路撒冷，並發現有七所會堂和一間小教會。

的殿稅只要求猶太裔男人繳納，但現在卻包括女人，而多米田更引伸至所有與猶太教有關的人，包括所有非猶太人。自第一次猶太人叛亂至第二次叛亂爆發（即公元 73~132 年）期間，猶太人的生活雖然在表面上似乎沒有太大分別，但實質上，人民的生活是不安的。第一次叛亂的嘗試，縱使是失敗，卻引發更多和更強烈的「彌賽亞來臨」的夢想。在這段期間，不少地方也有起義和叛亂。

哈德良是他雅努的寵兒，當他雅努為羅馬帝國擴張版圖時，哈德良總伴隨左右，而他雅努亦清楚表示他將會是繼承人。在哈德良上任不久，便不再繼續他雅努東征西伐的雄心，反而專注整理國家內政，並加強軍隊的訓練。他或許是凱撒之中出巡最多的一位，在他在任的二十一年裏，他巡視過全國主要的地方。在他最後一次出巡（130 年春，由安提阿起行），他來到耶路撒冷，並下令要把耶路撒冷重建，成為一個全希臘化的城市，名為 *Colonia Aelia Capitolina*[45]，並希望在原來的聖殿，給宙斯建造另一殿宇。這個詔令，按羅馬史學家戴奧的記述，是引發第二次猶太叛亂的主因。

記述第二次叛亂的史料非常少，最主要和直接的報導是卡修斯和優西比烏的記載。此外，我們便得依靠於五、六十年代在猶太曠野所發現的古卷（包括死海古卷），一般稱為「猶太曠野古卷集」(Judean Desert Manuscripts)；當中有很多信件都是在這段時間所寫的，也有是叛黨領袖巴柯巴所寫的[46]。無論如何，要確實知道這次叛亂的來龍去脈，並不容

---

45 Aelia 是哈德良的名字之中其中一個字，而 Capitolina 則是卡庇托林山的拉丁名字，參 1.4.2 註腳。

46 這些信件大多已經出版，主要參考書包括：Lewis, ed. *The Documents*

易。重建耶路撒冷為第二次叛亂的起因，這是一般現代學者的看法。除此以外，也有學者提出其他可能性。

首先，按《主要米大示》記載，哈德良原來曾答允讓猶太人重建聖殿，後來卻出爾反爾；但由於沒有其他史料支持，一般學者認為這拉比記載並非確實。也有認為哈德良曾下令不准施行任何閹割手術，換言之，猶太人不可以施行割禮，故直接觸發這次動亂。雖然，禁止割禮並非新詔令（也可能不是特別針對猶太人），其實是多米田首先發起，他雅努又重新頒布（而這兩次詔令，羅馬政府清楚讓猶太人知道，他們世世代代所施行的割禮並不包括在內），但這一回，哈德良卻刻意包括猶太人的割禮，違例者處死。因此，考慮過幾個可能性，傳統學者認為，第二次叛亂的起因，主要是因哈德良要重建耶路撒冷和禁止猶太人施行割禮[47]。

對於一個像哈德良那麼崇尚希臘文化的君王，重建耶路撒冷與他一貫的作風很吻合。此外，哈德良在巡視整個羅馬帝國時，或多或少都聽到有關猶太人在各地不安的情緒，甚至是小規模的叛亂；他大可能認為，若然能把猶太教和基督教的中心地拆毀，久而久之，猶太人必定會被同化。從這角度來看，哈德良的做法，基本上是延續三百多年前安提阿古四世的希臘化運動。

如此理解，則出現一個小問題：優西比烏（《教會歷史》

---

from the Bar Kokhba Period in the Cave of Letters: Greek Papyri；Yadin and Greenfield, eds. *Aramaic and Nabatean Signatures and Subscriptions*; Pardee., *et al.*, *Handbook of Ancient Hebrew Letters* 和 Fitzmyer and Harrington, *A Manual of Palestinin Aramaic Texts*。

47 Schürer, *The History of the Jewish People in the Age of Jesus Christ* (175 B.C.~ A.D. 135), 1: 555.

4.6.4）指出，重建計劃是在叛亂之後，而非叛亂的起因；不過，這矛盾也不難解決。優西比烏所指是實際上的執行，而羅馬史學家卡修斯的記述是指最原先的計劃。這樣協調亦有考古證據的支持，就是出土自這次叛亂的錢幣（見下面的討論），有些刻上耶路撒冷的新名稱（即 *Aelia Capitolina*），有些是猶太人叛軍領袖巴柯巴的名字，而考古學家發現，鑄有新名稱的錢幣屬較早期。

任何叛亂都並非由單一原因而起，因此，重建耶路撒冷只是一導火線。第一次叛亂以後，雖然羅馬政府沒有在制度上為難猶太人，但一般猶太人生活仍非常不安，特別對彌賽亞和末世的期盼愈發加劇，再加上在不准施行割禮的詔令頒布之前，巴勒斯坦大概非常動蕩（因此，巴勒斯坦本來只有一個軍團駐守，但於 120 年卻增加一個），這些都足以觸發第二次猶太人的叛亂[48]。

此次叛亂的領袖是哥斯巴的兒子西門，也有稱他為「巴柯巴」，亞蘭語原意是「明星之子」[49]。另一位與他有密切關係的，是當時最出色的拉比亞基巴，他公開支持「巴柯巴」，並以民數記二十四章 17 節作為證據：「有星要出於雅各，有杖要興於以色列，必打破摩押的西角，毀壞擾亂之子。」他

---

48 詳細參閱 Grabbe, *Judaism from Cyrus to Hadrian*, vol. 1: *The Persian and Greek Periods*, pp.569~575、601~602；此外，Bruce（*New Testament History*, p.390）似乎認為，哈德良禁止閹割是導致第二次猶太人叛亂的起因。

49 一般的英語翻譯是 Son of Star，但希伯來語喜歡以 Son（即 *ben*）突出這人擁有某方面的特徵（這裏即「明星」的特徵）。因此，新約常有「……之子」的組合，如「上帝的兒女」（約一 12 下）、「魔鬼之子」（徒十三 10）、「雷子」（可三 17）和「勸慰子」（徒四 36）。因此，直接翻成「明星」較「明星之子」為準確。

認為「巴柯巴」便是那位「彌賽亞」[50]。這場叛亂一開始，規模已不小，也給猶太人帶來極大的盼望。巴柯巴為要落實和宣傳是次起義，他甚至鑄造錢幣[51]，並定立年號。不過，按卡修斯的記載，巴柯巴的戰略並非直接對抗羅馬軍隊，而是利用游擊隊在荒野地區偷襲羅馬士兵。事實上，考古證據顯示，巴柯巴的主要據點是在耶路撒冷以南和死海以西的地區（並非城市），起初主要以隱基底為糧食供應站和聯絡中心[52]，但後來他把基地移至位於比他的城寨。有種種證據顯示，是次叛亂的範圍，並非如一般人所想像那麼大。由於在耶路撒冷的考古發掘中，從未發現過巴柯巴的錢幣，所以推斷，這叛亂或根本未有波及耶路撒冷。

據「猶太曠野古卷集」和卡修斯的資料，在叛亂末期，成員之間可能發生不和，再加上饑荒和疫症，士氣低落，故

---

50 巴柯巴有否宣稱自己為彌賽亞仍是一項未能定斷的學術討論（參 Grabbe, *Judaism from Cyrus to Hadrian*, vol. 1: *The Persian and Greek Periods*, pp.579~581）；但這並非最重要，重要的是在考古文獻中，從沒有清楚指出巴柯巴是彌賽亞，而巴柯巴的名字亦從未有出現在與巴柯巴叛亂有關的文獻中。因此，縱使巴柯巴有自稱為彌賽亞，甚至巴柯巴確有宣認他為彌賽亞，似乎影響不大（亦常被誇大），這亦可解釋，即使亞基巴對巴柯巴有很具體的支持，這支持沒有影響他本身在雅麥尼亞編製《米示拿》的工作（亦沒有因而影響羅馬政府對猶太教的政策）。事實上，較後期的拉比文獻稱巴柯巴為巴柯斯巴，即「謊言之子」，在《巴比倫他勒目》之〈論議會〉93b 中說巴柯巴後來被眾慧士看出他是假的彌賽亞，於是將他處死，這可能反映出叛亂後來的發展情況，或在拉比中間有不同的看法。

51 在耶路撒冷所發現的錢幣中，除見有「巴柯巴」這名稱，也見有另一名字，是「祭司以利亞撒」，按一般的推論，這位以利亞撒就是這位巴柯巴的叔父。

52 昔日當大衛被掃羅追殺時，也以隱基底的洞穴為其基地（撒上二十三 29~二十四 7）。

哈德良不費吹灰之力便攻陷比他，遂平息了這場叛亂，時為 135 年。雖然按卡修斯的記述，有五十萬（還未計算死於饑荒和疫症的）猶太人死於這場叛亂，這數目顯然是誇大了，然而這也可暗示，是次叛亂的傷亡（包括羅馬軍隊）確實非常嚴重。

結果，耶路撒冷改名為首都愛尼亞，但哈德良卻沒有建造一座殿宇，只是為朱庇特（等同宙斯）豎立一座雕像。自此，猶太人不許再次進入這城[53]，直至 4 世紀，羅馬政府才准許他們於每年的亞畢月（即 7／8 月）9 日，進入耶路撒冷原來聖殿的舊址[54]。這一天不單是巴柯巴的總部比他被攻陷的日子，亦同時被定為猶太人第一個聖殿和第二個聖殿被毀的日子。今天猶太人稱這日為「阿布月齋日」)，為很多虔誠的猶太人所記念[55]。

---

53 公元 5 世紀的基督徒史家阿若修提及巴柯巴時，特別指出巴勒斯坦的猶太人迫害基督徒，因為他們不願意與猶太人聯合攻擊羅馬軍隊。他又指出，叛亂平息後，羅馬政府只容許基督徒居住在耶路撒冷。

54 參 Fitzmyer, "The Bar Cochba Period," in *Essays on the Semitic Background of the New Testament*, p.352。

55 列王紀下二十五章 8 至 9 節和耶利米書五十二章 12 至 13 節對第一次聖殿被毀的日子各有不同的記載，分別是亞畢月 7 日和亞畢月 9 日。一般猶太人史學家認為，（第一和第二次）聖殿被毀和第二次叛亂的日子可能並不完全相同，但由於日子相近，故為方便起見，便定為亞畢月 9 日。很巧合，在猶太人的歷史中，很多悲慘的事都是在這日發生的，參 Tishah-be-Av, *The Encyclopedia of Judaism*, pp.705~707。

3.3. 拉比猶太教的誕生

所謂「拉比猶太教」，是指自公元 70 年以後發展的猶太教。公元 70 年之前，猶太教的多黨派（如法利賽派、撒都該派、愛色尼派等）情況，使當時猶太教未能發展一套規範性的信仰規條和守則，也不能以任何一派的信仰立場為標準，作其他教派的依據。但公元 70 年以後，很多重要的黨派（例如撒都該派和愛色尼派等）亦相繼消失，只餘下法利賽派；與此同時，在雅麥尼亞所發展的學院成為新的猶太人議會，負責宗教事務和信仰整合等工作。按一些學者的意見，在往後的幾十年，他們討論有關舊約正典、各書卷的抄本，以及妥拉的詮釋等問題[56]。從這段時間開始，「拉比猶太教」慢慢成形；今天的主流猶太教，即「正統猶太教」亦是源自「拉比猶太教」。「拉比猶太教」的形成主要基於三個因素。

首先，第一次猶太人叛亂最嚴重的後果，就是猶太人因聖殿被毀而引致權力分化現象（de-centralization）。一直以來，聖殿的存在代表著猶太人中央主導的宗教生活政策。雖然在兩約之間，會堂在不同地方陸續出現，而各地的猶太人亦可以在會堂參加各種敬拜和宗教文化活動，但聖殿始終為猶太教的中心柱石，象徵上帝有形的同在和耶路撒冷的中心

---

56 曾有學者均以雅麥尼亞「議會」為專稱，並指出舊約正典的形成是在耶路撒冷被毀後，在雅麥尼亞這「議會」決定現時的舊約正典；但這論說現已不為學者所接納，參黃錫木著：《基督教典外文獻概論》，3.2.2。較為近期的討論（以著名猶太學者 Neusner 為首），一般稱這為「學院」或「釋經學校」（Beth ha-Midrash），甚至是「公會」（Beth Din），由少數文士開始，慢慢容納其他學者；另參 Newman, "Council of Jamnia and the Old Testament Canon," pp.319~349。

地位。而與聖殿息息相關的獻祭和節日等分歧，因聖殿被毀而趨於理論性，並不影響具體的宗教生活，因此以往各教派之間的分歧，漸漸顯得次要。如今聖殿被毀，猶太人的宗教（以至非宗教）生活，全賴會堂來維繫。在往後的一千幾百年，由於各地的會堂運作獨立，又沒有任何中央的管制和統籌，不同的學派在不同地方，透過與各地的學術思潮結合而應運而生。

其次是領導層的轉變。原來一直操控著祭司的撒都該人，因聖殿被毀，其在宗教和政治上的影響力，迅即消失，起而代之的，是一直作他們對頭的法利賽人。因此，由公元70年開始，法利賽人便承擔流傳猶太教的責任，這與法利賽思想能獨立於聖殿以外而能繼續發揮，不無關係。法利賽人和文士不單很著重「妥拉」（即五經）的中心性（Torah-centeredness），更同樣重視歷代猶太聖賢對妥拉的解釋，以及在不同時期對某具體處境的詮釋，後者統稱為「口傳妥拉」。前者固然是指舊約的五經，後者則原來只是歷世歷代對五經的解釋和應用，但後來卻被納入整個律法（即妥拉）的一部分；因此，法利賽人認為，耶和華在西奈山頒布「成文妥拉」（Written Torah）時，亦同時頒布「口傳妥拉」（Oral Torah）。既是「口傳」，便不是靠抄寫來傳遞，而是靠口述；故此，每一世代某些突出的聖賢／文士便要肩負這口傳的重責[57]。這「口傳妥拉」可算是「規範式猶太教」最重

---

57 參《米示拿》之〈先賢集〉1.1~3；譯文見《新約背景文獻選輯》§141。

要的特色，亦是導致日後不同門派誕生的其中一個因素[58]。

第三，是雅麥尼亞「學院」的設立。耶路撒冷淪陷時，拉比中的領袖沙該之子約哈蘭成功逃離耶城，後來被捕，並被帶到維斯帕先面前。像約瑟夫一樣，約哈蘭預言維斯帕先將會成為王帝。叛亂平息後，維斯帕先准許約哈蘭在耶路撒冷以東約六十公里的小城雅麥尼亞建立一所「學院」。雅麥尼亞學院的成立，代表著羅馬政府整體上依然容讓猶太教存在。這所學院有如昔日的猶太人議會，但沒有政治權力，亦不會處理猶太人的民生等問題，只負責猶太教宗教上的事務。約哈蘭及其助手迦瑪列二世[59]，均屬昔日法利賽的希列學派，故這派系對妥拉文本的處理手法遂成為「拉比猶太教」的主導方法，在這時期，不能認同兩位領袖的，有可能要被趕離學院[60]。在迦瑪列二世的領導下，雅麥尼亞學院於猶太教的地位得到鞏固，成為猶太慧士（sages）聚集的中心，而且，他在猶太群體中的領導地位，亦得到羅馬政府的承認。

雅麥尼亞學院對於規範猶太教的形成是舉足輕重的。由於約哈蘭和迦瑪列二世均是法利賽派的拉比，故非常關注

---

58 例如，在公元 8 世紀（留意雅麥尼亞學院，於 5 世紀初已被羅馬政府廢除），源於大概今天的伊拉克，在一名稱為大衛之子亞拿帶領下，從正統猶太教分裂出來，稱為「迦來特派」，這字的字面意思是「聖經主義」。迦來特派有如昔日的撒都該派，堅決反對口傳妥拉的教訓，故不認同當時已經編製好的《他勒目》的權威。參 "Judaism" 和 "Karaism", *The Encyclopedia of Judaism*, pp.397~400, 406。

59 即使徒保羅的老師（一般稱為迦瑪列一世）的孫兒；留意迦瑪列的兒子的名字是西緬。參 Bruce, *New Testament History*, p.237。

60 參 Bruce, *New Testament History*, p.385，註 63 引述的例子。

「口傳妥拉」教導的傳統。如今，聖殿被毀，猶太教可說岌岌可危；因此，這學院的首要任務便是整理歷代的口傳教導。整合的過程相當複雜，也要經歷漫長的時間才完成。第一個階段是於 2 世紀末期編製的《米示拿》，意即「研究、複述」，早期由著名的拉比亞基巴和拉比麥爾負責，最後由顯赫一時的「拉比領袖猶大」(約 175~220 年) [61] 負責把之前(第 1、2 世紀)所有拉比的口傳討論編錄下來。《米示拿》全以希伯來文寫成，全書有六個部分，主要是對規條和誡命的闡釋。

第二個階段是於 6 世紀編製的「革馬拉」，意即「傳統」，所有討論是針對《米示拿》的解釋，以亞蘭語寫成；編寫「革馬拉」的拉比，一般統稱為「阿摩拉」。整個整合工作的最後結晶品，是分別於 5 世紀和 6 世紀編製的《巴勒斯坦他勒目》和《巴比倫他勒目》。前者較短，後者則較長(也包括全部的「革馬拉」)，共二百五十多萬字，亦為現時載錄拉比文獻最具權威的全集。對於現代猶太人來說，「聖經—《米示拿》—革馬拉」(換言之，是整個他勒目)是孩童必須接受的教育；所以，他們強調：「五歲是學習聖經的年歲，十歲便應學習《米示拿》，……十五歲便要學習革馬拉了」(〈先賢集〉5.25)。

拉比猶太教相信口傳的妥拉，是由摩西經約書亞至眾長

---

61 Prince 一字是翻自希伯來文的 *nasi*，意即「首領」或「俊哲」。這位猶大接受別人稱他為大衛王的子孫，亦是首位為猶太法庭訂下禮儀規則的人。在猶太人的文獻裏，*nasi* 一字也可指猶太人議會的主席，即大祭司。在希臘文和拉丁文的文獻中，猶大被稱為元老(patriarch)。

老和先知傳遞下來的[62]。這些口傳妥拉，是對成文妥拉的引申和詮釋。口傳妥拉的作用，是要詳細說明，成文妥拉因受時空的限制，而未有闡明有關律法應用的問題。這口傳的方式，確保這些傳統能因應環境而作出適應。他們相信口傳妥拉的核心，上帝已傳給摩西，因此和成文妥拉具同等權威(《拿單拉比的先賢篇》B 29)。然而，並非所有口傳妥拉都有同等的權威，距離摩西的年代愈遠，其權威就愈弱。

從拉比的著作中，我們不難發現拉比猶太教以妥拉為其信仰的核心，以上所提及的經典都是妥拉或是對妥拉的詮釋和再詮釋。事實上，他們相信，若以色列沒有違背妥拉的話，聖經會在以色列人得到迦南地以後，便已終止，不會再寫下去；以色列子民生活在聖法之下，從此得享永遠的安息及和平。以色列是否虔守妥拉，亦牽涉整個世界的命運，因他們有這樣的說法——若所有以色列人都守安息日，彌賽亞早已來臨；若以色列人虔守全律法，外教的統治亦會結束，末日亦早已來臨。因此研讀妥拉，乃虔誠的猶太教徒最重要的活動，亦是最榮耀的活動。研讀、背誦、註釋聖卷是神聖的。研讀妥拉就是敬拜。猶太人自小便接受這樣的祝福：「願你在妥拉、律例、善行上成長。」[63]

---

62 《米示拿》之〈先賢集〉1.1：「摩西於西奈山領受律法，後將之交付約書亞，約書亞又授予眾長老，眾長老再傳予眾先知，先知便將之傳予拉比大會中各成員。成員提出了三件事：「判斷是非，當深思熟慮；<律法>門徒，當大量興起；維護律法，須加以圍欄。」

63 對這些拉比文獻的介紹，參張略和黃錫木：〈拉比文獻〉，《聖經正典與經外文獻導論》。

3.4. 猶太散居地

猶太散居地是指猶大地（或巴勒斯坦）或以色列地以外的地方。自大衛統一王朝，以色列人首次經歷極大規模的移徙，先是亞述攻陷北國以色列國（公元前 722/21），後有巴比倫攻陷猶大國（公元前 586/87）。

根據舊約的記載，約於公元前 733 年，亞述王提革拉・毗列色奪取拿弗他利全地，將那裏的居民擄到亞述去（王下十五 29），這亦發生在流便、迦得、瑪拿西支派的人身上（代上五 26）；公元前 722/21 年，亞述大軍攻取了以色列國的首都撒瑪利亞，將以色列人擄到亞述（王下十七 5~6，十八 11；參俄 20），又將其他地方的人安置在撒瑪利亞（王下十七 24；參拉四 10）。南國則經歷三次的人口大量遷移：

1. 第一次記載於列王紀下二十四章 12 至 16 節，時為公元前 598 年，猶大王約雅斤及其親屬和貴冑，被擄到巴比倫，共約一萬人。
2. 第二次記載於列王紀下二十五章 8 至 21 節（另見耶三十九 8~10，五十二 12~34），整個耶路撒冷城被毀，聖殿被破壞，其中的寶物被洗劫一空，西底家及其親屬和貴冑被擄到巴比倫。這種改土歸流的政策，當代認為是防範原居民在其根據地謀反的有效措施。
3. 巴比倫立了基大利作為猶大地的省長（王下二十五 22；耶四十 5），後來基大利被刺殺（王下二十五 25；耶四十一 1~18），不少猶太人因懼怕迦勒底人而逃到埃及，先知耶利米亦被迫同往（王下二十五 26；耶四十二 13 至四十四 28）。

在希臘化時期，埃及多利米與敘利亞西流古王朝之間的戰爭和衝突不斷。猶大地區在政治和經濟上的不穩定，使猶太人陸續外移。這些僑居於外地的猶太人，對於自己身處異鄉，不一定存消極的態度（見以斯帖記），以為這是從上帝而來的審判。約瑟夫就曾重新解釋巴蘭的預言（民二十三7~10），說他們現在雖然人數稀少，只居於猶大地，然而全地都應當是他們的居所（《猶太古史》4.115~116）。斐羅就稱在各地僑居的猶太人，是從聖城差出去的「殖民區居民」（希：*apoikiai*；參斐羅《外交使團上奏該猶記》281~282）。亦有認為猶太人的散居，叫普天下的人得到益處（參《多比傳》13.3~4、13）。

無論如何，猶太人移居外地的原因很多，最少有以下四種：

1. 被擄的： 除了上文所提及早期的被擄外，在公元前 4 世紀末，根據《阿立斯蒂亞書信》(12~14)，多利米二世非拉鐵夫曾攻克亞述和腓利基全地，將約十萬猶太人擄到埃及，其中三萬人在軍中服役。而在馬加比叛亂初期，可能有大量猶太人被西流古擄至希臘為奴。另外，在羅馬的政權之下，經歷了三次重要的戰亂，在哈斯摩尼阿王朝覆亡時，羅馬將軍龐培將一些猶太人擄至意大利為奴(斐羅《外交使團上奏該猶記》 155)；公元 70 年，提多將軍攻入耶路撒冷，將一些年青力壯的猶太人帶返羅馬，另一些則擄到埃及（約瑟夫《猶太戰記》6.414~418)；公元 135 年第二次叛亂後，哈德良將一些猶太人當奴隸出售；
2. 軍事殖民（military colony)：根據約瑟夫記載（《反駁阿皮安》2.44)，拉戈斯之子多利米極之信任猶太人，派他們作軍事殖民駐守城池。在西流古管治下的小亞細亞，按安提阿古三世的信件（公元前 210~201 年），安提阿古二世曾派二千猶太家庭，駐守各重要地方（如呂底亞和弗呂家）和城池；

3. 難民：為逃避戰亂或迫害，到處遷徙，如在哈斯摩尼阿王朝時期，每有內訌，敗的一方便得落荒而逃（見如約瑟夫《猶太戰記》1.31~33）。另有被迫離開的，使徒行傳就曾記載克勞第將猶太人逐出羅馬城（十八 1~2；另參綏屯紐《克勞第》25）；
4. 在羅馬小亞細亞一帶經商的商人。

從公元 1 世紀猶太作家約瑟夫及斐羅的描述，我們知道猶太僑民散佈於羅馬各地。按約瑟夫的記載（《猶太戰記》2.462~463），猶太第一次叛亂之前，在敘利亞，幾乎每一城市都有猶太群體聚居。在埃及，亞歷山大港有最多猶太殖民。

在羅馬的統治下，猶流．凱撒和奧古斯都分別頒令，訂明猶太人有宗教的自由，猶太教是合法的宗教（拉：*religio licita*），這法令維持了三個世紀，只在哈德良的統治下，受過短期的限制。然而，這種自由，是在不能威脅到希羅文化的處境下才可擁有，例如提庇留在位的時候，就曾因愈來愈多羅馬人皈依猶太教，用藉口將猶太人逐出羅馬城。另一方面，地方的政府也不一定嚴格執行這些法令[64]。

散居地的猶太群體，以會堂（希：*synagôgê*「會堂」或

---

64 有認為這些法令並非普及地頒布天下（拉：*magna carta*），而是當猶太人與希臘人起了爭端時，針對當地而發的（拉：*senatus consulta*），有關此點，參 Rutgers, "Roman Policy toward the Jews: Expulsions from the City of Rome during the First Century C.E.," pp.94~95。

稱 *proseuchê*「禱告」）為他們活動的中心，這些會堂早於公元前 3 世紀便已出現[65]。會堂是猶太人教導律法和敬拜（禱告、宣講和歌頌）的地方，也是他們社區活動的中心，用來集會、聚餐、施贈、收集稅款、辦理法律手續和審理案件[66]。雖然散居地的猶太人有自己聚會的地方，然而他們仍視耶路撒冷及聖殿為其宗教的聖地。在羅馬時期，每年有成千上萬的朝聖者到聖殿朝拜，慶祝重要的節期，如逾越節、五旬節和住棚節。不單如此，在聖殿被毀之前，成年男丁每年要上繳半舍客勒的聖殿稅，作為「自己生命的贖價」（參出三十11~16），富有的猶太人更會為聖殿捐出大量金錢，地方的群體將這些捐獻收集積存，每年一次將所收集的運往耶路撒冷。對他們來說，聖殿仍有極重要的象徵意義[67]。耶路撒冷的宗教領袖的教導權柄，亦伸延至散居地的猶太人。

在散居地聚居的猶太人，大部分都能保持其民族的獨特性，男性出生八天便受割禮，猶太人自小便接受律法的教導，獨尊一神（見如斐羅《外交使團上奏該猶記》115, 195, 210;《論特殊法律》1.314; 2.88; 4.149~150；約瑟夫《反駁阿皮安》2.173~174, 204），拒絕跪拜別的神明及參與任何儀式；謹守

---

65 有關散居地會堂的興起，近代考古學的研究及會堂的設計等，可參 Rutgers, *The Hidden Heritage of Diaspora Judaism*, pp.97~138；Levine, ed. *The Synagogue in Late Antiquity*；Levine, *The Ancient Synagogue: The First Thousand Years*。

66 有關這些不同活動在文獻上的記載，詳參 Williams, *The Jews among the Greeks and Romans: A Diasporan Sourcebook*, pp.33~37。

67 有關此點，特別參 Barclay, *Jews in the Mediterranean Diaspora: From Alexander to Trajan* (323 BCE~117CE), pp.418~421。

一切潔淨的禮儀[68]、禁食、安息日及節期。散居地的猶太人常與其他民族發生衝突和磨擦，原因與他們謹守這些習俗，有密切關係。

3.4.1. 僑居巴比倫的猶太人

有關巴比倫散居地的猶太人，資料不多，雖然《巴比倫他勒目》有不少這方面的記載，然而這些記載幾乎全集中於公元第 3 世紀[69]。在公元 1 世紀，巴比倫的猶太人是惟一不在羅馬統治之下的猶太人。

公元前第 3 世紀中葉，亞薩西斯率領帕提亞人反抗當時的西流古王朝，建立了亞薩西斯王朝。他們管治巴比倫，對於在該處定居的猶太人來說，並沒有太大影響。猶太人支持亞薩西斯王朝，彼此相安共處。巴比倫被帕提亞人統治，差不多有兩個世紀，相安無事。直至公元 1 世紀，巴比倫的猶太人在帕提亞王朝的影響力漸大，當亞薩西斯王朝的王位繼承出現爭端，他們積極並成功地支持亞達巴蘭三世為王[70]。

巴比倫猶太人具影響力，且備受重視。大希律要選立大祭司，曾考慮從僑居巴比倫猶太祭司中，找一位合適的，以

---

68 這包括不吃利未記十一章和申命記十四章(特別參《七十士譯本》)所列為禁戒的食物，這對於那些希望在社會中得到認可的猶太人來說，並非易事，亦不是所有猶太人能嚴格遵守這傳統。

69 詳參 Neusner, *A History of the Jews in Babylonia*, vol.1: *The Parthian Period*。

70 當時支持亞達巴蘭三世的，有歸信猶太教亞迪亞便海倫娜王后的兒子艾煞特。在第一次猶太人叛亂時期，艾煞特是惟一直接實質支持以色列地的猶太人。

便與亞薩西斯王朝建立友好關係。在大希律至聖殿被毀期間，羅馬政府盡可能使巴比倫往聖殿朝聖的道路亨通。巴比倫的猶太人並沒有參與第一次猶太人叛亂，事後，羅馬政府特別吩咐約瑟夫向巴比倫的猶太人解釋，叛亂的人是罪有應得的，可見羅馬政府相當重視巴比倫的猶太群體。

約瑟夫曾詳細縷述於公元 1 世紀有五萬猶太人在西流基被殺的事件（《猶太古史》18.310~379），時約為公元 20 至 37 年間。這事對猶太人在亞薩西斯王朝的地位有一定的影響。在尼黑地阿有兩猶太兄弟，阿先紐和阿列魯，他們原以編織維生，但因其主人惡待他們，他們於是拿了其主人家中的兵器逃走，改為牧牛。他們漸漸招聚了不少青年人，把他們武裝起來，建立自己的城堡，保護自己的利益。這引起巴比倫總督的關注，便計劃在安息日大舉攻擊他們，因知道猶太人不會在安息日打仗。但事情被阿先紐識破，先發制人，擊敗他們，使他們落荒而逃。當帕提亞王亞達巴蘭三世得悉此事，表示仰慕阿先紐的勇氣，並且將巴比倫交由阿先紐管理，他儼如一位分封王。

約瑟夫強調，他們兩兄弟後來的失敗，是因他們違背了猶太人的律例。阿列魯娶了一位帕提亞將軍的寡婦為妻，又因為這女子仍繼續膜拜她的神明，觸怒不少猶太人，並向阿先紐投訴。當阿先紐勸籲阿列魯離開這婦人，卻被這婦人毒死。阿列魯後來襲擊亞達巴蘭三世的女婿米米提利特所管治的村落，又侮辱他，脫光他的衣服放在驢背上。米氏後來屯兵反擊，阿列魯逃到尼黑地阿，卻被巴比倫人找著，被他們殺掉，巴比倫人並屠殺猶太人，其餘的猶太人則逃亡至西流基，在那裏住了五年，後卒被希臘人殺了他們中間五萬人。

僑居巴比倫的猶太人，人數不少，當中有從軍的、有作手工藝的、有經商的，在當時一些商旅作主要驛站的城市，如底格里斯河畔的西流基、列斯別[71]、星加蘭和愛迪沙，都有猶太的群體聚居（參約瑟夫《猶太古史》18.313~314）。

巴比倫的猶太人似乎沒有受法利賽猶太教的影響，然而，耶路撒冷的猶太教領袖，包括祭司和法利賽的拉比，經常寫信給巴比倫僑居的猶太人，主要講論有關如何遵守聖曆、收集聖殿稅、遵守律法等事宜。巴比倫的猶太群體似乎相當接納以耶路撒冷的領袖為權威，由他們來解釋猶太教的信仰，而且，他們知道大家的意見和看法，討論時往往援引對方的論點。直至聖殿被毀，情況起了變化，巴比倫的猶太教領袖漸漸視自己為權威，取代原本屬於耶路撒冷的權柄[72]。

3.4.2. 僑居埃及地的猶太人

在多利米王朝統治期間，散居巴勒斯坦以外的猶太人人口已相當龐大。事實上，亡國後的猶太人移居埃及已有一段相當長的歷史，最早可追溯至公元前 586 年。據耶利米書四十三章記載，有些猶太人強迫先知耶利米與他們同行，逃到位於尼羅河三角洲的答比匿定居[73]。約半個世紀以後，一批猶太軍事殖民（military colony）駐守在埃及最南方的伊里芬

---

71 此城是猶太人收集聖殿捐獻的中心。

72 詳參 Gafni, *Land, Center and Diaspora: Jewish Constructs in Late Antiquity*, pp.96~117。

73 耶利米書二十四章 8 節似乎暗示猶太人在 586 年以前便在埃及居住。在四十四章 1 節，提到在埃及北部和三角洲定居的猶太人，後者包括密奪、答比匿和孟斐斯。

丁和希尼（即現代的阿斯旺），及後，波斯國王岡比西斯（興盛期爲公元前 530~522 年）在 525 年攻佔埃及時，於伊里芬丁發現聚居的猶太人[74]。伊里芬丁的猶太人更不惜違反申命記的規定（申十二），爲自己建立了一座耶和華的殿，但於公元前 411 年被當地的埃及宗教激進分子所毀，不過幾年之後，這聖殿又被重建起來[75]。這批猶太殖民於公元前 5 世紀已在伊里芬丁落地生根，這一點非常重要，因爲這是最早一批、且有可靠史實記載的猶太人，於公元前 4 世紀以前已聚居在巴勒斯坦以外的地方。

及至多利米王朝的統治，散居巴勒斯坦以外的猶太人人口更迅速增加，而最重要的聚居地，當然是亞歷山太城。早於亞歷山大興建該城之始（公元前 331 年），已順道把很多猶太人安置在那裏；按約瑟夫（《猶太戰記》2.18.7；《猶太古史》14.7.2）所記，其後在多利米王朝的統治下，多利米一世不單從猶大地，更從撒瑪利亞擄走了大批猶太人，把他們安置在埃及；而後來也有不少猶太人被吸引到埃及定居。記載《七十士譯本》如何誕生的《阿立斯蒂亞書信》（12~27）也提及多利米一世曾將爲數十萬猶太人擄至埃及地，並從中揀選了三萬人，作爲國家的駐防軍。雖然這數據的記載或許誇張了，但猶太人因戰爭而成爲戰犯，以致被賣爲奴，則是事實。除了兵士和奴隸，還有一些是經濟的移民，他們到埃及

74 這全可見於著名的「伊里芬丁蒲草紙」（Elephantine Papyri），寫作日期爲公元前 408 年；參 Cowley ed., *Aramaic papyri of the fifth century B.C.* 的版本。

75 這是按「伊里芬丁蒲草紙」中的資料所得，參布賴特著，《以色列史》，頁 445~446。

地經商，所以留在埃及。在埃及地的猶太僑民，有務農的、牧羊的、有作手工藝的，亦有在政府負責行政工作的。

至於亞歷山太港，猶太人可能是當地最早的殖民之一。因此，在多利米王朝統治期間，亞歷山太城的猶太人人口明顯激增。公元 38 年，根據約瑟夫的記載，爲使猶太人避免與其他種族混合，繼續自己那種聖潔的生活方式（《猶太戰記》2.488），特別劃出城中一兩處地方（其中一個在三角洲）爲「猶太人區」。這並非「貧民區」，而是位於城市的東北面，鄰近王宮（《反駁阿皮安》2.4）。斐羅更指出，由於人數眾多，猶太人居住的地方遍佈整個城市，他們的會堂到處可見（《反駁弗拉克斯》8；《外交使團上奏該猶記》20）。猶太人聚居於異地亞歷山太城，其對譯本的需求也大增，正好催生了《七十士譯本》，那就是希伯來文聖經第一本希臘文譯本。

及至希臘化時期，埃及形成了幾個猶太人的聚居地[76]，其中一個很像伊里芬丁，叫尼安多波尼斯。在當地發現以希臘文寫成的碑文中，也曾提及猶太人的會堂和聚會；其中特別提及當時的大祭司奧尼阿斯於公元前 160 年從耶路撒冷逃

---

76 前面提及的《阿立斯蒂亞書信》（#12~27）記載曾有十萬猶太人被擄。雖然一般人都很清楚，古代文獻中的數字不常準確，但我們有理由相信，作者是基於某些歷史事實而得此結論。無論如何，我們幾乎可以肯定，在公元前 200 年至公元 200 年期間，猶太人四散在地中海一帶的文明國家之中（參徒二 9~11；馬一 15.16~24）。第 1 世紀著名的羅馬地理學家斯特拉波指出，「這民族（指猶太人）已滲入每一個城市，我們很難在可居住的地土上找到一個地方是沒有這個民族的存在或沒有感受到其影響力。」（載於約瑟夫《猶太古史》14.115）。Stern（“The Jewish Diaspora,” pp.117~183）非常詳細討論散居於各地的猶太人移民及其人口的研究。

難，在尼安多波尼斯興建了一座小型耶路撒冷聖殿[77]；於是，猶太人就在那裏向耶和華獻祭，直到公元 73 年被羅馬政府拆毀。公元前 145 年，當善待他的多利米王斐羅米特死後，奧尼阿斯支持斐羅米特的寡婦克利奧帕特拉拉二世及其幼子們執掌政權，揮軍亞歷山大城，與該城的猶太人裏應外合，對抗斐羅米特的兄弟斐斯干。不過，斐斯干在廣大群眾支持下，奪得政權，事件在斐斯干娶了克麗佩脫拉而得平息，不然對猶太人會帶來災難性的後果。這事做成日後亞歷山太城的原居民與猶太人發生衝突的先例。

猶太人在埃及的人數愈來愈多，並且名成利就，斐羅（《反駁弗拉克斯》6）說，到公元 1 世紀末，埃及約有多至一百萬猶太人，那是埃及總人口的 70%至 60%[78]。在多利米政府統治下，埃及人民可分為四種，即希臘城郡公民、其他希臘人、外族人和埃及原居民；猶太人可能屬於第三種。首三種群體可獲特別准許，組成自己的「政治社團」（希：*politeuma*），自行管理有關宗教的事宜，不過，當然仍要聽命於王。這個「政治社團」是由「長老議會」（希：*gerousia*）帶領，猶太人方面，其成員可包括所有居於亞歷山太城的猶太人，而亞歷山太城的會堂組織大概就是由這政治社團產生出來，亦受制於這社團。事實上，除了在安提阿古四世的管

---

77 事緣：雖然奧尼阿斯是一位嚴守律法的好領袖，但其親弟約書亞和那些希臘化運動的追隨者，從稅款中取了一筆相當可觀的款項，進貢予敘利亞政府（當時領導者為安提阿古四世），從而成功由奧尼阿斯手中，取得了大祭司的職位。

78 Thackeray, "The Septuagint and Jewish Worship," pp.10~11.

治時期[79]，散居在希臘化埃及的猶太人皆享有宗教自主權。而在多利米王朝的管治下，猶太人在社會和宗教事務上就享有更大的自主性，他們可以維持猶太人群體的獨立性，過自己喜歡的生活。

至於亞歷山太城，據約瑟夫（《反駁阿皮安》2.4；《猶太戰記》2.18.7）的記載，當亞歷山大建城之初，他曾讓猶太人和馬其頓人享有同等的權利，及後繼任的官員亦沒有剝奪他們這方面的權益。不過，現代學者卻認為，居於亞歷山太城的猶太人所組成的「政治社團」，在城市中雖享有一定的地位，甚至略高過當地的移民，也有一定程度的管治權力[80]，但與一般公民相比，仍有距離；然而，上流社會的猶太人又可能比一般猶太人享有更多的權利，甚至享有公民權。

至於亞歷山太城眾多會堂的建成，就更顯出猶太人群體與政府的良好關係。斐羅曾指出，在多利米王朝期間，會堂在亞歷山太城到處可見，從首批被發現的碑文得知，這些會堂建於公元前 285 至 275 年左右[81]，亦即集中在多利米二世在位期間。因當時多利米二世要安置大部分的猶太奴隸，促使這些會堂的建成，而所發現的碑文，便是為答謝多利米家族而刻的。不過，明顯地，會堂的興建，帶有政治色彩。我們從中或許可以推斷，那些會堂以及興建那些會堂的猶太人群體，是得到王帝的御准，並受當地的法律保障。因此，整

79 參 Segré, "The Status of the Jews in Ptolemaic and Roman Egypt. New Light from the Papyri," pp.375~400。

80 《阿立斯蒂亞書信》（308~311）亦有提及那些群體中的領袖。

81 Applebaum, "The Organization of the Jewish Communities in the Diaspora," p.424.

體來說，居住在亞歷山太城的猶太人享受很大程度的宗教自由，加上為數眾多，經濟能力強，地區政府對他們的需要或要求，不會掉以輕心。

公元前 2 世紀，羅馬軍曾救埃及脫離西流古的侵佔（公元前 168 年），至公元前 1 世紀，羅馬的統治勢力已伸延至埃及，並且在埃及立了傀儡王帝多利米七世區利特（公元前 80~51 年），他不但得不到群眾的擁護，並於公元前 55 年，一度被逐出埃及，後在羅馬政權的保護下才返回埃及。亞歷山太的居民對羅馬政權及這傀儡王深表痛恨，然而這城的猶太人卻支持這王，效忠羅馬政權，自此猶太人與其他亞歷山太居民發生多次衝突，就是因與猶太人支持羅馬政權有關，猶太人也便成了他們發洩怨憤的對象。這段期間，亞歷山太城的猶太人與希臘人一樣，可以免納稅項，同時，猶太人也有參與當地社交、宗教和體育活動的自由，這更為當地的希臘人和埃及人妒恨，認為他們不能一方面高舉猶太的民族性，另一方面又享有亞歷山太公民的權利[82]。

克利奧帕特拉拉七世（公元前 51~30 年）死後，羅馬更將埃及納為一省，派總督管理。在羅馬的省長統治之下，猶太人與羅馬政權之間的關係開始起了變化。羅馬王奧古斯都頒令，要在埃及地徵收人口稅，只有羅馬人和希臘城市的人可以豁免，其餘的視作「外人」或「自由人」（拉：*peregrini* 或 *Latini Iuniani*），大部分埃及地的人，包括猶太人，都要納稅；這對一些富有的猶太人來說，非常不利。公元 32/33 年，羅馬派弗拉克斯（A. Avillius Flaccus）為埃及總督。起初，

82 Leaney, *The Jewish and Christian World: 200 BC to AD 200*, p.138.

他與猶太人關係良好（斐羅《反駁弗拉克斯》1~5, 135~145），但當提庇留在公元 37 年死後，弗拉克斯因曾支持提庇留，懼怕接續為王的該猶，亦懼怕亞歷山太的反對者會向該猶指控他的惡行。亞歷山太的領袖亦看破了弗拉克斯的弱點，向他提出諸多要求（斐羅《反駁弗拉克斯》6~24）。

公元 38 年夏天，猶大王亞基帕一世在羅馬得到支持，在返回猶大地作分封王之前，路經亞歷山太城。雖然斐羅解釋他這次的造訪，原是祕密地進行的，但當地的猶太群體卻公開遊行歡迎他，期望能藉亞基帕與羅馬王室的關係，為他們爭取更多權益。這引起亞歷山太居民強烈不滿，作反遊行示威，並以當地一位知名的小丑扮演亞基帕，公然地嘲弄他。事件很快演變成暴亂，他們向猶太人的隊伍擲石，後暴亂擴大，擊襲猶太人社區以外的猶太人家庭和商戶。根據斐羅的估計，有四百個家庭和商戶被洗劫，並且失去家園。猶太人中有被殺害和肢解，有被人用火燒死，有婦女被侵犯（《反駁弗拉克斯》96）。不少會堂被破壞或焚毀；更甚者，群眾將該猶的像放進猶太人的會堂，使會堂被「玷污」，不能再用作崇拜。弗拉克斯更落井下石，宣布猶太人為外人，褫奪他們的公民權（希：*politeia*），並將暴亂的原因，全數歸咎於猶太人，並劃出猶太人區（ghetto）。可能因此引發猶太人的暴力反抗。弗拉克斯拘捕了他們大半數的猶太長老議會的成員，在劇院中公開鞭笞他們中間三十八個長老，並在王帝壽辰之日將一些猶太人吊死，以娛樂希臘人。然而一個月後，弗拉克斯被召回羅馬受審。

得到新任總督波里奧同意，斐羅率領一個由五人組成的猶太代表團向該猶申訴，亞皮安則代表亞歷山太，反對猶太人的居民，時約為公元 39 至 40 年。他們在羅馬逗留了數月，期間該猶曾下旨將其肖像放於耶路撒冷的聖殿，這對亞歷山太的猶太人來說，是非常不利的消息，幸該猶不久便被弒殺。然而亞歷山太城的暴力事件仍不斷，猶太人跟他們的敵人彼此攻擊，最後為新任總督所平定。接續該猶作羅馬王的克勞第，以較為持平的手法處理個體、群體之間的衝突，回復奧古斯都時期的政策，著令他們要彼此容忍。但另一方面，卻指猶太人並非住在屬於自己的城市，猶太人的兒子不可參與體育活動，和成為男青年會（ephebate）的成員，並警告他們不可滋事。對不少猶太人來說，這是很大的缺陷，因為他們始終未能正式作亞歷山太城的居民。差不多達四年之久的流血衝突並未完全告一段落，爭拗仍不斷地出現（參約瑟夫《猶太戰記》2.487~498, 7.409~420）。兩名顯赫的猶太人領袖伊蘇多努和林頓[83]，就曾向羅馬王控告亞基帕，但卻為克勞第判以死刑，這益發加劇亞歷山太的希臘人和埃及人反猶太和反羅馬的情緒。

公元 66 年，當亞歷山太城的居民聚集在半圓劇院，商議派代表往見尼祿王，猶太人以為他們是計劃向羅馬政府再次掀起猶太人在亞歷山太的公民權問題，一些猶太人企圖進入集會，卻被群眾阻止，後有人喊叫他們為「敵人」、「奸細」，其中三人被拖走，然後被燒死（約瑟夫《猶太戰記》2.490~491）。猶太人便還擊，以石頭襲擊聚會的人，並縱火燒半圓劇院。當時是斐羅的姪兒提庇留．猶流．亞歷山大作亞歷山太的巡撫，他是一個相當希臘化的猶太人。他以嚴懲

83 有關的事記載於《亞歷山太殉道者行傳》。

警告猶太人，猶太人不加理會，他於是動員羅馬軍隊鎮壓，猶太人亦不甘示弱，跟他們武力對抗。根據約瑟夫記載，在衝突中約有五千個猶太人死去（《猶太戰記》2.494~498）。

在第一次猶太人叛亂後，羅馬王維斯帕先（公元 69~79 年）向在羅馬管治下的所有猶太人徵收原獻予耶路撒冷的聖殿稅，但其稅率則較以前高出達六成[84]。這使散居地的猶太人的身分更明確，亦使他們對於生活在羅馬政權下更加不滿。

至公元 115 年，因某些我們不知詳情的事故，亞歷山太的猶太人跟希臘人再度爆發衝突，此時古利奈加的猶太人開始叛亂，其中有一位自稱為王（彌賽亞）的盧古亞，進到埃及地。像以前亞基帕的情況一樣，亞歷山太的居民恥笑盧古亞自稱為王，隨後引來大規模的衝突，並且蔓延至埃及大部分地方，雙方皆損失慘重，最後猶太人在希臘人、村民和羅馬軍的夾攻下被制服。在埃及地的猶太群體大大縮減，他們在政治、軍事和經濟上曾擁有的影響力，已不復再。

3.4.3. 僑居敘利亞的猶太人

這裏的敘利亞，是指在敘利亞城市的凱撒利亞、約法、雅麥尼亞、大馬士革、亞斯卡倫、推羅、西頓、安提阿、地中海沿東岸一帶希臘的城邑和約旦河以東的低加波里和比哩亞。這些城市主要的人口都不是猶太人。在公元前 3 世紀西流古與多利米瓜分敘利亞和猶大地的時期，猶太人群體在北敘利亞的地區似乎享有一定的權利，可以持守他們祖先的習俗（約瑟夫《猶太戰記》7.110）。當大祭司奧尼阿斯逃難

---

84 Barclay, *Jews in the Mediterranean Diaspora*, pp.76~77.

的時候，就曾寄居於安提阿（公元前 170/171 年）[85]。在西流古統一敘利亞之後（公元前 200 年），大規模實行希臘化。後馬加比起義，這些希臘和敘利亞城市，多不支持馬加比的軍隊，引致在約法、推羅和西頓等地區的猶太人與非猶太人發生衝突，馬加比亦曾出兵營救當地的猶太人（馬一 5.1~68；《馬二》12.2~31）。在哈斯摩尼阿王朝時期，凡不接受猶太習俗的城市，都受到他們的威脅，因此對這些敘利亞和希臘的城市來說，猶太權力的擴張，不只是一種軍事上的侵略，亦是文化上的威脅。這些城市都有強烈的反猶太人情緒。不過，我們對僑居在這一帶的猶太人的生活知道不多。

公元前 63 年，這部分地區成為羅馬敘利亞省的一部分，這些城市也不再受猶太人武力的壓迫。在大希律的統治下，不但沒有對這些非猶太的城邑施壓，反而在這些城市大興土木，並未有激起猶太人與非猶太人之間的衝突。然而當猶大直隸於羅馬的管治後，在猶大地管治的羅馬巡撫，往往使用敘利亞的軍隊鎮壓猶太人。

公元 39 至 44 年間，就有不少因宗教的糾紛而引發的衝突。該猶要在耶路撒冷的聖殿豎立自己的雕像，慫恿非猶太人敵視猶太人。根據約瑟夫的記載，在公元 66 至 67 年，凱撒利亞人強行進入當地猶太人的會堂而不得要領，便在梯階處獻上祭牲（《猶太戰記》2.284~292），激發猶太人與非猶太人互相攻擊。當凱撒利亞人接到耶路撒冷的猶太人殺害羅馬軍隊的消息，就更火上加油。根據約瑟夫所記，當時被殺的猶太人有二萬之多（《猶太戰記》2.547）。這次暴亂蔓延至敘

85 Bickerman, *The Jews in the Greek Age*, p.92；作者認為這證明在安提阿城，猶太人有自己獨立的政治個體。

利亞其他城市，包括安提阿。當地一個主要猶太地方官的兒子安提阿古，他有希臘公民的身分，且是當地地方政府的官員，控告一些猶太人（包括其父親）企圖作亂，焚燒安提阿城。為要表示他的效忠，猶太人的領袖也要好像希臘人一樣獻祭，並且嘗試禁止猶太人守安息日（《猶太戰記》7.46~53）。

當時羅馬總督穆西盧果斷的介入事件，查出縱火者並非猶太人，而是一些欠債的人，為要毀滅他們的借據，故企圖燒毀公共的檔案（《猶太戰記》7.54~62），如此猶太群體得以避過這次災劫。拆毀耶路撒冷的提多將軍，亦拒絕安提阿城希臘人的要求，將猶太人逐出該城，或是褫奪他們的政治權利（《猶太戰記》7.100~111），以致猶太人仍可在此安居。有關第二次猶太人叛亂後，有關猶太人僑居敘利亞的生活情況，資料甚少，只能推測他們廣泛地受到地方人士的猜疑[86]。

3.4.4. 僑居小亞細亞的猶太人

有關僑居於小亞細亞的猶太人，資料不多。在公元前 3 世紀末葉，當呂底亞和弗呂家發生叛亂，時安提阿古三世從巴比倫和美索不達米亞徵派二千猶太家庭到那裏鞏衛，他承諾這些猶太移民可以持守自己的習俗，並可擁有自己的房屋和耕地，他更稱許猶太人因敬畏上帝而盡忠職守[87]。

後期的證據顯示，公元前 1 世紀，小亞細亞已有相當多的猶太人聚居，他們的先祖，可能是曾效忠於西流古的軍兵（參約瑟夫《猶太古史》12.147~153）。公元前 88 年，一批等

---

86 Barclay, *Jews in the Mediterranean Diaspora*, p.258.

87 Bickerman, *The Jews in the Greek Age*, pp.92~93.

候運往耶路撒冷的猶太人捐獻，被米提利特掠奪（約瑟夫《猶太古史》14.112~113）；公元前 62 年，羅馬小亞細亞的總督弗拉克斯，充公了當地四個城市的猶太群體共一百磅金的聖殿捐獻，指控他們違反禁令，將金運往省外（西塞羅，《論弗拉克斯》28.66~69）。這事件顯示當地的猶太人數目不會太少，而且有些可能非常富有。而他們的財富引起當地人的嫉妒，當時社會經濟困難，這些猶太人將他們的財富運送到猶大，是小亞細亞的居民所不能接受的。有關猶太人怎樣運用財富的問題，每每成為他們與當地人發生衝突的導火線。

與此同時，猶太人在小亞細亞的法律地位，亦備受質疑。公元 49 年，猶太人因為要守安息日及飲食的條例，因此得羅馬政府許可，不須被徵入伍（約瑟夫《猶太古史》14.223~234），也引起當地人的不滿。還有，他們拒絕敬拜當地的神明及修建廟宇，也不參與有關的節令和活動，並且甚少投入本地人的生活，這些都成為當地希臘人針對他們的把柄。希臘人則千方百計阻止猶太人獲得公民權。例如在公元前 49 年，在撒狄的希臘人就對猶太人獨立管治的能力提出質疑，意圖抹黑他們，認為他們沒有作公民的資格。猶太人則向羅馬的地方政府申訴，所得的回覆是要他們維持自己當時的身分，不能享有公民權利。直至凱撒頒令確立猶太人的宗教自由，撒狄是惟一一個猶太人得享宗教和公民權的城市（約瑟夫《猶太古史》14.235, 259~261）。

小亞細亞的猶太人並沒有參與兩次發生在猶大地的叛亂，以及公元 116 至 117 年於散居地的叛亂，這大概反映他們在地方上的力量不小，其地位不容易被動搖。這地方或有不少皈依猶太教的信徒（徒十三 16、48~50，十四 1）。在阿蒙尼亞，有公元 1 世紀中葉的碑文，指有一位顯貴的非猶太人，為猶太群體建立會堂，反映猶太人與本地人之間和諧的關係。

3.4.5. 僑居羅馬城的猶太人

有關公元前第 2 世紀猶太人在羅馬城的生活，資料也不完備，有認為猶太人曾因將他們的宗教傳給羅馬人而被逐（公元前 139 年），但資料來源並不可靠[88]。前面已經提及西塞羅的記載，指小亞細亞的總督弗拉克斯，充公小亞細亞猶太群體共一百磅金的捐獻，指猶太人在羅馬城有顛覆性的影響，並且認為他們的宗教是一種「外來的迷信」（拉：***barbara supersititio***；參《論弗拉克斯》28.67），與羅馬的宗教格格不入（《論弗拉克斯》28.69）。羅馬城的猶太人，很可能是歷年來羅馬與猶太人之間發生戰爭以後，羅馬軍所擄來的奴隸及其後人（參約瑟夫《猶太古史》14.85, 119~120），這些人其後得到釋放，成為「外人」或「自由人」，有些甚至獲得羅馬公民的身分。根據斐羅的記載（《外交使團上奏該猶記》155），在奧古斯都時期，大部分猶太人都住在台伯河右邊的貧民區，當時大多數猶太人的社會地位卑微。現在我們在這地區發現公元前 1 世紀猶太人的地下墓窟，證明他們的群體並不細小，並且有清楚的民族認同。

羅馬城的猶太群體支持猶流．凱撒，凱撒與許爾堪二世是政治上的聯盟，猶太人亦被視作政治上的朋友。約瑟夫就多次記載，凱撒多次頒布御令（時約公元前 44 年），叫猶太

---

88 Barclay, *Jews in the Mediterranean Diaspora*, p.285.

群體可以自由在會堂裏聚會和守安息日，並將他們的捐獻送往耶路撒冷，這包括羅馬猶太的群體在內（《猶太古史》14.190~264，16.162~173）。他這法令不但對羅馬城的猶太人影響深遠，也使在羅馬帝國之內的猶太僑民，得享同等權利。在奧古斯都時期，不只訂立在小亞細亞的猶太人可因宗教理由豁免兵役的條例，更容許猶太裔的羅馬公民，若因守安息日而不能領取每月的施贈，可在翌日補領（斐羅《外交使團上奏該猶記》157~158），肯定了他們的雙重身分，是猶太人，又是羅馬公民[89]。奧古斯都是大希律的盟友，而希律的兒子，包括安提帕、亞基老和腓力，都是在羅馬長大的。

當大希律去世時（公元前 4 年），亞基老到羅馬以確立其王位，當時就有八千猶太人公開反對他（約瑟夫《猶太古史》17.300）。公元 19 年，提庇留曾徵召四千適齡（十八至四十五歲）的猶太人為軍兵，往撒甸拿服役（約瑟夫《猶太古史》18.84；塔西圖《編年史》2.85.4），可見當時猶太人在羅馬的人口，可能接近三萬人（當時羅馬城的人口近一百萬）。

繼承奧古斯都的羅馬王提庇留，不只徵召四千猶太人及皈依猶太教的信徒為士兵（塔西圖《編年史》2.85.5），並將一部分猶太人逐離羅馬城，原因極可能是因猶太人嘗試使一些羅馬人改教（卡修斯《羅馬歷史》57.18.5a），恐怕受到文

---

89 在地下墓窟的銘刻中保留了十三個在羅馬城會堂的名字，其中一個稱為「奧古斯都會堂」，以這羅馬王為贊助者（patron），可見當時猶太社會對他的感激。另外兩個值得注意的，一個是「希律會堂」，另一個是「亞基帕會堂」，顯示這三個人對當時猶太人在羅馬城中得享權利，地位重要。詳參 Richardson, "Augustan-era Synagogues in Rome," pp.17~29。

化的侵蝕，故採取激烈的行動[90]。即使一部分猶太人被逐出城，相信為數不少的猶太人仍留在這城中，而且有些猶太人被逐後不久，又陸續返回羅馬[91]。

接續提庇留作羅馬王的該猶，決定將他的雕像放進耶路撒冷的聖殿，這反映他不尊重猶太教，身處羅馬城的猶太人，必定憂忡不已。其後繼承他的克勞第，曾下令不准猶太人在會堂聚會（公元 41 年；卡修斯《羅馬歷史》60.6.6），可能是為了避免猶太群體對該猶要將神像放於聖殿所引發的張力，他也曾再次將猶太人驅逐出羅馬城（公元 49 年；參徒十八 2；綏屯紐《克勞第》25.4），這或許與猶太基督徒在猶太群體中引起的紛爭有關。這些一度被逐的猶太人（猶太基督徒？），不久之後又返回羅馬城（參羅十六 3）。

其後的十年間，在羅馬的猶太群體似乎得享平靜，有一些知名人士對猶太教表示支持，包括尼祿王的情婦（約瑟夫

---

90 對猶太人被逐的原因，歷來有不同的說法，主要有兩種：因為宗教的原因；為要維護法紀和公眾秩序。根據約瑟夫記載，事緣有幾個猶太人騙徒，騙取一位皈依猶太教的貴族婦人霍卉亞要獻到耶路撒冷聖殿的財物，但是否因為這樣就引起羅馬政府採取驅逐的行動，值得質疑。根據卡修斯和塔西圖的記載，正如文中所述，可能是猶太教的傳播太成功。然而，因為這次被驅逐的人，不只是猶太人，亦有信奉埃及宗教伊西斯神的人和占星學的人，因此有認為主要是要維持社會的秩序安定，見 Rutgers, “Roman Policy toward the Jews,” pp.98~116。究竟確實原因為何，仍未有定案。

91 斐羅（《外交使團上奏該猶記》159~161）提及一個反猶太人的政策，要將所有在羅馬帝國裏的猶太人殺掉，歸咎於提庇留的大臣瑟仁尼，然而這計劃未實行之前，瑟仁尼便死去（公元 31 年）。在瑟仁尼死去後，提庇留改變了他之前對猶太人的策略，重新肯定他們的宗教權利。這可能顯示他先前施行了十二年的政策已奏效，羅馬人信奉猶太教的數目已大大減低，見 Smallwood, “The Diaspora in the Roman Period before CE 70,” pp.175。

《生平》16）[92]。因亞基帕是該猶的朋友，並在該猶被殺後協助克勞第繼位，猶太人在宮廷的影響力日漸坐大。猶大地兩次叛亂，除了使羅馬城的猶太人的民族尊嚴受創，多了一些被擄來猶太人的奴隸，並要上繳猶太人稅外，似乎並沒有帶來太大的影響。直至多米田時期（公元 81~96 年），為要增加收入，嚴厲執行向猶太人徵收稅項，所有出生是猶太人（不論是否信奉猶太教），和所有信奉猶太教的非猶太人，都要交稅。並且企圖肅清宮廷中奉行猶太教習俗的人，又在羅馬城散播反猶太人的情緒，指猶太教是無神論，是非羅馬的，亦是反羅馬的。這種對猶太教的歧視，亦見於以後猶文拿（公元 60~130 年）和塔西圖（公元 56~120 年）的著作之中。

---

92 尼祿王將羅馬城的大火歸咎於當時未與猶太教完全脫離的基督徒，而非猶太人，顯示猶太教人士可能在宮中有一定的影響力。

附錄：

公元前 587 至公元 135 年

猶太歷史年曆簡表

巴比倫和波斯時期

（公元前）

587	耶路撒冷被毀、被擄巴比倫
539	巴比倫為米代波斯所滅
538~	歸回耶路撒冷
520~15	重建聖殿

希臘統治時期和馬加比叛亂

333~332	亞歷山大大帝攻佔猶太地
323	亞歷山大死
300~198	巴勒斯坦受多利米王朝所管轄（埃及）
198~	巴勒斯坦受西流古王朝所管轄（敘利亞）
167	安提阿古四世伊皮法尼玷污聖殿
164	重獻聖殿

哈斯摩尼阿時期

166~160	猶大馬加比
160~143	約拿單馬加比（152 年為大祭司）
142	在西門馬加比為大祭司及領導之下獨立，成哈斯摩尼阿王朝
142~135	西門馬加比
134~104	約翰許爾堪

104~103	亞立斯托布一世
103~76	亞歷山大約拿單王
76~67	沙羅米亞歷山大王后（及許爾堪二世為大祭司）
67~63	亞立斯托布二世

羅馬時期

63	羅馬將軍龐培攻佔猶太地和耶路撒冷，侵犯了聖殿
63~40	許爾堪二世（在羅馬的護蔭之下）
40	安梯古納斯在帕提亞人擁立下為王
40	羅馬承認希律為「猶太人的王」
37	希律統治耶路撒冷
37~4	希律大帝
（公元）	
6	希律亞基老管治猶大地
6	加利利人猶大叛亂
6~66	猶大地直轄羅馬管理 （除了 41~44 希律亞基帕一世）
26~36	羅馬巡撫彼拉多
39	希律安提帕管治加利利和比哩亞
66~74	猶太第一次叛亂
70	耶路撒冷被毀
115~117	僑居在埃及、古利奈加、塞浦路斯和美索不達米亞的猶太人的叛亂
133~135	在柯巴之子西門（巴柯巴）的領導下，猶太第二次叛亂

第二部分

新約宗教文化篇

第四章 新約世界的希羅宗教

孫寶玲博士◎著

在羅馬人執政的新約時代，宗教既是現實生活不可或缺的部分，同時也是極之多元化的現象[1]。宗教的多元化，可以追溯至亞歷山大大帝於公元前 4 世紀的軍事和文化運動。亞歷山大的帝國，幾乎席捲當時的西方和近東世界。在亞歷山大帝國的版圖裏，東西方首次進行了全面的交流和互動。在這個由軍事運動所促成的交流當中，不同的語言、文化、宗教和種族相互影響[2]。希臘的語言和宗教哲學固然向許多地方輸出，但也同時汲取其他文化和信仰的養料。公元前 1 世紀開始，羅馬人勢力興起，主宰了當時的世界，承繼了希臘這種互動程式，為這個多元化的現象，添加了新的元素。其中的一個特徵，見於羅馬神祇和希臘神祇名稱的互用[3]：

羅馬	希臘	神祇的功能
Jupiter	Zeus	眾神之首
Juno	Hera	女性之神
Minerva	Athena	手藝及戰爭
Apollo	Apollo	青年、音樂、先見
Aesculapius	Asklepios	醫療
Mars	Ares	戰爭
Vesta	Hestia	爐床、家神
Mercury	Hermes	眾神的使者

1 宗教的起源是專門和深邃的課題，自不是我們可以簡單討論和掌握的。在這一課，我們只就宗教在第 1 世紀的現象作一些介紹，並且將之對比新約的經文，以幫助我們更了解經文所呈現的世界。

2 如果我們要集中討論新約的背景，有關希臘文化與其他文化相遇（特別是猶太人的文化和信仰）的研究，在眾多的著作中，我們還是推薦 Hengel 的 *Judaism and Hellenism: Studies in their Encounter in Palestine during the Early Hellenistic Period*。

3 引自 Jeffers, *The Greco-Roman World of the New Testament Era: Exploring the Background of Early Christianity*, p.93。

Ceres	Demeter	生殖力、穀類
Vulcan	Hephaestus	火、工匠
Neptune	Poseidon	海洋
Venus	Aphrodite	愛
Diana	Artemis	女性、奴隸、木林、月亮
Fortuna	Tyche	命運、農作(羅馬)
Bacchus	Dionysus	酒
Castor/Pollux	Castor/Pollus	海員

縱使新約的教會根源於猶太信仰，但她所成長的土壤，卻是希羅世界裏的文化和宗教。新約各書卷的作者和讀者，都是身處希羅世界的人。他們的生活、價值觀、信仰和行為，無可避免地受希羅世界的多元文化所影響。換言之，新約教會與身處的希羅世界之間著實有互動的關係。我們可以合理地推論，新約的作品應該反映希羅世界裏的一些片斷。更具體的說，新約作為信仰群體之間的書函，應該反映希羅世界裏宗教與人之間的關係和影響。從另一個角度看，新約書卷的作者其中要處理和面對的，正是身處希羅世界、深受其宗教及文化影響的信眾。所以，若我們能對希羅世界的宗教有所了解，大大有助我們詮釋新約的著作。

4.1. 宗教不僅是信仰

「這保羅不但在以弗所，也幾乎在亞西亞全地，引誘迷惑許多人，說，人手所作的不是神，這是你們所看見所聽見的。這樣，不獨我們這事業被人藐視，就是大女神亞底米的廟也要被人輕忽，連亞西亞全地、和普天下所敬拜的大女神之威榮，也要銷滅了。」眾人聽見，就怒氣填胸，喊著說：「大哉以弗所人的亞底米阿！」（徒十九 26~28）

使徒行傳十九章記述保羅在以弗所的傳道工作，其中保羅的經歷和際遇，與希羅世界的一個宗教祭祀——亞底米有關。亞底米是希臘神話裏的一個女神，出於宙斯和麗德，是小亞細亞一帶所敬奉的母神[4]。而亞底米神廟的所在地以弗所城，在奧古斯都時期成為小亞細亞地區的首府[5]。與羅馬帝國內其他地區一樣，以弗所城的宗教現象是多元化的[6]。但在這個多元化的宗教氣氛裏，亞底米的祭祀卻是獨樹一幟的。事實上，幾乎在所有古代的旅行遊誌、歷史和小說裏，每當談及以弗所，都必定提有關亞底米祭祀的見聞[7]。

根據希臘神話，亞底米是個女神。與其他地方所膜拜的

4 出土文物卻顯示亞底米的神像不僅限於以弗所小亞細亞一帶，在巴勒斯坦、希臘，甚至羅馬也有發現。參 Turcan, *The Cults of the Roman Empire*, trans. Antonia Nevill, pp.254~256。

5 以弗所城的歷史和演變，可參 Scherrer, "The City of Ephesus from the Roman Period to Late Antiquity," in *Ephesus, Metropolis of Asia: An Interdisciplinary Approach to Its Archaeology, Religion, and Culture*, pp.1~25。

6 根據文獻所示，以弗所城的廟宇和祭祀種類相當多，足見其宗教的多元現象。參 *Ephesus, Metropolis of Asia*, pp.81~117, 141~154, 157~198, 229~250, 251~280, 281~310。

7 有關羅馬小說中以弗所的討論，見 Thomas, "At home in the City of Artemis: Religion in Ephesus in the Literary Imagination of the Roman Period," pp.81~117。

母神相近，亞底米女神象徵大地和生命[8]。但隨著文化的互動滲透，新約時代有關亞底米的信念和傳說，倒有相當多不同的版本。

從歷史的記載和出土文物所示，以弗所人所以膜拜亞底米，固然是一種宗教信仰經驗。在存留至今的文獻，有不少亞底米信眾信仰經驗的記載。然而，亞底米對以弗所人和小亞細亞人的影響，還不止於宗教，更涉及文化、經濟、政治和生活各方面[9]。碑文、古籍和以弗所古城的遺蹟顯示，儘管以弗所城不僅供奉亞底米女神，同時也奉行許多神祇的祭祀；但以弗所和亞底米之間，卻存在著一個獨特、「約」的關係[10]。亞底米賜福以弗所人[11]，而以弗所人就負起保護和宣揚亞底米的使命。換言之，以弗所和亞底米之間的關係，可以說是唇亡齒寒。而亞底米神廟又最能說明這個密切的關係。

亞底米神廟不僅建築宏偉壯觀[12]，更是小亞細亞的經濟、旅遊（朝聖）、甚至金融中心。第 1 世紀的羅馬作家屈梭多模就曾經提及在亞底米廟內存有許多來自亞細亞地區

---

8 西方和近東文化的母神，參 Ferguson, *The Religions of the Roman Empire*, pp.13~31。

9 亞底米的名字出現於碑文、錢幣、古籍，甚至節令曆法，其影響力可謂無處不在。

10 Oster 的用語，見 Oster, *Ephesus as a Religious Center*, pp.1700~1706。

11 見羅馬作者斯特拉波，《地理》14.1.6。

12 人類古文明的七大景觀之一，是雅典巴特農神殿三倍之大。其壯觀宏偉的建築為許多古代作者所津津樂道，見 Oster, "Ephesus as a Religious Center under the Principate, I. Paganism before Constantine," 1713, n.414~416。可參 http://ephèsus.futurestuff.net 和 http://sailturkey.com/virtual_ephesus。

及世界各地的金錢[13]。而亞底米神廟所牽涉的經濟活動，甚至包括借貸、租賃、稅收等[14]。無怪乎第 2 世紀的亞里斯底德對以弗所讚譽有嘉[15]。亞底米神廟擁有獨特的地位和大量的財富，自然能將其影響延伸至生活當中每一個層面，包括社交、教育、文化等活動。

從以上有關以弗所的亞底米祭祀的介紹，可見新約時代的希羅宗教，正如任何時間的宗教現象一樣，除了是心靈經驗或生命盼望之外，實與當地的文化、風俗和經濟，有著千絲萬縷的關連。

根據公元 2 世紀羅馬政府一個官員小皮里紐在一封致君王他雅努的函件中，提及他所管轄的地區庇推尼，當中基督徒的影響力，已經使得當地的廟宇無法得到祭祀用的畜牲[16]。按此想法，當使徒在第 1 世紀中期將福音傳到以弗所，亞底米祭祀受到威脅亦在所難免。所以，使徒行傳描述保羅在以弗所的傳道職事所引起的紛亂，並非難以理解。事實上，以弗所人對保羅的觀感，攙雜了身分失落的恐慌和經濟的損失。以弗所既是亞底米的子民：「……以弗所人的城，是看守大亞底米的廟……」（徒十九 35）；從某個角度看，以弗所人這個獨特身分是由亞底米信仰所維繫的。如果亞底米的祭祀受質疑，以弗所人的身分也就會遭否定。這兩者微妙的關

---

13 屈梭多模，《講道集》31.54。

14 參 Oster, *Ephesus as a Religious Center*, pp.1717~1719。

15 希：*tamieion te koinon tês Asias ... tês chreias kataphygês*；見雅里斯底德，《講道集》23.24，引自 Oster, *Ephesus as a Religious Center*, 1719, n.459。

16 小皮里紐，《書信集》10.96~97。

連，在經文裏隱約可見，也是歷史古籍和出土文物可見證的。

當然，保羅的職事對當地的經濟，同樣造成威脅，叫人不安。如果亞底米的祭祀受阻，不僅僅是身分的問題，依賴亞底米神廟生存的經濟活動也就首當其衝被牽連：「有一個銀匠……是製造亞底米神龕的，他使這樣手藝人生意發達……這樣，不獨我們這事業，被人藐視，就是大女神亞底米的廟，也要被人輕忽，連亞西亞全地、和普天下所敬拜的大女神之威榮，也要銷滅了。眾人聽見，就怒氣填胸，喊著說，大哉以弗所人的亞底米阿……」（徒十九 24~28）

基督教的信息不僅對廟宇有關的經濟活動帶來衝擊，也許對當時社會大多數人來說，也是衝擊。因為亞底米祭祀，影響當時社會大部分階層，保羅以及其他使徒所傳遞的信息，委實是邊緣的聲音。我們甚至可以推測保羅在以弗所所受的壓力，遠比使徒行傳這段經文所顯示的大得多[17]。

使徒行傳固然有這樣的背景，就是新約另一卷書啟示錄，也有相若的背景[18]。啟示錄的作者在書信所表達的信息，固然是針對日漸囂於塵上的帝王崇拜。公元 1 世紀末在以弗所為多米田所獻的殿宇，應該可以視作一個重要的指標。然而，儘管帝王崇拜的衝擊和影響是如此實在，但其實帝王崇拜背後其所牽涉的利益、社會秩序和身分問題才是癥結所在，而不是抽象的信仰教條[19]。

---

17 見哥林多前書十五章 32 節；哥林多後書一章 8 節。有學者以此推斷保羅在以弗所身陷囹圄。

18 見包衡：《啟示錄神學》，鄧紹光譯，頁 40。

19 啟示錄的寫作目的與帝王崇拜的關係，近年一直為學者所探究。愈來愈多研究同意啟示錄所面對的，不僅是抽象的信念和個人的崇

4.2. 無處不在的宗教

在希羅的世界，宗教並不單限於公開的廟宇或殿堂。事實上，公開廟宇所祭祀的神，對不少人來說，會是頗遙遠和不切實際，遠不及在家裏拜神來得真實和親切[20]。所以，大多數人在日常的宗教表達，會以家庭的祭祀為主，多於公開的祭祀。

對許多希羅世界的人而言，神靈（拉：*numina*）操控著每一可見的事物。從城市到田野，沒有一物不受神靈所掌控。這樣的信念對家庭就更實在，因為每家所供奉的神靈，保護家裏的成員和一切事物。即便如此，家裏神靈的種類和數目還是不少。

從早期羅馬修辭學者西塞羅的演說[21]，至考古發掘的出土文物[22]，都顯示在家供奉神靈是頗為普遍的現象。在一些出土的神龕（拉：*lararia*）裏，受供奉的神祇有希臘神話裏的首神宙斯，守護聯繫外界和家庭通道的門神亞奴斯，掌管溫暖、照明，甚至毀壞的能源的爐床女神克詩雅[23]，掌管儲

拜，而是一套左右經濟、道德、倫常、社會約制關係和信仰的意識形態。

20 一般學者愛引用 2 世紀羅馬作家有關家庭祭祀的描述。見賀瑞斯，《頌歌》3.8，4.2。

21 Cicero: *The Speeches with an English Translation*, trans. N. H. Watts, p.132ff。參 Klauck, *The Religious Context of Early Christianity: A Guide of Graeco-Roman Religions*, trans. Brian McNeil, p.58ff。

22 有關這方面的考證，以羅馬的龐培城遺址為最主要的來源。參 Orr, "Roman Domestic Religion: The Evidence of the Household Shrines," *Aufstieg und Niedergang der Roemischen Welt* II.16.2, pp.1557~1591。

23 相當於拉丁文的女神魏斯她。

物房以確保家庭賴以生存的穀物無恙的神祇班拿狄斯，守護房屋的神祇（或主宰家裏死去的人之幽靈）拿爾等[24]。

除了求福保安，羅馬家庭裏的宗教和祭祀也有重要的社會功能。一般而言，希羅世界裏家庭的組成，頗視乎家庭的社會和經濟背景。富有或權貴家庭，成員的數目可以上百，其中包括直系或非直系的親屬、從員和奴僕等。至於貧窮低下的，可能只有幾名成員。在新約保羅的書信裏常有提及「某某家裏人」（如：羅十五 11），就是這樣的背景。而保羅在著作中提及的「家庭規範」（就是主人與奴僕、長輩和晚輩如何相處等），其社會意義和影響是遠超我們今日的核心家庭所能想像的。

在希羅世界的家庭裏，宗教祭祀既是求福問安的活動，也是維繫和確認家庭身分的渠道。祭祀的儀式通常由「家長」（拉：*paterfamilias*）主持。而家庭祭祀的神祇是從上一代繼承，並要繼續傳遞下去。祭祀的儀式動員整個家庭的成員，包括同住的親屬和奴僕等。祭祀的處境除了節期以外[25]，還包括嬰孩出生、成人禮、婚嫁、死亡及安葬等。換言之，通過家庭的宗教祭祀儀節，成員的健康和工作就得著護蔭，而價值觀、身分和相互關係就得以確立和肯定[26]。

24　這些神祇的功能往往因人和地而異，並沒有統一或固定的意思。在許多出土的羅馬住屋神龕裏，*lar*（蛇）是最多見的神祇。參 Beard, North, and Price, *Religions of Rome, volume 2: A Source Book*, p.102。

25　參 Beard *et al.*, *Religions of Rome*, 2:60~77, 116~147。

26　有關一塊出自非拉鐵非、記錄第 1 世紀家庭祭祀的碑文，見 Klauck, *The Religious Context of Early Christianity*, p.64~68。

4.3. 神祕宗教的吸引

> 這等人拘泥在所見過的，隨著自己的慾心，無故的自高自大……（西二 18 下）

顧名思義，希羅世界裏的神祕宗教是「神祕」的。神祕宗教有別於公開或家裏的祭祀儀式，當中的祭祀過程和經驗，鮮有向人披露。所以，從這個角度看，神祕宗教可說是「個人宗教」。如果公開祭祀（如以弗所的亞底米）和家庭祭祀其中一個功能是確認信徒／祭祀者的群體身分，神祕宗教的隱祕，就顯示其個人性。或者，神祕宗教在第 1 世紀希羅世界盛行，正說明了當時公開和家庭祭祀未必完全能夠滿足人的需要。

神祕宗教與人的關係，關鍵在於獲啟見得入教（initiation）的經驗。正因為神祕宗教並不對外開放，多以隱祕的形式在夜間進行。只有被啟見入教的才可以參與，而這些入教的信眾不能向別人透露這些經驗[27]。根據文獻顯示，憑神祕宗教的經驗，信眾可以得嚐死後的福樂，或與所祭祀的神祇溝通，又或讓心靈得洗滌解脫。

一般而言，神祕宗教有三個基本特色。第一，入教的人必須要通過一定的潔淨禮節；第二，所有關於神祕宗教的記載，都有描述入教者與所祭祀之神契合的經驗；第三，神祕宗教對入教信眾應許死後的福樂和潔淨的境界。

---

27 話雖如此，但有關神祇的神話、甚至神祕宗教的經驗也見於許多碑文和古代著作。Klauck 因此認為神祕宗教禁止教內人向外人講述，一是為更吸引其他人，二是身分的象徵。見 Klauck, *The Religious Context of Early Christianity*, p.88。

當然，神祕宗教也是祭祀神明。而神祕宗教的祭祀對象，就是神話裏的神祇。事實上，祭祀的基礎在於縷述或重演這些神祇在神話裏的經歷，再由參與祭祀的人投入和認同，從而體會或經歷這些神祇的應許。正因為希臘和近東的神話甚多，神祕宗教的種類也不少。其中最著名的是得墨忒耳女神和瑞利（即珀耳塞福涅）在依流西斯的祭祀（荷馬《伊利亞特》2.1~3）。祭祀的淵源是得墨忒耳女神尋找女兒瑞利的神話。

得墨忒耳女神的神祕祭祀似乎發源於雅典以西的依流西斯。雖然其他地區（如雅典）也有得墨忒耳女神的神祕祭祀，但仍以依流西斯的祭祀為主。根據荷馬的史詩，得墨忒耳因為地底之神希得斯擄去她的女兒瑞利，四出尋找，到了依流西斯，得墨忒耳以老婦之身育養王子。經過一番的轉折，得墨忒耳終得償所願，每年有三分之二的時間可與女兒重聚。

因為得墨忒耳女神是保護玉蜀黍耕作生長的神，神話記載，瑞利在春天與母親會面，冬天返回地底；或許就是暗示玉蜀黍耕作和歇息的循環。這種大自然運作歇息的規律，亦成為古代人對生命的體悟。所以，這個神話也指涉人生命的更新和轉化。因此，神話的祭祀固然牽涉耕種收成，但可能也適切於人對生命的經驗和體會，甚至對死後生命的期盼。這種經驗確實可見於許多自第 1、2 世紀遺留下來的資料：

> 當一個人死時，他好像一個人入教【initiated】般。我們的生命不過是連串的流浪、受苦，是一條沒有出口的崎嶇道路。死的剎那間，恐懼、驚怕、戰慄、汗水、休克侵襲和佔有我們。但一旦我們離開死亡

> 後，純潔恬靜的青草地等候我們，還有聲音和舞蹈，並莊嚴的神聖話語和光輝。得以完全的人現在漫步其中，無所恐懼。歡愉地與一眾的神聖純正的人，俯視下面未得啟迪【uninitiated】的眾生在泥濘中互相踐踏擁擠，皆因他們被世界的腐朽所纏累，他們害怕死亡，也不相信死後的美善[28]。

羅馬作家和修辭大師西塞羅對神祕祭祀也是讚譽有嘉。他和兄弟討論應否立例管制宗教，西塞羅表達了他的看法：

> 雅典對人類貢獻良多，委實是從天而來的賞賜，但全都不及那些神祕祭祀。它們將我們自殘暴朽壞的生命中引進文明。在他們稱為「啟迪」的儀式中，我們看見了生活的首要原則。無論是生是死，我們已經有一個更好的盼望。[29]

上述和其他類似有關得墨忒耳女神神祕祭祀的體驗，應該與祭祀的儀式有密切關係；而祭祀的儀式似乎是仿效得墨忒耳女神尋瑞利的神話傳說而發展建立的。根據這神話，得墨忒耳女神尋找的過程歷盡艱苦，而其中的轉折和經歷，似乎就成為後來祭祀的部分內容：玉蜀黍、蒙頭、禁食、飲用一種叫 *kykeôn* 的飲料。有關祭祀的日期和儀式，學者對這個

---

28 蒲魯他克，《論靈魂》，fragment in Stobaeus 4.52.49，引自 Ferguson, *Greek and Roman Religion: A Source Book*, p.160。中譯出自筆者。

29 西塞羅，《論律法》2.14.36，引自 Ferguson, *Greek and Roman Religion*, p.161。中譯出自筆者。

神祕宗教意見紛紜[30]。但上述啟見入教的經驗，似乎來自夜間舉行的「神祕經驗」。

神祕經驗似有三個層次：啟迪（initiation；希：*myêsis*），進入完全（perfect；希：*teletê*），然後啟見異象（vision；希：*epopteia*）。信徒（男、女、甚至奴隸都可以參與）經過特別的禮儀（分別以風和火潔淨），得潔淨後，再獻上祭牲，然後才得以進入完全和異象的境界[31]。

從上述的資料所示，參與祭祀的信眾可能以某些儀式經驗恐懼、戰慄、沮喪和飄蕩，就好像得墨忒耳女神尋找的經歷，也類似人生的掙扎，至終才得啟迪瞥見光明。從流傳下來的資料所示，這個視覺啟見的經驗，似乎能為信眾帶來盼望和力量：

> 世上看見這些事的人是有福的。但那些沒有進入聖所的人就沒有這份福氣。當他們死時躺在黑暗裏，無法享受這一切。（荷馬《讚美得墨忒耳》，480）[32]

神祕宗教對人的倫理生活有甚麼實際的影響和貢獻，古今學者眾說紛紜[33]。但從流傳下來的資料所示，神祕宗教委

---

30 Klauck, *The Religious Context of Early Christianity*, p.94~98.

31 這些有關儀節的時間、地點和細節都不是今人所能定和了解的。但可參 George E. Mylonas, *Eleusis and the Eleusinian Mysteries*。除了這裏引用的資料外，第 2 世紀阿普留的小說《金驢傳奇》（或稱《變形記》）trans. J. Lindsay，有描述愛色斯神祕祭祀的經驗，頁 238~239。

32 引自 John Ferguson, *The Religions of the Roman Empire*, p.101。

33 見 Klauck, *The Religious Context of Early Christianity*, pp.107~108。亦參 MacMullen, *Paganism in the Roman Empire*, pp.49~62。

實帶來公開崇拜所欠奉的盼望和經驗[34]。

希羅世界的神祕宗教對早期基督徒的影響，可見於歌羅西書二章 18 節或其他新約作品[35]。參考古、碑文和深入研究歌羅西一帶的宗教祭祀，學者提出書信中的用語 *embateuôn*（《和合本》譯作「拘泥」）是神祕宗教祭祀的專門用語，而 *ho heoraken*（《和合本》譯作「所見過的」）就是神祕祭祀當中的啟見異象[36]。這個研究指出，歌羅西的教會深受弗呂家一帶的神明祭祀所影響，是引致出現於歌羅西書的信仰問題的部分原因[37]。當然，歌羅西書所顯示的信仰問題，遠不是一種祭祀形式所能解釋的。歌羅西教會所面對的衝擊，也攙雜其他宗教和思想的元素[38]。

表面看來，神祕宗教的用語、儀節，甚至經驗，與新約著作所呈現的頗相似。是故，在 19 世紀末 20 世紀初，歐陸

---

34 新約時代希羅世界的神祕宗教極多，除了依流西斯地的得墨忒耳祭祀，還有其他如酒神狄奧尼西、大母神西貝利和亞迪斯、源於埃及的愛色斯和盛行於軍旅中的波斯神祇米特斯等。此外，更有傳統神祇（如亞波羅）衍生的神祕宗教。礙於篇幅和目的，我們只以上述討論為例。讀者可參 Klauck, *The Religious Context of Early Christianity*, pp.81~152，尤其內附的註釋和書目。

35 學者 Engels 指出保羅在哥林多前書十五章 36 至 42 節和 51 至 53 節用了非常接近神祕宗教的詞彙。見 Engels, *Roman Corinth: An Alternative Model for the Classical City*, p.114。

36 Arnold, *The Colossian Syncretism: The Interface Between Christianity and Folk Belief at Colossae*, Wissenschaftliche Untersuchungen zum Neuen Testament, 2. Reihe 77, pp.108~126.

37 見 Arnold, *The Colossian Syncretism*, pp.155~157。自 19 世紀起，「宗教歷史學派」就堅持基督教的信念（復活）和禮儀（主餐、水禮）是採自希羅世界裏神祕祭祀的元素。今日已鮮有人接受這個觀點。

38 見下文有關諾斯底派的討論。

有部分學者就嘗試以神祕宗教的現象來研究和解釋基督教信仰的教義和儀節。這些學者有兩個前設。第一，如果要了解一個宗教，必須先對其周遭的宗教環境和文化有所了解。換言之，宗教與宗教之間必定有某種因果關係。如果某個宗教先於另一個宗教，則後者必定跟前者有一定的淵源。第二，早期基督教與猶太教沒有任何關連。

從這兩個前設發展開來的因果宗教歷史觀，就是所謂「宗教歷史學派」，其中的代表有蒲錫、布特曼、雷振斯坦等。這種簡化了的歷史觀，判斷基督教的信仰和儀節，是從其他宗教（特別是神祕宗教）借來，完全漠視早期信仰群體的猶太根源。

今日學者已經普遍認為，這個學派的前設和方法都有問題。無疑，要了解任何宗教，不能漠視其周遭的環境。但過分簡化的關係理論卻只會扭曲真相。就以新約著作當中早期教會的儀節和信仰作例子，我們實在不應摒棄猶太儀節和施洗約翰的水禮，而求諸神祕宗教的「水禮」[39]；另外，我們也不能將主餐禮背後的逾越節背景置諸不理，而求諸神祕宗教的禮儀[40]。

4.4. 死亡、復活與死後的生命

……眾人聽見從死裏復活的話，就有譏誚他的，又

39 例如在米特拉教（古波斯拜日神之宗教），盛行於羅馬軍中的禮儀，以血浸浴入教者。

40 如酒神狄奧尼西的神祕祭祀。

有人說，我們再聽你講這個罷。（徒十七32）
……死啊，你的毒鉤在那裏（林前十五55下）
……若死人不復活，我們就喫喫喝喝罷，因為明天要死了。（林前十五32）

希羅世界對死亡的了解相當歧異。荷馬的著作固然有描述死亡、甚至死後的形態[41]，哲學家柏拉圖的思想亦指涉靈魂不滅的信念[42]。就是羅馬的西塞羅，亦有顯示這個信念[43]。至於斯多亞派的思想，則相信人死後會以另一種形態出現[44]：斯多亞派相信人和大自然同屬於神，人死後自然回歸到這個至高的力量裏去[45]。這種死後生命仍以某種形式存在的信念，也見於希羅世界的人對死人的安葬和祭祀的禮儀[46]。

然而，伊壁鳩魯派的思想卻以為，宇宙一切事物，包括生命，不過是原子的組成。原子隨生命的結束而殞滅，靈魂自然不會存在，死亡也就是一切生命的終結[47]。所以，墓碑

---

41 如描述奧迪西斯與其死去的母親相遇。見荷馬《奧德修斯》，11.204ff。

42 柏拉圖，《斐德羅篇》79~80。

43 西塞羅，《論共和國》6, 24, 26, 29。引自 John Ferguson, *Greek and Roman Religion: A Source Book*, pp.143~144。

44 見下文「哲士的關注與課題」。

45 見 Cumont, *After Life in Roman Paganism*。

46 Toynbee, *Death and Burial in the Roman World*；Klauck, *The Religious Context of Early Christianity*, pp.68~80.

47 見 Epicurus in Diogenes, *Laertius*, 10.124~125; *Lucretius*, 3.830~869。

上會這樣寫：「我曾經不是、我曾經、我已不再、我不管。」[48]

縱使神祕宗教有提及死後的生命，但整體而言，希羅世界對死亡之後的狀況並沒有太多清晰的描述[49]。從現存的文本和資料看來，希羅世界對死亡的看法，如果不是像伊壁鳩魯派般處之泰然（徒十七 32），就是像保羅所講的「喫喝快樂」（林前十五 32），甚至是無奈而恐懼的面對。

4.5. 許多的神、許多的主……

> 論到喫祭偶像之物，我們知道偶像在世上算不得甚麼，也知道神只有一位，再沒有別的神。雖然有稱為神的、或在天、或在地，就如那許多的神、許多的主。然而我們只有一位神，就是父，萬物都本於他，我們也歸於他。並有一位主，就是耶穌基督，萬物都是藉著他有的，我們也是藉著他有的……（林前八 4~6）
>
> 保羅站在亞略巴古當中，說：「眾位雅典人哪，我看你們凡事很敬畏鬼神。我遊行的時候，觀看你們所敬拜的，遇見一座壇，上面寫著未識之神……（徒十七 22~23）

希臘的神話本來就有許多神祇。隨著亞歷山大的軍事運

48 "I was not. I was. I am not. I care not", Ferguson, *Greek and Roman Religion*, p.151.

49 這是 MacMullen 的結論，見 MacMullen, *Paganism in the Roman Empire*, pp.51~57。

動及後來羅馬帝國的擴張，近東及波斯的宗教元素也融入了希羅世界的宗教熔爐裏。從所有出土的遺址裏，包括每一個地方的廟宇、錢幣、碑文、雕塑、器物和流傳的古籍，都見證著希羅世界裏多元的宗教現象。作為一個港口城市，哥林多自然不例外。

無論是古希臘時期，還是羅馬時期，哥林多都是重要的城市。希臘和羅馬傳統所膜拜的神祇，也自然是哥林多城的宗教信仰不可缺少的元素。哥林多城昔日留下來的祭祀神祇廟宇，到今日還在，例如哥林多城的衛城上的女神阿佛洛狄忒廟。此外，城內或附近仍存留得墨忒耳和瑞利的廟，海神波撒東的廟，亞拉比奧斯的廟，亞波羅的廟，命運之神德姬的廟，雅典娜的廟，亞波羅廟等等希臘或羅馬神祇的遺跡[50]。

正如今日的世界，在新約的希羅世界，宗教並不是抽離的教義條文，而是與人息息相關的。在哥林多眾多的廟宇裏，皆突出了宗教與這個城市的關係。

哥林多是海港城市，是古時候商業和航運、以至旅遊的重點，故海神波撒東受當地人敬奉，似乎是理所當然的。從出土的錢幣顯示，波撒東和愛神阿佛洛狄忒（即羅馬人的維納斯）是佔最大數量比例的神祇[51]。哥林多城至少有三座祭祀阿佛洛狄忒的廟宇，可想像「香火之鼎盛」，其中尤以哥

50 哥林多的異教種類，詳見 Lisle, *Cults of Corinth*, pp.99~125，載於 Cheung, *Idol Food in Corinth: Jewish Background and Pauline Legacy*, p.27, n.1。

51 Edward, *Coins: 1896~1929* ; "Report on the Coins Found in the Excavations at Corinth during the years 1940~1935," *Hesperia* 6, pp.241~256；引自 Engels, *Roman Corinth: An Alternative Model for the Classical City*, 97 n.17。

林多山頂的廟宇最廣為人知。據說在希臘時期，廟裏有上千的廟娼，是當時世界有名的，這就拖垮哥林多城的道德水平。然而，學者對於哥林多城在新約時候是否仍有廟娼一事，表示存疑。根據羅馬人斯特拉波所說，阿佛洛狄忒廟娼在羅馬時期已經不再存在[52]。所以，保羅在哥林多書信裏所顯露的道德問題（林前五），並非哥林多所獨有，也是當時希羅世界許多城市的現象[53]。而阿佛洛狄忒之所以在哥林多享負盛名，或許是關乎歷史的傳統[54]，也可能是因她的神話與海有關[55]，故此與波撒東一樣，與依賴商業航運的哥林多人息息相關。

另一方面，廟宇和錢幣等文物都顯示哥林多城膜拜阿佛洛狄忒的昌盛。所以，即使在保羅時期，阿佛洛狄忒廟裏的廟娼已不存在，阿佛洛狄忒對哥林多人的影響，應該可以肯定。然而，阿佛洛狄忒女神對哥林多人帶來怎樣的影響？從有關阿佛洛狄忒的神話來推斷，她極可能塑造了哥林多人的性觀念和道德操守。

在古希臘的神話史詩裏，阿佛洛狄忒常與美、性、計謀等扯上關係。事實上，在希羅的傳統裏，阿佛洛狄忒女神是生命、情欲（希：*epithumia*）和性愛（希：*eros*）的象徵。因著阿佛洛狄忒的影響，道德生活懈怠，這可見於最初幾個

---

52 斯特拉波，《地理》8.6.20；引自 Engels, *Roman Corinth*, 99 n.17。

53 Barrett, *A Commentary on the First Epistle to the Corinthians*, pp.2~3.

54 自古哥林多已有「阿佛洛狄忒之城」的稱號。

55 阿普留，《金驢傳奇》。

世紀某些基督徒的批評和指斥，包括優西比烏[56]、勒坦狄斯[57]、亞歷山大的革利免[58]、腓奧揮勒斯[59]、耶柔米等[60]。

若阿佛洛狄忒的祭祀在羅馬帝國普遍帶動了這樣放縱的道德水平，我們可以想像，這對哥林多會帶來怎樣的影響。從這個角度看來，保羅在哥林多書信較其他書信更多處理兩性關係的教導，並非偶然。哥林多城背後的阿佛洛狄忒，為哥林多人放任的倫理道德生活，提供了言之成理的藉口。

對於許多生活在希羅世界的外邦人而言，這樣的道德倫理觀念並沒有太大的問題。如果他們不採納部分希羅哲士所提倡的克己正行的生活哲學，或不認識猶太信仰的倫理要求，放任的生活可能也成為他們生活的一部分。即使皈依基督信仰，人也會以為他們因信而得的自由，正是可以為所欲為的自由。希羅世界裏初生的新約教會，正面對這樣的難處。究竟從異教皈依基督信仰的外邦人，應該怎樣整合自己的生活和價值觀？甚麼事應作、甚麼事不應作？其背後的理據又是甚麼？這正是保羅和其他新約作者寫作的原因之一：

> 我說，你們常順著聖靈而行，就不放縱肉體的情慾了。因為情慾和聖靈相爭，聖靈和情慾相爭，這兩個是彼此相敵，使你們不能作所願意作的……情慾的事，都是顯而易見的……行這樣事的人，必不能

---

56 《康士坦丁生平》3.55。

57 《神聖教義》1.17。

58 《勸告希臘人》2.12。

59 《致奧圖尼克姆》3.3。

60 《書信集》14.11。

> 承受神的國。(加五 16~19)
>
> 你們豈不知，不義的人不能承受神的國麼？不要自欺。無論是淫亂的……，都不能承受神的國。(林前六 9~10)
>
> 豈不知與娼妓聯合的，便是與他成為一體麼……你們要逃避淫行。人所犯的，無論是甚麼罪，都在身子以外，惟有行淫的，是得罪自己的身子。豈不知你們的身子就是聖靈的殿麼？這聖靈是從神而來，住在你們裏頭的。並且你們不是自己的人。因為你們是重價買來的，所以要在你們的身子上榮耀神。(林前六 16~20)

除了以上兩個神祇，哥林多城還有命運之神德姫、醫治的神祇亞拉比奧斯、保護個別行業的神祇、屬於社會上層人士的羅馬帝國神祇[61]、近東的宗教和神祕祭祀[62]，甚至猶太人的信仰[63]。

哥林多的地理因素，以及宗教和社會多元化現象，直接或間接塑造了哥林多教會的特色，也勾畫了保羅在哥林多傳道的輪廓。

---

61 顯示這些祭祀的碑文以拉丁文刻寫，屬社會上層人士的用語，見 Engels, *Roman Corinth*, pp.101~102。

62 最著名的是阿普留的小說《金驢傳奇》裏有關愛色斯的神祕祭祀，見前註。

63 亞歷山大的斐羅在其著作裏亦提及哥林多城的猶太人，見斐羅，《外交使團上奏該猶記》281。

從使徒行傳和其他早期的書信可見[64]，無疑，哥林多的教會是增長頗快和重要的教會。我們不知道哥林多城的地理、社會和宗教因素怎樣促成哥林多教會的增長[65]，但哥林多教會因當地宗教和社會背景所要面對的衝擊，卻躍然於哥林多書信的字裏行間。教會裏頭的分門別類和黨派問題[66]，對多元信仰和處身異教文化的哥林多而言，可能不算得怎麼一回事。同樣，異教所容許的一些行為，也許在哥林多人看來，並不如保羅所看的嚴重[67]。在異教的祭祀，女人的角色並不比男人遜色。我們有理由相信，保羅所針對和拒絕的，是異教祭祀誇張了女性的角色[68]。也許保羅在書信裏一再提及的知識和智慧，或正反映某種強調知識和智慧的宗教[69]。宗教多元化和普及化，深入日常生活每一個層面，就連進食也可能牽涉祭祀異教神祇的儀式。無怪保羅要苦口婆心地勸戒哥林多人了[70]。若是如此，我們也更加明白，保羅向會眾所強調的認信一位主、一位神，對哥林多人而言，是何等大的要求了。

使徒行傳十七章 16 至 31 節的記載，是另一個見證新約

---

64 見羅馬革利免致哥林多人的書信。

65 Engels 就強調保羅在哥林多的宣教工作之所以成功，是因為上述的原因。見 Engels, *Roman Corinth*, pp.107~120。

66 哥林多前書一章。

67 哥林多前書五章。

68 哥林多前書十一章 1 至 16 節。

69 哥林多前書八章。

70 哥林多前書八至十章。

希羅世界裏信奉多神現象的經文。「保羅在雅典等候他們的時候，看見滿城都是偶像⋯⋯」（徒十七 16）。從古希臘時期起，雅典就是學術和宗教的中心[71]。希羅時期所膜拜的神祇，固然有許多是衍生自古希臘的神話傳統。雅典的廟宇林立，也十分重要，是自然不過的事。然而，這個多元祭神文化最突出的地方，莫過於有一個「獻給未識之神」的壇。究竟這個壇是獻給一個希臘人所不認識的神（單數），還是獻給許多不知名的神祇（眾數）[72]？這是學者從鑑證考古和文獻而未能疏解的疑竇[73]。若正如教父耶柔米所說，這座壇是獻給許多的神[74]，那麼更說明了當時的人的神觀。那「許多的神」所意味的就是愈多愈好。無論是他們知道的、不知道的、還是忘了的，這個「未識之神們」都可以歸入其內，免得他們在祭祀的時候，惹怒那沒有被提及的神。

4.6. 鬼魔精靈

鬼魔（希：*daimonia*）一詞背後的意義和來源，一直以來都是研究新約背景的學者所糾纏的。從希臘神話的作者荷馬、寓言的作者赫西奧德、哲學家如蘇格拉底、柏拉圖等，

---

71 見西塞羅，《為弗拉克斯辯護》62。

72 希臘原文是單數。

73 參 Horst, "The Altar of the 'Unknown God' in Athens (Acts 17.23) and the Cult of 'Unknown Gods' in the Hellenistic and Roman World," pp.1427~1456。

74 耶柔米，《提多書註釋》1.12。

對這個詞彙都有不同的理解[75]。對鬼魔有比較清晰和接近定義的，是第 1 世紀中至第 2 世紀蒲魯他克等作者[76]。從這些作者流傳下來的作品所見，鬼魔是神與人之間的中介物。它們無處不在，時刻影響人的生活，可以為人類帶來福祉，也可以帶來禍害[77]。其中自然包括附上人身的鬼魔：

> 正當他們要逮捕尼西亞的時候，就在一大群人聚集的當中，尼西亞正要向群眾說甚麼的。突然間他整個人倒在地上。過了一會兒，大家都自然驚訝和靜止的時候。他抬起頭來，轉過去，用低沉和震顫的聲音說起話來，然後由逐漸提高和轉尖他的聲音。當他看見大家都驚恐得愣住之際，他竟脫下斗篷、撕破他的內衣，半裸地跳起來，跑到劇院的出口，大聲喊著說他被母神所追趕。沒有人夠膽拿住他甚至接近他。因為迷信的緣故都躲開了。他跑到大城門口，瘋了一樣的叫和跳[78]。

有關被鬼附和趕鬼的記載，也見於亞波隆尼厄斯（約公元 50~98 年）的生平。他也是公元 1 世紀末的人，有關其生

---

75 Brenk, S. J., "In the Light of the Moon: Demonology in the Early Imperial Period," pp.2068~2143.

76 希羅的傳統，參 Cotter, *Miracles in Greco-Roman Antiquity: A Sourcebook for the Study of New Testament Miracle Story*, pp.75~89。

77 參 Brenk, "In the Light of the Moon"。亦參 MacMullen, *Paganism in the Roman Empire*, pp.73~95。

78 蒲魯他克，《生平》之〈馬爾克路〉20.5f。

平，見3世紀腓羅斯他杜所著的《亞波隆尼厄斯的生平》。[79]

> 當亞波羅紐正和印度的智者在討論的時候，有人將一個窮婦人帶到智者亞波隆尼厄斯面前，請求他醫治她的孩子。她說孩子今年十六歲，但已有兩年被鬼魔所附。鬼魔的特徵是說謊言和穢語。其中一位智者就問她為甚麼這樣說，她答道：「我的孩子極其俊美，所以鬼魔喜歡他，不讓他有自己的思想和生活。鬼魔不讓他上學、箭藝，甚至不讓他留在家裏，只把他趕到曠野。我孩子沒有自己的聲線，只有像成年人一樣低沉的聲音。他看著你的時候也不是用自己的眼睛。我自己以淚洗面，儘可能責罵他，但他根本不認識我。我決定要處理這事，事實上，去年我已經計劃好了。只是鬼魔知道這個情況，利用我孩子對我說，他是在戰爭中死去的。在死時他非常戀慕他的妻子。但他死後三天，他妻子就改嫁了。結果他變得討厭女人的感情，將自己完全投入我的孩子裏去。但他答應我，只要我不找你們幫忙對付他，他就會給我的孩子許多福氣。我被這些應許所影響。但他一直拖延我，並且控制我的家庭，並不誠實。」智者這時候問這女人，孩子是否在跟前，她說沒有，因為鬼魔恐嚇她要置孩子於死地……智者向她說：「不要怕，當他看到這東西時他再不敢殺害他了。」說著他從懷裏取出一封信

79　亞波隆尼厄斯是公元1世紀末畢達哥拉斯學派（Pythagorean）哲學家，但這本有關他的事蹟的《亞波隆尼厄斯的生平》，是由一位第3世紀的學者斐羅斯他杜（約公元170~245年）所寫的。

> 交給那女人。這封信是他給鬼魔的，裏面是警告那鬼魔的內容[80]。

在希羅世界裏猶太信仰傳統，亦有一些值得我們注意的記載。在亞歷山大的猶太學者斐羅的二元系統裏[81]，美與善從起初就存在的了：

> 邪惡永遠也不會消失；總有與善對峙的東西存在。他們不能與神<和使者>一起在天上，只能在朽壞的自然界和地上徘徊。我們所應作的就是要儘快地離開這地上到天上去像神一樣。要像神就是要聖潔、公義和智慧[82]。

斐羅的觀念來自柏拉圖的思想[83]，在神和被造的實體世界之間，有許多存在物，就是各種的使者（希：*angeloi*）——魂（希：*psychai*）和「鬼魔」（希：*daimonas*）。斐羅所指的「鬼魔」，有異於部分猶太天啟作品或新約作品，它們並非邪惡，可以是為神工作的使者，也可以是貪戀物欲的靈體[84]。

---

80 Philistratus, *The Life of Apollonius of Tyana* vol.1, trans. F. C. Conybeare, 3.38.

81 斐羅的系統非常複雜和並非完全一致，學者對斐羅思想路線素有討論。在這裏我們只是指出一些特點適切我們討論而已。參 Brenk, "In the Light of the Moon," pp.2098~2107。亦參 Winston and Dillon, *Two Treatises of Philo of Alexandria*；及 Tobin, *The Creation of man: Philo and the History of Interpretation* 。

82 斐羅，《論逃走與尋獲》63。

83 柏拉圖，《蒂曼歐篇》。

84 斐羅，《論偉人》16~18。

既然美與惡早就存在，在斐羅的著作裏，並沒有提及後來猶太作品有關墮落天使的信念[85]。由此看來，可能是受希臘哲學所影響，斐羅著作裏的「鬼魔」，似乎不一定帶來邪惡或敵對神，它們不過是神的使者而已[86]。

然而，同樣在希羅世界裏，猶太人的作品對於鬼魔呈現另一個觀念。在猶太天啟文學裏，鬼魔是墮落的天使，源於創世記六章的一段記載。

> 當人在世上多起來，又生女兒的時候，上帝的兒子們看見人的女子美貌，就隨意挑選，娶來為妻……那時候有偉人在地上，後來上帝的兒子和人的女子們交合生子，那就是上古英武有名的人。（創六 1~4）

創世記並沒有明顯講述這些上帝的「兒子們」的來龍去脈，斐羅亦只將他們視為「使者」，即哲學家所講的「鬼魔」。但在《以諾一書》，卻清清楚楚指出與上帝為敵的勢力，就是我們今日所講的鬼魔：

> 在那些日子，當人在世上多起來……天使，天上的兒子，看見他們就貪戀她們……他們的領袖森壓說：「我恐怕你們不應該這樣作，而我就要為此罪負責了。」他們對他說：「讓我們彼此發一個咒，我們要去作此事。」於是他們一起賭咒。（《以諾一書》6.1~5）
>
> 他們各自娶妻，教他們魔法藥術、符咒、種植。婦

---

85 這是學者們糾纏的其中一點。見 Brenk 及 Dillon。

86 Brenk 認為這說明斐羅對當時迷信和懼怕鬼魔的情況並不以為然，同時也凸顯了他的神觀——神是超然、美善和人格化。

> 人懷孕生下巨人……後來巨人與當時的人作對要吃他們。巨人更得罪雀鳥、走獸、爬蟲、魚，他們彼此吞食甚至飲血……（《以諾一書》7.1~6）
>
> 亞撒師教他們造劍、刀、盾牌、胸鏡……亞馬師教他們符咒、亞馬落師教他們解咒、巴利基爾教他們天象、高加爾教他們徵兆、譚米教他們星相、亞述特教他們有關月亮的東西和騙人的技倆。人就哭叫，他們的聲音達到天上。(《以諾一書》8. 1~4)

《以諾一書》10 章 1 至 7 節描述上帝的震怒，並警告要以水毀滅大地。此外，上帝差天使將亞撒師的手腳綑綁，扔在黑暗裏，等到審判之日送入火中。

《以諾一書》15 章更詳盡說明鬼魔（邪惡天使）的來源。

> 你以前確實是屬靈的，永生不滅的。這是為甚麼我不讓你們娶妻的緣故。天上靈物所住的地方就是天上。現在由靈（上帝的兒子）的和肉體（地上的女子）所生的要被稱為邪惡的靈，因為他們要住在地上和地底下……他們彼此迫害，為地上帶來憂傷……。

《以諾一書》54 章 1 至 6 節更揭示，在末日這些邪靈鬼魔要被摧毀的圖畫：

> 我看見一個深谷燒著火。我看見君王和有能的人被帶到谷裏去……我又看見沉重鐵鍊。我問天使「這些鍊是為誰預備的呢？他對我說：「是為亞撒師的軍隊預備的，好將他們扔進完全刑罰的深淵中。正

> 如主所命令的，他們的頸要被嶙峋大石所封閉。米迦勒、拉裴爾、加百列和帕貝爾鎖著他們直到審判之日，將他們扔進火爐裏。主要報復他們作撒但的僕役，迫害和引誘地上的人的惡行。

從這些片斷看來，在希羅世界，鬼魔的信念雖然是普遍，但亦有分歧。在哲學的層面，對於鬼魔的來源、身分和結果，概念頗為模糊。然而，鬼魔還是影響著人的生活。因為對希羅世界的人而言，鬼魔是人和上帝之間的中介，既可以帶來禍患，亦可以帶來福祉。但從以上的猶太典外的天啟著作所示[87]，鬼魔的來源、身分和結局則是相當清楚的。其一，與希羅的思想不一樣，這些猶太著作指出鬼魔的根源是撒但。無疑，鬼魔精靈是普遍的現象，但歸根結底，那還是撒但的工作[88]。此外，鬼魔的源起與創世記六章的記載有直接的關連。根據《以諾一書》，許多的邪行和異俗，似乎都可以追溯到「上帝的兒子」與地上的女子交合這件事。最後，鬼魔的終局顯示出天啟作品的歷史觀和終末觀——上帝終末的審判和終極的勝利。

新約著作既顯示希羅世界對鬼魔迥異的看法，同時亦反映猶太人天啟的信念，更重要的是宣講的中心。

> 在會堂裏有一個人，被污鬼附著，他喊叫說，拿撒勒人耶穌，我們與你有甚麼相干，你來滅我們麼？我知道你是誰，乃是上帝的聖者。耶穌責備他說，

87　亦可參典外作品《禧年書》，如5至10章。

88　參 Ling, *The Significance of Satan*　。

> 不要作聲，從這人身上出來罷。污鬼叫那人抽了一陣瘋，大聲喊叫，就出來了。眾人都驚訝，以致彼此對問說，這是甚麼事，是個新道理啊。他用權柄吩咐污鬼，連污鬼也聽從了他。耶穌的名聲，就傳遍了加利利的四方。（可一 23~28）
>
> 後來，我們往那禱告的地方去，有一個使女迎著面來，他被巫鬼所附，用法術，叫他主人們大得財利。他跟隨保羅和我們，喊著說：「這些人是至高上帝的僕人，對你們傳說救人的道。她一連多日這樣喊叫，保羅就心中厭煩，轉身對那鬼說：「我奉耶穌基督的名，吩咐你從他身上出來。」那鬼當時就出來了。（徒十六 16~18；亦參徒十九 13~18）

這些經文，以及新約其他類似的記載，反映希羅世界裏很多鬼魔精靈的經驗，正如新約聖經以外的希羅社會著作中有關的描述一樣。然而，新約著作跟當時希羅世界著作的差別，在於新約著作凸顯耶穌獨特的權能和身分，而希羅著作縱有趕鬼驅魔的記載，卻沒有相對的人物和權能。正如近年的新約學者指出，醫治趕鬼的事，在新約的希羅時期並非沒有聽聞[89]，但新約的記載，明顯指出那是耶穌和使徒（奉耶穌之名）的職事，其意義是與眾不同的。

新約記載的鬼魔精靈，不僅反映當時希羅世界普遍的經驗和問題，同時清楚指出，歷史契機已經隨耶穌來臨。

> ……耶穌既渡到那邊去，來到加大拉人的地方，就

---

89 參 Kee, *Medicine, Miracle and Magic in New Testament Times*, pp. 95~125。

> 有兩個被鬼附的人，從墳塋裏出來迎著他，極其兇猛，甚至沒有人能從那條路上經過。他們喊著說：「上帝的兒子，我們與你有甚麼相干。時候還沒有到，你就上這裏來叫我們受苦麼？……」（太八28~34）

耶穌的職事不僅僅是趕鬼，而是宣告鬼魔困擾人的時候已經來了。如果舊約典外著作說上帝會在終末的日子審判和殲滅撒但和牠的作為，新約的著作則清楚顯示，這個時候已經隨著耶穌的來臨和工作來到了，撒但已經被擊敗了：

> 耶穌對他們說：「我曾看見撒但從天上墜落，像閃電一樣。我已經給你們權柄，可以踐踏蛇和蠍子，又勝過仇敵一切的能力，斷沒有甚麼能害你們。」（路十 18~19）

從以上的討論看，對新約聖經的作者而言，鬼魔的身分和地位是清楚不過的。誠然，鬼魔是神人中間的存在物，但牠們為人類帶來的苦痛，不只是肉體的煎熬，也包括心靈和行為的摧殘。保羅以「天空執政掌權者」來形容這種勢力。

> 那時，你們在其中行事為人隨從今世的風俗，順服空中掌權者的首領，就是現今在悖逆之子心中運行的邪靈。我們從前也都在他們中間，放縱肉體的私慾……（弗二 2~3；亦參六 12及下）

正如基督克制鬼魔干擾人的肉體，空中掌權者對人心靈和行為的摧殘，也因基督的工作而被瓦解破滅：

> 你們從前在過犯，和未受割禮的肉體中死了，上帝赦免了你們一切過犯。便叫你們與基督一同活過來，又塗抹了在律例上所寫、攻擊我們有礙於我們的字據，把它撤去，釘在十字架上。既將一切執政的掌權的擄來，明顯給眾人看，就仗著十字架誇勝。（西二 13~15）。

4.7. 帝王崇拜

帝王崇拜並不始於羅馬帝國。事實上，從歷史的文獻可知，早在希臘時期，就已經有膜拜領袖的行為[90]。隨著羅馬帝國的擴張，羅馬人汲取了希臘和近東文化，漸漸對死去的人和領袖產生膜拜的行為。然而，在羅馬帝國內，帝王崇拜極可能始於猶流．凱撒大帝。公元前 49 年，在以弗所一塊碑文上寫著：

> 小亞細亞的城市和群體尊崇猶流．凱撒……[下省稱號]，亞利斯和阿佛洛狄忒的後裔，是已彰顯可見的神，是世界和人類生命的救主[91]。

類似的碑文亦見於小亞細亞另一個城市。隨著猶流．凱撒的戰績和功勳，版圖從東面延至西面，羅馬帝國以凱撒當作神來供奉，是有跡可尋的。公元前 1 世紀，羅馬修辭學者西塞羅在一次演說中，將猶流．凱撒與羅馬首神朱庇特和羅

90 參 Klauck, *Religious Context of Early Christianity*, pp.252~281。

91 Klauck, *Religious Context of Early Christianity*, p.290.

馬的守護神同列[92]。固然，在猶流·凱撒死後（公元前 44 年），羅馬便正式將凱撒列為神祇，並獻殿作祭祀。凱撒被封神，也就成為後來羅馬君王死後封神（希：*apotheiôsis*）的濫殤。當然，這些君王必須有一定的受歡迎程度，才能被封神[93]。

凱撒的養子屋大維清除了安東尼的勢力之後，是為奧古斯都，為當時的羅馬帝國帶來了昇平的景象。雖然奧古斯都本人頗為低調，但帝國的東面地區已將神的稱謂賦予他身上。公元前 1 世紀末在以弗所的一塊碑文稱奧古斯都為「世界的救主」（希：*sôtêr*）[94]，而小亞細亞的方伯更在一封公函上，指出奧古斯都誕生之日為世界帶來「福音」（希：*euangeliôn*）。奧古斯都在位的時候，「亞奴斯之門」（拉：*Janua Foris*）關閉，取而代之的是和平的祭壇，以喻奧古斯都帶來昇平的意思。這是一般稱為「羅馬昇平」的時代[95]。因著奧古斯都對羅馬的貢獻，自然使他在死後與眾神同列。

提庇留在位作羅馬君王的時候（公元 14~37 年），也是耶穌在世的時候。雖然提比利亞曾因認為只有凱撒和奧古斯都等君王才配受膜拜，拒絕了在帝國西面為他建殿的請求，但卻仍然允許深受希臘文化影響的東面城市（士每拿）為他建殿。

加里古拉（公元 38~41 年）是第一位明目張膽當自己是

---

92 Klauck, *Religious Context of Early Christianity*, pp.291~292.

93 Appian, *Bell. Civil*. 2.148。引自 Klauck, *Religious Context of Early Christianity*, p.293。

94 引自同上，頁 296。

95 參 Wengst, *Pax Romana and the Peace of Christ* 的評估。

神祇的羅馬君王。根據第 2 世紀的綏屯紐所記，加里古拉下令將著名的神像帶到羅馬，將神像的頭砍下來，然後把他自己的頭像放上去。他更為自己建殿，指諭祭司和獻祭的事宜[96]。加里古拉將自己當作神的事也記載在猶太人亞歷山大的斐羅的著作裏[97]。

至於廣為人熟悉的尼祿，似乎並沒有證據顯示，他像加里古拉那樣推動自我（君王）崇拜。有關尼祿的傳言，似乎多關乎他年輕早死（約公元 69 年，神祕地被毒殺？）和冷清的喪禮。傳言指尼祿只是裝死，其實已逃到東方去，待重整後會回來復仇云云[98]。尼祿的生平的確與新約的人物以及部分內容有關——傳說使徒彼得和保羅都是在尼祿手下殉道的。此外，尼祿的死和假死的傳說，引起了將領爭權和戰爭的危機。這段所謂四王（奧索、威特留、迦勒巴、維斯帕先）爭霸的時期，也是馬可福音第十三章所說的「民要攻打民、國要攻打國」的背景。至於尼祿迫害基督徒的情況，也只限於羅馬一段並不太長的時間，其規模亦有限。

維斯帕先在四王爭霸中脫穎而出。學者研究指出，他將帝王崇拜推前了重要的一步。而他之所以推動帝王崇拜，純粹是基於權術的考慮。維斯帕先的政治和出身背景都不足以讓他成為羅馬的君主。所以，如果能確定他神性的身分，必定對其統治有莫大裨益。

96 綏屯紐，《提比哩亞》22.2f 引自 Klauck, *Religious Context of Early Christianity*, pp.303~304。

97 《外交使團上奏該猶記》353~357。

98 見羅馬史家塔西圖《歷代史誌》2.8.1。

多米田是第1世紀最後一位羅馬君主。固然，在基督教歷史上，他一直是殘暴的君主，但在羅馬帝國內，他也不受議會的歡迎。除加里古拉外，他是另一位大力推動帝王崇拜的君主。

君王的祭祀，視君王是人間的中保，除了具宗教意味之外，還有濃厚的社會意義。至於對君王的祭祀，那不僅是神祇的膜拜，更是身分的依附和認同。能夠豎立君王神廟的省份，代表有特別身分和寵幸，是與當時的權力中心——羅馬結盟的意思[99]。這說明了自奧古斯都開始，就有不少在帝國東面的省份屢屢提出要為君王建殿。而能在君王神廟裏當祭司的，更是不凡身分的表徵。不論在經濟和社會上，都有許多益處。

從上述有關君王祭祀的討論推測，君王祭祀在希臘化的城市似應有所發展。學者克勞克引用另一位學者普賴斯的研究[100]，將君王祭祀的痕跡（廟、錢幣、祭壇、描述祭司和祭祀的碑文等）和新約的地方對照，發現絕大部分是西方或南方沿海的城市，其中就包括了啟示錄裏面的七間教會[101]：

比西底的安提阿（徒十四19）　　別迦摩（啟二12）
亞朔（徒二十13）　　別加（徒十三13）
基阿（徒二十一15）　　非拉鐵非（啟三7）
以弗所（啟二1）　　羅底（徒二十一1）
希拉波立（西四13）　　撒摩（徒二十15）

---

99 詳見 Stambaugh, "The Functions of Roman Temples," pp.554~608。

100 Price, *Rituals and Power: the Roman Imperial Cult in Asia Minor.*

101 Klauck, *Religious Context of Early Christianity*, p.324.

哥士（徒二十一 1）	撒狄（啟三 1）
老底嘉（啟三 14）	士每拿（啟二 8）
米利都（徒二十 14）	大數（徒九 30）
米推利尼（徒二十 14）	推雅推喇（啟二 18）

也許，正如近年新約研究學者所示，帝王崇拜給早期教會的衝擊，不僅僅是抽象的認信條文，也是信仰，帶來實實在在關乎社會和經濟的價值觀。

4.8. 哲士的關注與課題

> 保羅在雅典等候他們的時候，看見滿城都是偶像，就心裏著急。於是在會堂裏，與猶太人、和虔敬的人、並每日在市上所遇見的人辯論。還有以皮古羅（伊壁鳩魯）和斯多亞兩門的學士，與他爭論。有的說，這胡言亂語的要說甚麼。有的說，他似乎是傳說外邦鬼神的。這話是因保羅傳講耶穌、與復活的道……眾人聽見從死裏復活的話，就有譏誚他的，又有人說，我們再聽你講這個罷。（徒十七 16~32）

自公元前 5 世紀起，哲學在古代希臘就佔極重要的地位。哲學所涉及的，不僅是形而上的問題，也適切於政治、倫理等實際生活範疇，當然，宗教也是哲學的課題。換言之，哲學的思辯、陳述和整理，無可避免地影響和塑造著宗教信仰的傳播和表達。

源自希臘的哲學思想，並沒有因羅馬帝國的興起而殞滅。有人曾說，羅馬人以軍事和行政征服世界，而希臘人則以思想統治羅馬人。在新約的希羅世界，希臘哲學思想仍佔一重要席位。按學派溯源次序，在希羅時期，較重要的為伊壁鳩魯派和同期的斯多亞派，並犬儒學派和諾斯底派等。

4.8.1. 伊壁鳩魯派

伊壁鳩魯派的思想是理性的，對生活的態度是實用的。雖他們仍然有神的觀念，甚至亦不完全排拒宗教的形式和表達，但他們卻質疑宗教裏所膜拜的神祇，會否真的對人的現實生活帶來影響。他們認為神是完美和快樂的，會遠離人間煙火，既不屑管人，也不會為人帶來甚麼福祉或禍害。按這派的理論，神明介入人類的世界和生活，降福或施禍，是完全不可思議的。因為神不會與人建立任何關係。是故，人不必害怕神明，只管快快樂樂過日子，就好像天上的神一樣[102]：

> 神乃是一個不朽、神聖的存有，這一概念即使在普通人的觀念中，也是這麼認為的。你不可把任何有違他不朽性和神聖性的東西加到他身上去……這世上是有神明的，因為有關神存在的知識是很明顯的。但他們並非一般人所想的那樣——的確，大多數人對神明的描述，並非與他們心中所相信的觀念一致……死亡對我們來說並不是甚麼大不了的事。而這一信念，你當習以為常，因一切善、惡、

102 我們對伊壁鳩魯派的認識主要來自古代如戴奧根尼、西塞羅等人和後來基督教的作品。

> 吉、凶都居於感覺之中，而死亡則是感覺的消失。為此緣故，在我們正確認識到死亡對我們不足掛齒時，便會視生命的必朽為一件樂事了；不是因為這一認識給人生加添了無限的時間，而是因為這樣的認識能將人那種渴望不死的慾望打消。因為一個人一旦想通了，認識到不再活在世上並沒有甚麼可怕的，那麼對他來說，世上就再也沒有甚麼事好怕了。這樣，要是有人說，他怕死不是由於死亡來臨時帶來痛苦，而是由於期待死亡令人痛苦，他這話便是未想清楚便說出來的。因為既然死亡臨到之時不會帶給人甚麼煩擾，反而是人在期待它來臨之時自尋煩惱……。[103]

要快快樂樂的生活，伊壁鳩魯派提出四條「妙方」：毋懼神祇、毋懼死亡、追求美善、忍受劣境。對伊壁鳩魯派而言，簡樸、寧靜、摯友和知識就是快樂生活的元素。只有知道宇宙一切事物的組成是原子，而原子就隨生命的結束殞滅，靈魂既不存在，死亡就絲毫不覺可怕。只要知道神明在另一空間，跟人類互不干涉，何須懼怕。從使徒行傳十七章記載保羅在雅典傳道看來，那些譏笑復活道理的聽眾，可能是伊壁鳩魯的哲士。

---

[103] 伊壁鳩魯派《致美諾寇的信》123~125, 127b~132，引自黃錫木主編，《新約背景文獻選輯》，頁 508。

4.8.2. 斯多亞派

斯多亞學派始於公元前 4 世紀的希臘，隨後一直發展至公元 1、2 世紀。從所存留的著作中，可見在頂峰時期，斯多亞派對社會各階層均具影響。

斯多亞派是泛神主義，相信神明充滿在宇宙所有的事物之中。在斯多亞派的系統裏，神的名稱包括：神、宙斯、朱庇特、自然（Nature）、宇宙（the Universe）、全能者（Omnipotence）、火（Fire）、靈（Spirit/ Breath）、道（Logos）等等。毫無疑問，斯多亞派肯定神的存在。獨特之處，是他們相信宇宙所有一切，都是令人驚訝震懾的整體之一部分，而這整體的名字就是上帝。換言之，我們是神的一部分：

> 我們生活、動作、存留，都在乎他。就如你們作詩的，有人說，我們也是他所生的。（徒十七 28）

保羅在這節經文所引用的，可能是來自一位斯多亞哲士的詩[104]。

斯多亞派相信神是至高的存有，聯繫整個宇宙的秩序和法則。在這整體之內，各物各人都是按理而存的。誠然，整個宇宙就已經說明了神的真實：

> 單憑一個自然界的事實，已足以叫那存敬畏之心和感恩之心的人認識到神對人的顧祐【providence】……是誰創造、設計出這些事的呢？「沒有人。」那人回答道。哎，人的愚笨和無恥何等深啊！……如果我們有知性的話，就會放下一切

104 即革哩底的埃皮梅尼德斯，也有認為是出自歐里庇得斯的《巴凱》。

> 其他事務，無論在家、在外，都盡情地向神發出頌讚，獻上當獻的感謝。[105]
>
> 不僅如此，在這整體之內，各物各人都是按理而存的。換言之，我們是神的一部分。
>
> 但你卻是他【神】主要的作為，是神自己的一部分，在你裏頭有神的部分。既然如此，你為甚麼對自己尊貴的出身如此無知呢？你為甚麼不知道自己是從哪裏來的呢。[106]

正因如此，人在這個系統之下，應該接受本身的際遇，以謹慎中庸的態度面對一切。人既要知道處卑賤，也要知道如何處豐富。斯多亞學者認為一個真正的自由人，其生命應由神所掌控和帶領，不受任何外在條件和因素左右：

> 好！現在讓我們來重溫我們得出的結論。一個自由的人，是一個沒有人可以牽制的人，他可以隨心所欲地行事。一個受人牽制、受人強迫、受人束縛或受人鼓動而做出違反己願之事的人，便是一個奴隸。那麼，誰是不受牽制的人呢？就是對不屬於自己之事不會操心的人。「不屬於自己」是甚麼意思呢？就是所有不在我們權力範圍內的東西，無論是我們所擁有或沒有擁有的，又或是要在具備特定條件或特定的情況下才擁有的……引向自由的路，即惟一脫離奴役的方法，就是你能夠衷心地說：「『宙斯啊！引導我！命運啊，引導我！何去何從，由你

---

[105] 伊比德圖，《論顧祐》，《講論集》1.16.1~8, 15~21，引自《新約背景文獻選輯》，頁 494~495。

[106] 同上，頁 496~497。

旨意安排！』」[107]

斯多亞派的思想發展至實際的層面，就開出了一個頗為人道的倫理觀。如果宇宙之內所有的人都同屬一源，那麼奴隸制度就並不值得肯定。

希羅時代的斯多亞派思想，可以見於辛尼加和伊比德圖。前者是元老院議員，也是尼祿年少時的老師，且曾攝政幾年；後者曾經是奴隸，後來成為人們所敬重的斯多亞派哲士。

辛尼加生於公元 1 世紀初，可以說與絕大部分新約著作同期。他的兄弟是迦流，就是使徒行傳十八章 12 至 17 節提及亞該亞省的方伯。從流傳下來的著作所示，辛尼加對宗教信仰的觀點，明顯與一般希臘羅馬宗教或神祕祭祀不同。作為一個斯多亞派哲士，辛尼加尤其鄙視強調官感的異教祭祀或形象化的神祇，他甚至反對外在形式的祭祀，不論是公開廟宇還是家庭的祭祀，他都認為是違背了真正的敬虔[108]。

伊比德圖生於 1 世紀中葉，死於 2 世紀初中期。他的主人是尼祿的閣員。伊比德圖不僅在家裏受到良好的教育，後來還得到自由人的身分。伊比德圖的著作所顯示的「神學」味道，以及他對基督徒正面的評價[109]，使其教導與新約使徒

---

107 同上，頁 500。

108 Attridge, "The Philosophical Critique of Religion under the Early Empire," *Aufstieg und Niedergang der Roemischen Welt*, II.16.1, pp.65~69.

109 伊比德圖，《演講集》4.7.6，載於 Klauck, *Religious Context of Early Christianity*, p.348。Ferguson 認為相比其他作者，伊比德圖的思想和作品的中心是神，而不是倫理的關注。見 Ferguson, *The Religions of the Roman Empire*, p.195。

的勸勉似乎相當接近[110]。他認為人生存的倚靠和目的就只在於神，而神也就在人們的心裏[111]。伊比德圖的「神學」和倫理在下面一段文字可見端倪：

> 你是極其重要的，你是屬於神的，在你裏面有他的一部分。你怎麼不會認識這一點呢？你怎麼不知道你從哪裏來的呢？你不願意牢記，當你進食的時候，是誰在吃嗎？你又是在培育誰嗎？當你和人交往的時候，是誰在與人交往？當你和人一起，當你運動，當你傾談，你知道是神在你裏面嗎？你知道你是在培育他、操練他。你竟然不知道你攜同神一起嗎[112]？

從以上的一鱗半爪看來，希羅世界部分哲士的關注，與基督教所傳的道表面上有頗相似的地方。事實上，2 世紀以後的基督徒，不少對斯多亞派的思想表示相當的善意[113]。這些相似的地方，說明了新約書信裏，若有某些地方與希羅哲學呼應，應該絕不為奇。至少，保羅曾引用過他們的詩句或諺語[114]。保羅或其他新約作者在內容和觀念上與哲士相似，也是很可以理解的。事實上，這也正正解釋了基督教的信息不見得不容於哲學的聖地雅典：「但有幾個人貼近（保羅），

---

110 Sharp, *Epictetus and the New Testament.*

111 亞流安，《伊比德圖的講論集》1.16。

112 見《伊比德圖的講論集》2.8.11。

113 見 Klauck, *Religious Context of Early Christianity*, p.345。

114 除了以上所提使徒行傳的一節外，明顯的還有提多書一章 12 節。

信了主……」。然而，我們也不必倉促下結論，認為某個思想是為基督教預備工作。接近就如伊比德圖，他的「神學」還是與使徒所傳的有根本的分別。以上的簡述，只是一幅多元的圖畫，為我們展示第 1 世紀宗教多元化的景象而已。

4.8.3. 犬儒派

犬儒學派源自公元前 4 世紀的希臘，始創人是戴奧根尼。可能因為戴奧根尼的行徑不為當時的人所理解和接受，他被冠以「犬隻」的名號（英文 cynic 一詞就是源自希臘文的 *kyôn*，意即「犬」)。仿效他的行徑和信念的人，就被稱「犬儒」(Cynic)。

以戴奧根尼為首的犬儒學派，相信天賦和自然的事物是理所當然的，即使是在公眾的場合進行也不會不雅。他們認為，要過一個自足的生活，必須有簡樸的生活形態。而冀盼渴望自足的心靈，就必先摒棄傳統習俗和情緒。

自然而然，犬儒學派的特色就是刻苦和修煉的生活，對財富權勢嗤之以鼻。

> 一天當他在曬日光的時候，亞歷山大來到他面前，站著問他說：「告訴我你想要些甚麼。」戴奧根尼回答道：「不要擋著我的陽光。」[115]

他們那表面看來反常的行為，對許多人來說或會是難以理解的。

---

115 戴奧根尼，《哲學家生平》6.38，引自 Ferguson, *Backgrounds of Early Christianity*, p.328。

有一天，他看見一個小孩子用手盛著水來喝，他馬上扔掉他袋裏的杯，說：「一個小孩子在平實簡樸生活上要比我強多了。」[116]

犬儒學派鄙視外在生活條件和傳統習俗，強調克己苦修心靈，他們甚至有一套理論將行乞合理化。

蘇格拉底曾說，智者不會行乞，他們只是要回他們自己的東西，就好像眾神一樣。他所說的是，眾神擁有萬物，朋友的物件是共享共有的，而智者就是神的朋友。所以，你不過是要回你自己的東西而已[117]。

儘管他們與傳統背道而馳的行徑和論調招來更多責難，他們還是甘之如飴，認為心靈的釋放和自由才是最重要的。

照顧你內裏的心靈，至於外在的身體，不必太重視，只要有基本需要就可以了。因為喜樂不是享樂。後者是需要外在的東西，而美德不需外在事物就已經是完滿的了[118]。

犬儒學派認為按著自然和美德生活才是最正確的人生哲學。正因為自然是與生俱來，是每個人內在都擁有的素質，人的生活實在不需要依賴外在的物質條件和習俗規條。

---

116 同上。

117 Pseudo-Crates, *Epistle* 10, 引自 Ferguson, *Backgrounds of Early Christianity,* p.329。

118 Pseudo-Crates, *Epistle* 3，同上頁。

此外，美德的達至是透過努力修為而得。是故，犬儒學派反對宿命的觀點，也不能忍受傳統宗教的傳統和教義。雖然有犬儒學者的使命就是傳播這種生活形態和心靈的釋放，以安慰許多被實際生活壓迫的人，但我們仍可以想像，極端的犬儒學派與社會大眾之間的張力是相當大。

在新約時代的希羅世界裏，犬儒學者到處流浪，似乎是頗普遍的現象。他們有最基本和簡單的衣著、杖、行乞的袋，他們的修辭和宣講，與早期基督教發展有頗相似的地方。故有學者將耶穌工作的形象，對比犬儒的遊士[119]。

舉例說，19 和 20 世紀的新約學者曾認為保羅書信有犬儒學派修辭的風格。這種稱為哲辯（希：*diatribe*）公開演說的方式，是作者以一個假想的對象，進行辯論，特別見於保羅的羅馬書（二 1、3，六 3、16，七 1，九 19，十一 19）[120]。這個理論在八十年代曾作修訂，認為哲辯這種修辭形式並非用於公開場合，而是屬學派裏的訓練[121]，然而，在九十年代，又有學者推翻這個理論，認為這不過是日常的修辭方式，並

---

119 較近期的研究有 Eddy, "Jesus as Diogenes? Reflections on the Cynic Jesus Thesis," pp.449~469; Downing, "Deeper Reflections on the Jewish Cynic Jesus," pp.97~104；亦參他之前的作品 *Christ and the Cynics: Jesus and Other Radicals in First Century Traditions* 。然而，見 Witherington III, *Jesus the Sage: The Pilgrimage of Wisdom*, pp.123~143 及 Aune, "Jesus and Cynics in First-Century Palestine: Some Critical Considerations," pp.176~192 對將耶穌作犬儒看待的質疑。

120 Bultmann, *Der Stil der paulinischen Predigt und die kynisch-stoische Diatribe*.

121 Stowers, *The Diatribe and Paul's Letter to the Romans*.

不是犬儒學派所獨有[122]。

另一方面，有學者指出犬儒學派的生活方式和主題，與保羅書信所顯示的有相同的地方。從使徒行傳和其書信所示，保羅是周遊四方的宣教士。而他在書信裏喜用的「運動」（林前九 24~27）和「作戰」（林後十 3~6）的主題，就有犬儒學派的味道[123]。至於保羅職事裏所經歷的困苦（林前四 9~13；林後六 3~10）[124] 和辛勞（帖前二 9；帖後三 8）[125]，就更與犬儒所強調的刻苦相近了。

然而，如果說犬儒學派和早期基督教發展的關係盡是積極和正面，實在以偏概全。事實上，我們也不排除一個可能性，某些犬儒的思想和生活形態給早期的信仰群體帶來麻煩和問題。而保羅在書信所作的勸勉和責備，有些很可能是反映犬儒的放任行徑對早期教會的影響[126]。

---

122 Gonzalez 的博士論文 *Las Diatribas de Teles: Estudio introductario y Comentario de los Textas conservandos*，第一章'Historia critica del Concepto "Diatriba"' 引自 Downing, *Cynics, Paul and the Pauline Churches: Cynics and Christian Origins II,* p.28。

123 Pfitzner, *Paul and the Agon Motif*; A. J. Malherbe, "Antisthenes, Odysseus, and Paul at War," pp.46~59。

124 Hodgson, "Paul the Apostle and First Century Tribulation Lists," *Zeitschrift fuer die Neutestamentliche Wissenschaft* 74, pp.59~80; Fitzgerald, *Cracks in an Earthen Vessel: An Examination of Hardships in the Corinthian Correspondence.*

125 Hock, *The Social Contexts of Paul's Ministry*; Theissen, *The Social Setting of Pauline Christianity*; Georgi, *The Opponents of Paul in Second Corinthians*.

126 Willis, *Idol Meat in Corinth*; Malherbe, *Paul and the Thessalonians*, pp.99~101; Plunkett, *Sexual Ethics and the Christian Life: A Study of I Corinthians 6:12~7:7*, unpublished dissertation.

4.8.4. 諾斯底派

在第 2 和第 3 世紀的希羅世界裏，我們從教父們和別的著作裏，知道一般稱為「諾斯底派」的思想，為當時的教會帶來信仰和倫理上的衝擊。諾斯底著作的某些主題，似乎與新約聖經的中心主題相近[127]：

1. 正如新約著作以耶穌為天上來的救贖者，諾斯底派的傳統亦強調從天上來的拯救者。
2. 保羅在他的書信裏描述人被肉體和律法所困的處境，與諾斯底派所講述人的處境相近。
3. 新約提及人所得到的救贖和與上帝的契合，不僅是未來的事，也是已實踐的經驗。諾斯底派亦強調這種救贖的經驗。
4. 新約（特別是約翰福音）裏的二元象徵（光明相對黑暗、永生相對死亡、上面相對下面等），都是諾斯底派著作常見的主題。

諾斯底派和新約著作有相近的地方，掀起了有關源起的問題。究竟是諾斯底派先於基督教信仰，以致後者借用前者的架構系統和主題來整理和表達自己的信仰？還是諾斯底派從基督教信仰分出來，成為第 2 世紀教父們所指斥的異端？還是，兩者之間的關係不能用一個簡化的因果和次序來描述？

其實有關諾斯底派的起源問題，一直是學者爭論的焦點。在 19 世紀和 20 世紀中期，不少學者確定諾斯底派的思

---

127 Perkins, *Gnosticism and the New Testament*, pp.11~12.

想先於基督教，以此來解釋新約著作裏包含某些諾斯底派的特色。

但是，若我們從現有諾斯底派的著作來了解其思想和體系[128]，所得的圖畫與 19 和 20 世紀學者的說法又有所差別。

在 20 世紀中期，考古學家在埃及北部拿．戈瑪第發現了不少諾斯底派著作的抄本；因利成便，學者就把在這裏發掘的著作統稱為「拿．戈瑪第文庫」（Nag Hammadi Library[129]）。然而，從這些已知的古代作品所示，明顯與基督教信仰有關的諾斯底派著作，都是 2 世紀以後才寫成。換言之，諾斯底派（作為一個思想系統）影響基督教信仰的講法是頗成疑問的[130]。

另一方面，基督教與諾斯底派的爭持，明顯見於第 2 世紀往後教父們的作品。愛任紐和希波律陀等都是駁斥諾斯底派思想的健將。從他們的著作，既可見諾斯底派的源起，也略知諾斯底派思想的概要，以及對教會和信徒所造成的衝擊。

有趣的是，根據愛任紐和希波律陀的看法，諾斯底派源自撒瑪利亞那行邪術的西門（徒八 9~10）[131]。如果他們的看法沒錯的話，那麼諾斯底派和基督教信仰之間並不是一個簡單和直接的因果關係。說基督教深受諾斯底派影響、甚至借

---

128 *Pistis Sophia*, ed. Carl Schmidt, translated Violet Macdermot .

129 Robinson, ed. *The Nag Hammadi Library in English* .

130 有關學者對基督教信仰和諾斯底派起源的不同立場，參 Logan, *Gnostic Truth and Christian Heresy: A Study in the History of Gnosticism*, xiii~xxi。基督教和諾斯底派間相互影響的幾個可能性，參 Perkins, *Gnosticism and the New Testament*, pp.2~4。

131 《反駁異端》1.23.3。

用其系統鋪陳信仰固然不正確，即使簡單地將諾斯底派說成是基督教的異端也未必與史料相符。

退一步說，即使教父的講法並非完全可靠。我們也有相當的資料說明，基督教和諾斯底派的起源，並不是一個簡單的因果關係可以解釋的。事實上，上述所講的新約著作和諾斯底派著作的主題，早見於兩約之間的猶太和近東的著作。舉例說，基督教信仰和諾斯底派的二元思想和主題，在公元前死海群體的著作裏就已經存在。而這些思想是亞歷山大所締造的文化互動而產生的結晶，其中包括希臘、猶太和其他近東的文化，例如波斯祆教。是故，近年學者大都認為，基督教著作所表達的主題和思想，實在是當時的宗教文化裏已有的元素，並不需要透過諾斯底派來解釋。所以，當討論到基督教信仰有諾斯底（或「靈知」；Gnosis）思想的痕跡這個問題，所指涉的是這些第 1 世紀已經存在的思想和主題，而不是成形的諾斯底派[132]。

另一方面，第 2 世紀往後的諾斯底派，即教父所指斥的派系和拿・戈瑪第文庫所出土的著作，則明顯受基督教的影響。雖然如此，這些著作所包含的元素，大概反映最早期基督教身處的文化和宗教土壤[133]。

從現存的文獻所示，諾斯底思想明顯有二元（dualism）的色彩。這個思想所發展出來的神觀、世界觀、人觀和倫理

---

132 這是 Ferguson 的建議。見 Ferguson, *Backgrounds of Early Christianity*, p.540。早期的學者亦有類似的見解，參 Wilson, *Gnosis and the New Testament*, pp.1~30。

133 Perkins 就強調猶太信仰才是兩者共有的根源。見 *Gnosticism and the New Testament*, 特別頁 1~50。

觀，對早期教會帶來極大的衝擊。

首先，一個極端二元的意識形態，視物質世界為邪惡，靈界為美善。換言之，人所身處的物質世界，包括人自身的生命，是一個邪惡和沉淪的實體。人的軀體就是一個牢獄，人只能等候從天而來的智慧和解救。

這種二元觀念所引申的實際生活可以是極端的。一方面，人應該以禁食刻苦的生活形態面對邪惡和沉淪的物質世界，免得陷入其中。另一方面，也有人認為，可以通過放縱的生活將這些邪惡傾瀉。對於某些以為得到救贖的「靈知」的人而言，因為這些知識給予他們自由，他們毋須再受困於肉體的禁戒和限制。因為，他們的縱情放任，正正表達他們真的自由了。

這種已經完全被贖得救的經驗，所表達的是一種「已完全實踐的終末論」（realized eschatology）。已經完全實踐的生命，還有甚麼可以作呢？還有沒有必要在個人和群體上努力追求呢？如果沒有，信仰群體裏的生活又會變成怎麼模樣呢？

諾斯底思想給早期教會帶來最嚴峻的挑戰，還是在神觀方面的。如果極端二元的思想是正確的話，邪惡的物質世界從何而來？一個美善的神絕不應、也不會創造一個邪惡的物質世界。如此，人所身處的物質世界就應是一個次等的神所創造。將這個觀念帶到早期基督教的群體，可以想像問題之嚴重——舊約所宣告的上帝是創造世界的神，所以，他就是次一等的神。而耶穌就代表至善至美的上帝，來到世界拯救人類。然而，這樣的觀念將基督教與猶太信仰的關連切斷了，也將基督教信仰的根基動搖了。如果物質世界是邪惡，又怎會有道成肉身、甚至復活的道理呢？

以上提綱挈領的點出諾斯底思想的梗概，可算是一幅整合的圖畫，而所牽涉的，包括晚於新約著作的資料。學者對於早期教會和諾斯底派的關係，向來意見紛紜[134]。因此，展示以下新約經文，旨在反映早期教會可能面對類似上述諾斯底觀念的挑戰。

路加福音強調耶穌的出生和人性，提及復活後的主在門徒面前吃魚：

> 耶穌對他們說：「你們為甚麼愁煩？為甚麼心裏起疑念呢？你們看我的手，我的腳，就知實在是我了。摸我看看！魂無骨無肉，你們看，我是有的。」說了這話，就把手和腳給他們看。他們正喜得不敢信，並且希奇，耶穌就說：「你們這裏有甚麼吃的沒有？」他們便給他一片燒魚。他接過來，在他們面前吃了。（路二十四 38~42）

這大概反映路加其中一個寫作目的，就是要針對那輕視或否定耶穌成了肉身和復活的思想（諾斯底？）。[135]

就福音書而言，學者最常指出有諾斯底思想痕跡的著作，應該是約翰福音（以及相關的約翰書信）。無可諱言，從教會歷史的著作可知，第一個為約翰福音寫注解的，是諾斯底派學者埃勒基昂，而約翰福音裏的二元色彩足以叫許多

---

134 倡議諾斯底派思想影響新約作品最大的有 Schmithals, "The *Corpus Paulinum* and Gnosis," 載於 *The New Testament and Gnosis. Essays in Honour of Robert McL. Wilson,* pp.107~124。近期對 Schmithals 的評估，見 Perkins, *Gnosticism and the New Testament*, pp.74~80。

135 Talbert, *Luke and the Gnostics: An Examination of Lucan Purposes.*

學者相信，這書卷與諾斯底思想的背景有關[136]。而約翰福音第一章首 18 節的頌歌，與某些諾斯底著作有頗相似的主題和思想，自然引起一番討論[137]。但近年學者認為約翰福音裏看似諾斯底的特色，也見於當時某些猶太信仰[138]。而拿．戈瑪第文庫裏複雜和糾纏不清的著作，也不容易在諾斯底思想和約翰著作之間理出一個簡單的脈絡來[139]。

大多數新約學者都會同意，教牧書信所提到教會所面對的思想衝擊，極有可能與諾斯底思想有關。而這種諾斯底思想的形態，又與猶太信仰有密切的關係：

> ……他們禁止嫁娶，又禁戒食物，就是上帝所造叫那信而明白真道的人，感謝著領受的。凡上帝所造的物，都是好的。若感謝著領受，就沒有一樣可棄的……（提前四 3~4；參多一 15~16）

---

136 較早期的新約學者大部分都採取這立場。見 Grant, *The Gospels: Their Origin and their Growth*; Dodd, *The Interpretation of the Fourth Gospel*, p.97; Bultmann, *The Gospel of John*, trans. George Beasley-Murray 。近年倡議者則以 Koester 為代表，見 Koester, "Gnostic Sayings and Controversy Traditions in John 8:12~59," pp.99~110。

137 例見 Helmbold, "Redeemer Hymns-Gnostic and Christian"; MacRae, "Gnosticism and the Church of John's Gospel"; Perkins, "New Testament Christologies in Gnostic Transformation"。

138 如 Pearson, "Jewish Sources in Gnostic Literature," pp.443~481; Pearson, *Gnosticism, Judaism, and Egyptian Christianity*, Studies in Antiquity and Christianity。

139 見 Sanders 的評語，Sanders, "Nag Hammadi, Odes of Solomon, and NT Christological Hymns," *Gnosticism and the early Christian World: In Honor of James M. Robinson*, ed. J. E. Goehring, C. W. Hedrick, J. T. Sanders, with H. D. Betz, p.65。

教牧書信裏所指的禁戒，顯示騷擾小亞細亞教會的思想，似乎有點像諾斯底思想，對物質有負面的看法。這樣的教訓亦見於歌羅西書二章16至23節。而在歌羅西書所提及的「飲食、節期、月朔、安息日」，更顯示謬誤教導頗有猶太信仰的色彩。但這影響歌羅西教會的猶太信仰，有別於一般的猶太信仰。他們所堅持的苦待自己（二 23），所糾纏的「理學／小學」（二 8、 20），都似乎與諾斯底思想有關。

> ……然而女人若常存信心、愛心、又聖潔自守，就必在生產上得救……我願意年輕的寡婦嫁人，生養兒女，治理家務，不給敵人辱罵的把柄（提前二 15，五 14）

教牧書信所強調和肯定的，還有婦女的角色和生活。如果說教牧書信背後有騷擾教會的教導，像諾斯底般否定肉身的生活，包括結婚和生兒育女，以上書信的教導便不證自明。

> 因為只有一位上帝，在上帝和人中間，只有一位中保，乃是降世為人的基督耶穌。他捨自己作萬人的贖價，到了時候，這事必證明出來……大哉，敬虔的奧祕，無人不以為然，就是上帝在肉身顯現，被聖靈稱義，被天使看見，被傳於外邦，被世人信服，被接在榮耀裏。（提前二 5~6，三 16）
>
> 他們偏離了真道，說復活的事已過，就敗壞了許多人的信心。（提後二 18）

在教牧書信裏有另一個強調和堅持，是耶穌基督那獨特真確的職事，以及復活的事件。當然，教牧書信的圖畫，還沒有約翰一書來得那麼清晰。

> 論到從起初原有的生命之道……是我們所聽見所看見、親眼看見、親手摸過的……（約壹一1）
>
> 凡靈認耶穌基督是成了肉身來的，就是出於上帝的，從此你們可以認出上帝的靈來。凡靈不認耶穌（成了肉身），就不是出於上帝。（約壹四2~3）
>
> 因為世上有許多迷惑人的出來，他們不認耶穌基督是成了肉身來的。這就是那迷惑人、敵基督的。（約貳7）
>
> 我們若說自己無罪，便是自欺，真理不在我們心裏了。（約壹一8）

約翰一書和二書指斥謬誤，絕不含糊地展示騷擾教會的思想，就是否定耶穌道成肉身，自以為已臻信仰完滿的境界。這樣的思想損害教會的信仰（orthodoxy）和實踐（orthopraxy），與後來的諾斯底派相當吻合。而約翰一書和二書也就成為第2世紀的教父作打擊諾斯底派的基礎。

總括而言，部分新約作品呈現的問題，顯示作品背後的教會，極可能面對類似諾斯底的衝擊和影響。這是希羅世界裏紛紜多元的宗教現象裏的一個情況，是新約教會所不能避免的。正如我們可以在新約作品裏找到希臘和羅馬的宗教或哲學思想的痕跡，新約作品亦呈現這方面的零碎。但基督教和諾斯底主義間清楚和具體的接觸，則見於2世紀後的作品。

4.9. 結論

新約時代[illegible]世界的宗教是多元化的。無論是新約著作本身所披露[illegible]還是新約以外許多不同的資料，如古籍和出土文物等[illegible]示的一鱗半爪，都顯示在羅馬人所統治的世界裏，宗教[illegible]現實生活不同的社會階層、文化和切身問題息息相關[illegible]宗教的多元化是自亞歷山大大帝於公元前 4 世紀所帶動的事實。在希羅世界這個大熔爐裏，不同的語言、文化、宗教和種族相互影響和貢獻，造就了這種宗教多元化的現象。

新約的教會的根固然源於猶太信仰，但她賴以成長的土壤，卻是希羅世界裏多元的文化和宗教。即使是基督信仰的發源地巴勒斯坦，亦是希羅世界的一部分，而猶太信仰本身也不能避免與其他文化互動所帶來的影響。

新約各書卷的作者和讀者，既然都是身處希羅世界，他們的生活和信仰無可避免受希羅世界的多元文化所影響。換言之，新約作品的對象，及其討論和處理的問題，如果將之放在希羅世界的處境來了解和詮釋，應該會帶給詮釋者更多的睿見和不同角度。

第五章

猶太人的基本信念與實踐

張略博士◎著

雖然有學者認為早期基督教運動是不同宗教合流的結果（如兗克爾和布特曼），然而，早期基督教作為猶太彌賽亞復興運動，不但是根源於猶太的土壤，而其他宗教的影響，往往都是透過猶太教而來，我們甚至可以將早期基督教運動視為一種猶太教的復興運動，也可以說，它是猶太歷史發展重要的一部分[1]。新約作為早期基督教運動所產生出來的文獻彙集，大部分書卷都出自猶太基督徒的手筆，而且，在他們建構自己的思想時，往往是基於希伯來聖經及猶太教釋經的傳統[2]，早期猶太教和早期基督教在思想上有不少共通的地方。

以下會探討早期猶太教三個重要的課題，分別是神論、聖約揀選論和天啟末世論，這三個課題及所引申的思想，足以涵蓋早期猶太教一些最重要的信念。

5.1. 一神信仰

在希臘時期，「只有一位上帝」（希：*Heis Theos*）乃猶太人的口號[3]。然而，猶太教的一神主義，不單是相信獨有一位創造和管理宇宙的上帝；若單是這樣，這種獨一神論並非猶太教所專有；希臘神話中的宙斯，作為一切神明之首，就

---

1 我們未能詳細討論這裏所提出的論點，詳可參 Hengel, "Early Christianity as a Jewish-Messianic, Universalistic Movement," pp.1~41。

2 有關此點，可參張略，〈新約中的釋經〉，頁 217~238。

3 有關以色列人的一神信仰何時出現，歷來有不同的看法，見 Gnuse, *No Other Gods: Emergent Monotheism in Israel*, pp.62~128 的鳥瞰。

可與以色列的一神論相提並論[4]。以色列人所相信獨一的上帝，是要摒棄一切別的神明，並且不容許製造任何有形的偶像代表上帝，這才是猶太教一神論獨特之處。猶太教絕對不能容忍敬拜多神及拜偶像，除了耶和華上帝之外，其他一切所謂神明都只是偶像。敬拜大自然之物是敬拜受造之物，而非那造物之主。敬拜如亞波羅（太陽神）、波撒東（海洋之神）和得墨忒耳女神（農業及婚姻之神）等與大自然對應的希臘神明[5]，或是埃及的動物[6]，不只是混亂真理，而且是將應歸予上帝的榮耀，給了受造之物和人手所作的偶像，無疑是褻瀆上帝（參羅一 20~23）。

多神主義和拜偶像是不可分割的。散居地的猶太人生活在多神的文化中，因此在他們的著作當中，多少有針對異教的敬拜，要清楚劃分他們自己與異教的界線[7]；反而在猶大地，沒有這種針對性的言論。然而，以耶路撒冷的聖殿去供奉宙斯，對上帝是極度的褻瀆，將耶和華當作宙斯其中一種啟示，同樣是褻瀆（見《馬加比二書》6.1~2）。在希羅的人眼中，猶太人被視為「無神」，正是因為他們不供奉偶像，而且只信奉單一的神，拒絕融合的一神論（syncretistic monotheism），將耶和華與外邦的神明等同（約瑟夫《猶太古史》2.148，參《坡旅甲殉道記》3.2）。

---

4 Cohen, *From the Maccabees to the Mishnah*, p.81.

5 有關的批評，見如《所羅門智訓》13.1~19；斐羅《論十誡》52~65；《論特殊法律》1.12~29；《約伯遺訓》2~5 等。

6 有關的批評，見如《阿立斯蒂亞書信》134~138。

7 這種清晰的一神信仰，見於以賽亞書四十四至五十五章，及散居地的猶太著作，並《巴錄四書》（或稱 *Paraleipomena Jeremiou*）。

最能綜合以色列人的一神信仰，莫過於他們每天在會堂的早禱禮拜開始所背誦的「示瑪」（來：*Shema*），「示瑪」是希伯來文「要聽」的音譯，是申命記六章 4 至 5 節這代表性宣認的第一個字。「示瑪」宣認的內容，是由申命記六章 4 至 5 節（「以色列阿，你要聽。耶和華我們上帝是獨一的主；你要盡心、盡性、盡力，愛耶和華你的上帝。」），十一章 13 至 21 節和民數記十五章 37 至 41 節所組成。根據猶太傳統，公元 2 世紀初，著名猶太拉比亞基巴在羅馬的政權下接受酷刑，被「鐵梳」將其肉從骨上拆下來時，一直在背誦「示瑪」，直至殉難（《巴比倫他勒目》〈論祝福〉61b）。

猶太教期盼新紀元來臨，天國的來臨對於他們，那表示耶和華上帝是那大能的君主，祂要永遠作王，正如撒迦利亞書十四章 9 節所說：「耶和華必作全地的王，那日耶和華必為獨一無二的，祂的名也是獨一無二的。」（參俄 21 節；賽二十四 23）

5.1.1. 上帝與人之間靈界的權柄

雖然以色列人相信獨一的上帝，就是那位創造宇宙和審判歷史的主宰[8]，他們並未排除有其他靈體的存在。在猶太的傳統裏，雖然已有不少代表上帝的差役，如先知、君王和祭司，但這些都只是人的身分。另一類卻來自天上，或已高升於天的，這些上帝的差役主要分三大類：（1）從上帝而來的屬性和權勢（如斐羅的「道」和智慧）；（2）被高升以色列

8 這種信仰有別於「唯專一神論」（henotheism），指在諸神中，以色列人獨尊一位為至高的神，因此耶和華神是以色列國家的神。

的古聖先賢（如摩西和以諾）；和（3）天使（如天庭中的使者、天使長米迦勒、麥基洗德、彼列等）[9]。

5.1.1.1. 從上帝而來的屬性和權勢

受柏拉圖思想所熏陶的斐羅，以希臘的詞彙和觀念去表達猶太教的思想，將「上帝的道」（希：*logos theou*）看為「上帝創造的模型或計劃」（如《論創世》24）和「上帝的思想」（《論創世》18, 20；參《論耕種者挪亞》18~19;《論逃走與尋獲》94~102）。而對於猶太人，「道」是耶和華的話語，上帝在創造時的宣示（見如《論亞伯與該隱之獻祭》8；《寓意解經》3.174~176；《反駁弗拉克斯》95），上帝的道是上帝的命令和典章的源頭（《論該隱的後裔和被逐》127~129）。斐羅對「道」的看法相當複雜，一方面是來自上帝的屬性，另一方面，卻好像是一個獨立的個體，猶如一位中保，好像天使（《出埃及記問答》2.13；《論變亂口音》146）或祭司亞倫（《誰是上帝選立的後嗣》205）。「道」是「生命的醫治者」（《寓意解經》3.177~178）、「安慰者」（《論逃走與尋獲》5~6）、「中保」（《出埃及記問答》2.13）和「大使」（《誰是上帝選立的後嗣》205）；甚至稱道為「第二神」（*ton deuteron theon*）[10]。有認為這些仿似獨立個體的描述，只是一種擬人法[11]，但有

---

9 見 Hurtado, *One God One Lord: Early Christian Devotion and Ancient Jewish Monotheism*。

10 有關斐羅對神的道的描述與他爾根對耶和華的話語的描述相似的地方，特別參 Barker, *The Great Angel: A Study of Israel's Second God*, pp.146~148。

11 見 Dunn, *Christology in the Making*, pp.220~230；Hurtado, *One God*

認為斐羅是在描述另一位神明[12]。

對於現代人，「智慧」是指人類對真假和對錯的辨識力，但在猶太人的文獻（包括舊約聖經），「智慧」[13] 卻可以是有位格的。約伯記十五章 7 至 8 節和二十八章 12 至 28 節對智慧的讚頌，已有將智慧擬人化的傾向。在箴言當中，這擬人的做法，就更明顯（見箴一 20~33，三 13~18，八 1~九 12）；智慧被描述為一位女性，向讀者發出召喚，她是智者的老師[14]。箴言八章 22 至 31 節指智慧在創造之先已與上帝同在，並且在宇宙被造時是「工師」《和合本》或「工匠」《新譯本》（八 30）；九章 1 至 6 節則描述智慧建造房屋，鑿成七根柱子，這裏的房屋，可能是指聖殿，也可能是指宇宙世界，聖殿與宇宙之間，事實上有密切的關係，世界好像上帝的宮殿一樣。

在第二聖殿時期[15] 的猶太著作中，不斷出現以擬人法來描述智慧[16]。在《便西拉智訓》，智慧是在太初之前為上帝所造（24.9），智慧被看作天庭中的一員（24.2），她居於最高的

One Lord, pp.44~48。

12 見如 Goodenough, *An Introduction to Philo Judaeus*, p.134；Fossum, *The Name of God and the Angel of the Lord*, pp.345~346。Cohen, *From the Maccabees to the Mishnah*, p.82 則認為斐羅在此點上是含糊的。

13 有關猶太傳統中的智慧與新約的關係全面的討論，特別參 Witherington III, *Jesus the Sage: The Pilgrimage of Wisdom*。

14 智慧與妥拉等同，見於《便西拉智訓》24.23 和《巴錄書》4.1，兩者之間的連繫，已見於詩十九篇和申四 6~9。

15 有關這名稱的用法，參本書〈新約歷史篇〉開首部分「時期劃分的問題」一節。

16 有關智慧究竟是上帝的本質還是擬人法的表達之討論，參 Scott, *Sophia and the Johannine Jesus*, pp.75~77。

天，惟獨她橫越上天下地（24.4）。她從上帝的口而出，猶如霧氣，鋪天蓋地（24.3）。她被安置在錫安，活躍於上帝的聖民當中（24.12~17），作者以親密擬人的言語，描述人要如何尋求認識她（24.19~22）。《所羅門智訓》（6.12~11.1）稱智慧為「萬物的工匠」（7.22；參 13.1），上帝工作的「夥伴」（8.4），上帝藉著她創造了人類（9.2），她通曉上帝一切的工作，並且在這世界被造時，已經與上帝同在（9.9），她並且坐在上帝的寶座上（9.4）。她是上帝權能的霧氣，從大能者的榮耀而來純淨的光輝，是永恆光明的反照，是上帝工作無瑕的鏡子，是上帝美善的形象（7.25~26）。她是獨一的，她能成就萬事、更新萬物，使人成為上帝的朋友和先知（7.27）。智慧與上帝的靈一樣，充滿全地（1.6~7，9.17，12.1），表達出上帝如何與世界和人類同在。上帝差遣她來到世人中間，以她全備的知識教導世人行事（9.11）。在斐羅的著作中，形容智慧為「萬物之母」（《寓意解經》2.49；《劣與優為敵》54, 115~117 等），上帝被看為是智慧之夫（《論基路伯》49），「道的母親」（《論逃走與尋獲》108f）。

智慧一方面與上帝極親密，上帝透過智慧創造這世界；另一方面，智慧又住在人間，反映出上帝在人中間的參與[17]。

---

17 古埃及宗教之主要女神伊西斯，是生殖之神。有認為猶太傳統中有關智慧的描述，特別是宇宙是造化，是抄襲自伊西斯神；有關的討論，特別參 Kloppenborg, "Isis and Sophia in the Book of Wisdom," *Harvard Theological Review* 75 (1982): 57~84；Scott, *Sophia & the Johannine Jesus*, pp.69~74。亦有認為猶太傳統中智慧的描述是承接了埃及對一位至高神馬押的觀念，馬押被巴比倫奉為神明膜拜。有關此點，特別參 Murphy, *The Tree of Life: An Exploration of Biblical Wisdom Literature*, pp.161~163；Scott, *Sophia & the Johannine Jesus*, pp.64~69, 74 之結論。

5.1.1.2. 被高升以色列的古聖先賢

在以色列被擄歸回後，有不少古聖先賢被描述為上帝的使者，他們作為人曾經活在地上，但現在卻擁有榮耀和權能。這些遠古顯赫的人物，包括亞當（見如《亞當啟示錄》；公元 1 至 4 世紀）、挪亞（見於如《禧年書》）、以諾（下文詳述）、亞伯拉罕（見如《亞伯拉罕啟示錄》；公元 1 世紀末）、雅各（見如《雅各禱文》）、摩西（見如《託斐羅名聖經猶太古史》；公元 1 世紀前後）、以利亞（見如《以利亞啟示錄》；公元 2 至 3 世紀）、所羅門（見如《所羅門遺訓》；公元 1 至 3 世紀）、以西結（見如《以西結藏經》；公元 1 世紀前後）、巴錄（見如《巴錄二書》；公元 1 世紀末）和以斯拉（見如《以斯拉四書》；公元 1 世紀末）。以下會用以諾作為一個例子，說明在猶太傳統中，以諾如何被視作上帝的差役，分享上帝的榮耀和權柄。

以諾是亞當的七世孫[18]，創世記五章 8 至 24 節只簡單記載他的生平，然而於第二聖殿時期的著作卻經常有提及。《禧年書》（約於公元前 2 世紀寫成）4.17 形容以諾是第一位學習書寫和尋求知識智慧的人，他寫了一本有關天上徵兆的書。以諾曾在睡夢中見異象，看見有關審判的日子所發生的事，並且將這些事寫下來（4.18~19）；他與上帝的使者一起，有六個禧年，通曉上天下地所有的事情（4.21）；最後他得此榮譽被置於伊甸園，將人的所有行為記錄下來，直至審判之日來到（4.23~24）。在傳統中，以諾常被看為作家（見如《禧

18 有關以諾及以諾著作，除了一些標準的聖經字典有關文章外，可參 VanderKam, *Enoch: A Man for all Generations*；Collins, *The Apocalyptic Imagination*, pp.43~84, 177~193。

年書》21.10)；根據《以諾二書》，他曾寫書三百六十（或三百六十六）卷，他在天上作文士記錄地上人類的作為（見於《亞伯拉罕遺訓》13.21~27及《以諾二書》11.37~38，13.57、74)。

在創世記五章 24 節記載以諾「與上帝同行，上帝將他取去」，按猶太傳統，「與上帝同行」解作以諾是個義人（《以諾一書》12.4，15.1等)。同時因他曾登天界，與天使為伍，得瞥天上的奧祕，是從來無人得見的（19.3)；《以諾一書》12至36章（稱為〈天使篇〉)[19]，就記載了以諾在天界中的所見所聞，他被立為審判的先知（12~16章；參結一至二章)。另外《週數啟示錄》93.1~10及91.11~17)[20]，又記載以諾得到天上異象，從天上的泥版得到知識智慧，把人類歷史由以諾起到世界終結共分為十個時期，即十「週」。以諾在傳統中擔任多種角色，包括先見、智者、文士、祭司（或中保)，甚至末後的審判者。最特別的是，《以諾一書》記載以諾的臨近，叫天使們也顫慄（1.5)，在猶太傳統中，只有看見上帝才會有這反應。以諾的地位比天使更高（參 13.7~10)，他可進到上帝寶座的殿中，直接達到上帝面前，就連天使也不能到的禁地（14.24~15.2)[21]。

---

19 寫於公元前2至3世紀。

20 寫於公元前2世紀。

21 在更後期的《以諾三書》（公元5~6世紀）中，以諾的地位與神聖的米大隆（Metatron）等同（亦參《託約拿單名的他爾根》之創世記 5.24)。早期基督教天啟文獻中，記載以諾和以利亞在世界末日前要先來。

《以諾一書》之〈比喻篇〉(37至71章)[22] 經常提及一位稱為「義者」、「蒙揀選的」、「彌賽亞」和「人子」。「人子」在舊約的天啟文獻中出現，那「一位好像人子的」(但七9~14)。《以諾一書》46章將但以理書第七章的人子理解作一位帶有屬天素質、蒙上帝揀選的使者，他的權柄僅次於上帝，是上帝的代表。他要坐在榮耀的寶座上(45.3；亦見51.3，55.4，61.8等)，在末日施行審判。這人子在〈比喻篇〉中極可能是指以諾。在《以斯拉四書》13章，以斯拉所見第六個異象，有一位狀似人形的，從海的中央出來(13.3)，以他口中的話作為爭戰的武器，消滅那些要勝過他的敵人(13.4、28)。

5.1.1.3. 天使

希伯來聖經中，在天庭中有稱為上帝的眾子們(見詩二十九1，八十九6；伯二1；另《七十士譯本》申三十二8；但三25)，他們雖有被稱為神的，然而還是上帝所造的(見《禧年書》2.2)。在第二聖殿時期，在猶太人的思想中，天使所承擔的角色愈發重要，他們之間的分工更多、更仔細。在死海文庫中，往往以「聖者們」和「天上的眾子」稱呼天使，並且與「知識的靈」平行使用。

根據猶太教天啟主義的傳統，天使有等級之分，有一位作為所有天使之首，就是指天使長米迦勒，還有多位天使長，通常是四位，對應大地四方，或是七位，因七是完全之數。其他有名字的天使長包括加百列、拉斐耳、拉古勒、撒

---

22 大概成書於公元1世紀末至2世紀初。

利爾、雷米勒和烏利爾（但九 21；《多比傳》12.15；《以諾一書》9.1，21.5、10；《以斯拉四書》4.1 等）。在《社群守則》（如 3.20~22）和《戰卷》（如 13.10~12）中，有光明的天使與黑暗的天使彼此對抗。《麥基洗德卷》(11Q13)中，麥基洗德與彼列及他的使者們對敵。

天使的工作有以下七方面：

1. 在天庭中敬拜上帝，向上帝歌唱(《約伯遺訓》48~50 章；參《以諾一書》61.9~13；《以諾二書》20.4~21.1）；
2. 天使掌管或居住於不同的星體（《所羅門遺訓》18.2~8；《禧年書》19 章）[23]；
3. 他們按照上帝的旨意，宣告並執行上帝的懲罰（但四 13~26；《拿弗他利遺訓》8.6；《以諾一書》56 章），他們其中的文士，保存著將來在審判時所要揭開的記錄（但七 10；《以諾一書》89.61~77；《以諾二書》19.5）；
4. 天使是教師和啟示的中保。特別於天啟文學，天使是天界的嚮導，亦是啟示的詮釋者(見如但七至十二章；《以諾一書》17~36 章）。在後期的傳統中，當摩西從上帝那裏領受律法時，天使是中間人（約瑟夫《猶太古史》15.136；《禧年書》1.27 及後；加三 19；來二 2）；
5. 每個國家都有其守護的天使。根據詩篇八十二篇，至高者的兒子聚集在天庭[24]，他們本是管理萬邦，並且在其中施行公義的，但他們既未有按公義完成授予他們的責

23 《所羅門遺訓》既非所羅門所寫，亦非遺訓，是一本關於驅鬼的書，寫於公元 1 至 3 世紀之間。

24 天庭是安置在第七層（或第八層）的天上，每層天都由無數的天使所守護。

任，便要面對從上帝而來死亡的審判。這思想在猶太教的典籍中，廣被發揮。根據後期猶太的傳統，每一個國家都有自己的守護天使，在但以理書稱為「大君」(十 13、21，十二 1；參《便西拉智訓》17.17)。每個國家的天使，猶如他們的神明，是他們國家的維護者（申三十二 8）[25]。以色列的守護天使是米迦勒（但十 13、21，十二 1)。這些天使不一定都服從上帝，他們當中有誘使國邦偏離上帝者(見如《禧年書》48.9、16~17;《以諾一書》89.59~90.19)；

6. 除了國家，天使亦是個人的守護者，他們幫助和保護敬虔的人免受災害，並將他們的禱告帶到上帝的面前（但三 25、28；《以諾一書》100.5 等)；
7. 因為天使中有不服從上帝的（參創六 1~4)，出現了正與邪的靈界爭戰，在但以理書十至十一章，波斯和希臘帝國都有他們天使的大君作代表，與代表以色列的米迦勒爭鬥（但十 13、20~21，十一 1)。正邪之爭亦見於昆蘭的《社群守則》和《戰卷》，當中記載光明的使者與黑暗的使者之爭，即米迦勒與彼列之爭，這會於下段較詳細討論。在末日的時候，天使天軍會協助上帝和上帝子民的大軍，與黑暗和邪惡的權勢作決定性的爭戰。

在第二聖殿時期，漸次出現一個主要的中保，這可能是

---

25 希伯來正典申命記三十二章 8 節中「以色列人的數目」，在《七十士譯本》譯作「神的天使」，在昆蘭文獻中作「神的眾子」。見 Skehan, "A Fragment of the Song of Moses (Deut. 32) from Qumran," *BASOR* 136（1954）: 12~15。

一位主要的天使，或一位古聖先賢，或是上帝屬性的延伸。然而，不論這些屬天的權勢有多大權能，他們都不能與上帝相比，以色列人不可向這些屬天的權柄禱告或獻祭。沒有具體的證據說明，民間有對天使的敬拜[26]。但最少這是「官方」禁止的[27]。

5.1.2. 一神論下的二元思想

在希伯來聖經當中，那敵擋（來：*satan*）上帝的天使，稱為「敵擋者」（見如民二十二 22、32），這「敵擋者」（來：*ha satan*）也可看為是獨特的一位（伯一至二章；《約伯遺訓》），然而「敵擋者」一字並未成為專有名詞。在第二聖殿時期，那「敵擋者」漸次地以個人身分出現，他的名字叫「馬撒但瑪」（希伯來字根指「毀滅」，參何九 7~8；《禧年書》10，11.5、11，17.16；《社群守則》16.5）、彼列（《社群守則》23.2~3；4Q286；林後六 15）[28] 等不同的名稱，他掌管著邪惡的勢力，是上帝的頭號敵人，也是那些敬拜上帝的義人之敵人[29]。

在《以諾一書》的〈天使篇〉（6~36 章；寫於約公元前

---

26 特別參 Hurtado, *One God One Lord*, pp.xi~xii 對有關當代猶太人有敬拜天使或其他人物之說的反駁。

27 在後來拉比的著作中，曾就「天界二權」之說，大力鞭撻，針對當時基督教敬拜耶穌，並靈智派二神之說。有關這方面詳細的討論，參 Segal, *Two Powers in Heaven: Early Rabbinic Reports about Christianity and Gnosticism*。

28 在 1QM 13.10~12，彼列稱為「馬撒但瑪的天使」。

29 有關第二聖殿期有關撒但和鬼魔的猶太傳統，可參 Sacchi, *Jewish Apocalyptic and its History*, pp.211~232。

2至3世紀)中，以創世記六章1至5節解釋邪惡的由來。「上帝的兒子」指那些反叛的天使，而森哈撒或亞撒力是他們的領袖（6.3，10.4），這些天使被綑綁，直到最後的審判（10.11~12），但這些墮落了的天使與女人所生的後裔，就是那些「巨人」，他們的靈變成邪靈（15.8~10），在地上散播魔法、罪惡、暴力和死亡。《禧年書》亦使用了這傳統來說明邪惡的來源，這些邪靈的領袖就是馬撒但瑪，十分之一的靈追隨了他，他們摧毀人類，誤導眾生。死海文庫也有使用這以諾的傳統（參《大馬士革文獻》2.15~16；4Q180）。

死海文庫的《社群守則》「有關二靈的指導」（Instruction on the Two Spirits；3.13~4.26）分辨「光明的天使」，就是掌管那些義者的，而那「黑暗的天使」[30]，就是使惡人行不法之事的那位。光明的天使滿是謙卑、美善和智慧，黑暗的天使滿是貪婪、惡毒和虛假。全人類分別在這兩靈的治理之下[31]。麥基洗德（公義之王）作為上帝在末世審判的使者（11Q13），也有與他相對的麥基拉沙（惡毒之王；4Q280 fr 2）。這和《亞設遺訓》6章4至6節，指「平安天使」和「邪惡天使」掌管兩類人的命運，有相似的地方。

在第二聖殿時期，雖然凸顯了一位與上帝為敵的對頭，但與這邪惡直接對敵的，往往是另一位較上帝美善的靈體，

---

30 有關光明的天使與黑暗的天使，是否分別等同於真理的靈和撒謊的靈，歷來爭辯甚多，可參 Wernberg-Møller, "A Reconsideration of the Two Spirits in the Rule of the Community (1Q Serek III,13-IV,26)," pp.413~441。

31 有關「二靈」之說，是受波斯瑣羅亞斯德教或稱祆教所影響，請參 Collins, *Apocalypticism in the Dead Sea Scrolls*, pp.41~43。

形成有如波斯宗教那種絕對的二元思想[32]，不過，正邪對壘，難分勝負的局面，並沒有出現。最終上帝的得勝是肯定的，因祂是獨一的主宰。

5.2. 揀選、聖約與聖殿

上帝是獨一的，祂創造世界，且掌管整個宇宙，並人類歷史的進程。上帝是獨特的，祂是以色列的上帝，祂與以色列之間的關係，有別於所有其他民族國家。猶太人所信奉的上帝，並非一個形而上的超越者，而是「以色列的上帝」，是以色列人「列祖的上帝」(見如《馬加比三書》5.13，7.16；《馬加比四書》12.17；《約瑟與亞西納書》7.5，11.10)。以色列是上帝所揀選的，從萬民中把他們分別為聖(利二十24~26)。上帝與以色列之間有立約的關係，這立約關係實際的體現，是以色列民遵行上帝在約中所訂立的律法，上帝則應許以色列民得應許之地為業。在王國時期，對猶大國來說，聖殿的存在就是上帝住在以色列民中間具體的象徵。

5.2.1. 聖約、立約的子民及應許之地

在希伯來聖經中，以不同的方式表達上帝與以色列的關係，其中一種，是以古代近東的立約來描述兩者的關係[33]。

---

32 有關不同種類的二元論，可參 Gammie, "Spatial and Ethical Dualism in Jewish Wisdom and Apocalyptic Literature," pp.356~385; Wright, *The New Testament and the People of God*, pp.252~256。

33 有關這些古代近東立約的格式，可參 Mendenhall & Herion, "Covenant," *Anchor Bible Dictionary*, 1.1180~1183。有關約的觀念對

在希伯來聖經中，使用「約」、「揀選」（如申七 6，十四 2）、立約宗主的引入公式（「我是耶和華（你們的上帝）」，出六 7；利二十六 13；耶二十四 7；結三十七 28 等）、立約的關係公式（「我要作你們的上帝，你們要作我的子民」，利二十六 12；「作我的產業」，申四 20；以及其他多種不同的表達方式，如耶三十一 31~34 等）[34]。這約不單表達上帝的獨一，以色列在祂的保護和管治之下，同時以色列要服在此約的條款之下。

那獨一的上帝與以色列人立約，深深地銘刻在以色列這民族文化的深層結構之中。這約建基於上帝與以色列的列祖亞伯拉罕、以撒和雅各的應許（見創十二 1~3，十五 1~6，十七 1~8，二十二章等）。上帝曾應許亞伯拉罕的後裔成為大國，並且得承受應許之地為產業（創十二 1~3，十五 1~6、17~21，十七 1~8）。上帝因著記念與以色列列祖所立的約，將以色列民從為奴的埃及中拯救出來（出二 24~25，二十 1~2；參申二十六 5~10）。以色列人則要謹守遵行這約的律例和典章，便得以迦南地為業（申二十六 17~19）。他們若違背上帝與列祖所立的約，不遵守這約的命令，必要面對從迦南地被趕散的咒詛（利二十六 14~32；申二十八 15~68，二十九 16~28，三十一 16~29）。雖然如此，他們必有歸回的一天，上帝要更新與他們所立的約，他們要再次遵守耶和華的一切誡命（申三十 3~10）。以色列是上帝的首生（出四 22），是

以色列人身分確認之重要性，可參 Segal, *Rebecca's Children: Judaism and Christianity in the Roman World,* pp.4~12。

34 有關立約公式的有關經文，參 Rendtorff, *The Covenant Formula: An Exegetical and Theological Investigation* 之附錄，pp.93~94。

「初熟的果子」(耶二 3)，是歸於上帝和全然屬於祂的。以色列之所以成為聖潔之民（出十九 6；利十九 2)，正是因他們與上帝之間這種特殊的立約關係。

被擄以及被擄之後，旅居在散居地的猶太人一直期盼的，就是歸回故土，重回應許之地（見如耶二十四 6)，土地會重新分配（見如結四十七 15~四十八 35)，並重建聖殿（參如番三 20；亞十四 8~19)，回復以色列過往的光輝[35]。在歸回之後，以斯拉的改革嚴禁以色列人與外族通婚等條例（拉九至十章；參申七 3~6；《禧年書》25.3，30.7~8；《託斐羅名聖經猶太古史》9.5)，反映立約子民要從其他民族當中分別出來的重要性。

馬加比的揭竿起義，雖然有不少政治和經濟的因素，不單純是宗教上的原因，然而他們以抗衡文化侵略、抗拒宗教和民族同化為口號，搏得群眾的支持；「猶太教」（希：*Ioudaismos*）一字在這時期首次出現（《馬加比二書》2.21，8.1，14.38)。馬加比的英烈都被形容為對猶太教熱心的忠貞分子。這些都與以色列人以自己蒙上帝揀選作立約的子民這獨特的身分有關。正如《禧年書》15.31~32 所言：

> 祂揀選以色列，使他們成為屬於自己的子民。祂使他們得成聖潔，從萬民之中招聚他們，因為縱有各族各國的人，他們都全屬於祂，但這些民族國家，祂派那些管理他們的靈，叫他們被誘導偏離了祂。惟有以色列，祂沒有派任何天使或靈管理，因為惟

---

35 有關以色列人被擄對舊約、對早期猶太教和新約思想的重要，參 Scott, ed. *Exile: Old Testament, Jewish, & Christian Conceptions*。

獨祂是他們的君王，祂要保護他們……。

愛色尼群體相信他們是那真正的以色列民，上帝與他們再立新約。第二聖殿時期的智慧文學《便西拉智訓》也強調以色列是耶和華自己的分（17.17；參 24.8~23，28.7，42.2），並且頌讚在以色列人的歷史中（44~50 章），那些謹守諸約的後代（44.12）。天啟文學的作者，也仰望那位守約的上帝，為以色列人辯屈伸冤（見如《以斯拉四書》5.21~30）。學者維特（N.T. Wright）總結說：「立約神學是當時猶太教所呼吸的空氣。」[36]

5.2.2. 聖約與妥拉

以色列作為上帝所揀選、與之立約的子民，要遵守耶和華在約中所立的命令，這於上文已提及。毫無疑問，在舊約時期，正如辛特斯所言，遵守上帝在約中所賜的誡命是對上帝的揀選所作的回應，因此恩典是先於律法，行律法只是叫上帝的子民保守及彰顯其立約子民的身分，而並非叫他們得救的途徑，只有那些公開反抗遵行律法、並且不思悔改的人，才會被排拒諸聖約以外。辛氏稱這為「立約律法論」（covenantal nomism），這信仰基本的結構或形態有八方面：（1）上帝揀選以色列民，並且（2）賜他們律法。這律法表達（3）上帝對揀選這應許的肯定和（4）要求以色列民遵守。（5）上帝賞賜順服的，懲罰犯罪的。（6）這律法同時提供贖罪的途徑，透過贖罪，以色列人可以（7）重修或維持與上

36 Wright, *The New Testament and the People of God*, p.262.

帝之間約的關係。（8）凡因順服而保留在聖約之內者，便可以得救[37]。

猶太教注重研讀和實踐律法，是一個不爭的事實。在第二聖殿時期，猶太教中出現不同的派系，除了有歷史社會因素，亦與他們在解釋和實踐律法上出現分歧有關。然而，所有猶太人的男丁，不論是住在巴勒斯坦還是散居地，都要接受割禮，這是他們作為猶太人身分一個極重要的象徵[38]。不只是居於猶大地的猶太人虔守律法所規定的節期和禁食條例，散居其他地方的猶太社群也是一樣，他們守逾越節（見如斐羅《論特殊法律》2.145~149）、住棚節（見如斐羅《反駁弗拉克斯》116~118）、贖罪日（見如約瑟夫《猶太古史》3.240~243；斐羅《論特殊法律》2.193~203）和安息日（見如斐羅《為猶太人辯護》7.14）。不少散居的猶太人都遵守食物的條例，禁戒豬肉（斐羅《外交使團上奏該猶記》361~362），不會和外邦人一起用膳。約瑟夫居住在羅馬期間，仍以遵守猶太人的食物條例為榮（《反駁阿皮安》2.173~174、234、282）。《馬加比四書》和《約瑟與亞西納書》對於遵守食物條例更極端[39]。

---

37 見 Sanders, *Paul and the Palestinian Judaism*, p.422 的總結。不少學者都接受「立約律法論」的看法，如 Dunn 和 Wright。

38 根據《馬加比一書》1.14~15，當時有些猶太教的背道者，企圖在耶路撒冷建造希臘式的運動場，並去除身上割禮的印記，這等於離棄了聖約。在馬加比的革命之中，革命者強調要為所有未受割禮的男丁行割禮（2.46）。

39 有關當代如何界分誰是猶太人，特別參 Smith, "Fences and Neighbors: Some Contours of Early Judaism," pp.1~25。

然而，在第二聖殿時期，律法在猶太教所佔的地位，特別是律法與得救的關係，仍是一個爭論不休的問題。紐士拿指出辛特斯在建立他的論據時，多使用拉比文獻中描述故事性（哈加達；haggadic）的資料，較少使用律例（哈拉加；halakhic）的材料。而且，要比較保羅思想與當代猶太教的宗教結構，必須找出兩者之間一些共通的問題。然而，在坦拿時期（tannaitic period；公元前 50 至公元 200 年）的拉比文獻，除了難以確定這些文獻的寫作日期及原來生活的狀況，救恩並非當時拉比所關注的問題，將保羅救贖論與拉比文獻作比較是否合適，便成疑問了[40]。事實上，較多討論救贖論的文獻，是天啟思潮的著作，但辛氏卻嚴重忽視這些著作在聖約與揀選、順服與慈悲這些關係上的分析[41]。燊輝引用亞維曼里的研究，認為拉比猶太教容許「立約主義」（covenantalism，強調上帝的揀選）和「律法主義」（nomism，因行為得救）並存，兩者之間確實存在著張力，然而未有試圖建立一個和諧的系統[42]。因此，他們一方面強調上帝的揀選，另一方面又強調人要遵行律法，才配得成為屬上帝的子民。例如《以斯拉四書》就明言，人要行律法得救，辛氏只

40 Neusner, "The Use of the Later Rabbinic Evidence for the Study of Paul."

41 Seifrid, *Justification by Faith: The Origin & Development of a Central Pauline Theme*, pp.58~59；Hengel and Deines, "Sanders' Judaism, Jesus, and the Pharisees," pp.54~55，同樣認為辛氏嚴重忽視了這段時期的天啟末世論。

42 Seifrid, "The 'New Perspective on Paul' and its Problems," *Themelios* 25 (2000): 5。

將之看成例外，但事實上，第 1 世紀猶太教根本並非如此統一[43]。

晚近學者艾理略[44]，重新仔細檢視第二聖殿時期猶太教的著作，發現早期猶太教的觀念，並非全如辛氏所理解，認為他們仍舊保留立摩西之約時那種無條件、單向（unconditional and unilateral）的立約神學，而是高度個人化及有附帶條件的立約觀念。基於立約規定中的二元思想，發展出二元的拯救論，即整個世界，特別是以色列本身，根據他們救恩的經歷，分為義與不義兩類人。這觀念亦見於彌賽亞，彌賽亞並不是為著全以色列國，只是其中一些真正蒙揀選的。末世的審判臨到整個世界，包括以色列和列邦，其中只有那義的群體（這群體不是指以色列全體，而是當中的一部分），才得著最終的挽回；他們是「生還者」（survivors），艾氏稱此拯救論為「毀壞－保守拯救論」（destruction-preservation soteriology），因為這群體相信惟有義者在審判之中得著保守，成為蒙拯救的餘民。

5.2.3. 聖約與聖殿

上文已提及，上帝揀選以色列民，與他們可得享應許之地，有不可分割的關係。撒母耳記下七章 8 至 10 節記載上

---

43 見如 Collins, *Between Athens and Jerusalem: Jewish Identity in the Hellenistic Diaspora*, pp.21~23 對 Sanders 類似的批評。特別參 Carson, O'Brien and Seifrid (eds.), *Justification and Variegated Nomism*, vol.1: *The Complexities of Second Temple Judaism* 的全面研究。

44 *The Survivors of Israel: A Reconsideration of the Theology of Pre-Christian Judaism.*

帝與大衛立約，將給大衛王朝的應許與以色列民得地為業的應許連起來。聖殿的建造（撒下七 13）與大衛國權的建立，息息相關。上帝揀選錫安代表上帝在聖殿彰顯祂的權柄與同在，聖殿和錫安要成為上帝子民敬拜的中心，政治和宗教聚焦於耶路撒冷，上帝的子民因此被團結起來。根據猶太錫安的傳統，耶和華是大君王（如詩四十七 3，四十八 3），而且揀選耶路撒冷作為大君王的城邑（詩四十八 9，六十八 16~17、30，八十七 1、5），錫安是耶和華的居所，耶路撒冷必因耶和華的同在而永不動搖（詩四十六 7~8，四十八 4）[45]。聖殿的存在，象徵並保證以色列人得享應許之地為業。

第一聖殿被毀後（公元前 586 年），先知以西結就曾預言新耶路撒冷的重現（結四十七 1~12）。歸回的先知哈該（約公元前 520~515 年）就敦促以色列人要同心重建聖殿，雖然以色列人期望所建的聖殿是極高聳宏偉的（參代下七 21；《以諾一書》90.29；《西卜神諭記》5.425），但由於資源匱乏，他們只有接受規模較小的聖殿建築。至大希律統治之時，有一段穩定繁榮時期，大希律也為要討好猶太人，表達他的敬虔，並表明自己是猶太人的王，在公元前 20 年實行重修第二聖殿（《猶太古史》15.385~387），要回復昔日所羅門聖殿的榮耀[46]。根據約翰福音二章 20 節，這修殿工程為期四十六

---

45 特別參 Roberts, "Zion in the Theology of the Davidic-Solomonic Empire," pp.95~108。

46 第二聖殿曾經過多次的損壞，曾在安提阿古四世之下被污穢（公元前 169 年；見馬一 1.21~23），並且被毀壞（馬一 4.38），猶大馬加比就曾重修祭壇、聖所及有關的器皿（馬一 4.48~49）。此外還經過多次的修建（見馬一 9.54，13.52，14.15；約瑟夫《猶太古史》，13.372~373）。在龐培攻佔耶路撒冷時，曾對聖殿造成一定程度的

年，在大希律死後仍繼續進行[47]。

對於住在猶大地的以色列人來說，只有一個聖殿，正如只有一神（約瑟夫《反駁阿皮安》2.193）。他們相信整個世界以聖殿為中心[48]。以賽亞書（四十八 2，五十二 1）和尼希米記（十一 1）將聖潔的範圍，不再局限於聖殿之內，而是包括耶路撒冷全城。撒迦利亞書就更將範圍伸延至猶大全地（二 14~17）。在第二聖殿時期，猶太教指聖潔以至聖所為中心發放開去，延至整個聖殿，由聖殿到整個耶路撒冷城，然後由整個城伸延至耶和華應許給以色列的全地[49]。這時候，屬天聖殿的觀念開始出現（《以諾一書》6~36 章；《利未遺訓》5.1；《亞伯拉罕啟示錄》18 章；《馬加比三書》2.15；參賽六章），這聖殿將有一天取代地上的聖殿（《以諾一書》85~91 章）[50]。

第二聖殿——特別是經過大希律修建後的聖殿——不只是耶路撒冷，更是全以色列中最宏偉的建築物，這龐大長

毀壞（《猶太古史》14.58~73），當希律就任作王時，有些聖殿的迴廊曾遭焚燒（《猶太古史》14.476）。

47 有關第二聖殿及大希律所修建的聖殿之結構，可參 VanderKam, *Introduction to Early Judaism*, pp.194~203。

48 後期拉比的著作中，將聖殿看為大地的肚臍，是這世界孕育的地方，亦是天、地與地底下相連之處。還有傳說視錫安為耶和華創造這世界時所立之地。亦見於《禧年書》8.19。

49 參《阿立斯蒂亞書信》83；《禧年書》8.17~19；約瑟夫《猶太戰記》3.52 等。有關此點，特別參 Neusner, *The Idea of Purity in Ancient Judaism*。

50 有關屬天的聖殿，可參 Rowland, "The Second Temple: Focus of Ideological Struggle?" pp.175~198。

方形的建築，現在發現在西牆的鞏土石，最長的有四十尺，在東牆有一塊石頭重量超過一百噸。根據約瑟夫的記載，用作裝飾聖殿的精金之多，經太陽的反照，耀目得叫人難以睜眼。在朝聖的期間，聖殿可容納七萬五千多人。猶太男丁每年有三次主要的朝聖節期——逾越節、五旬節和住棚節[51]，因此，耶路撒冷雖並非在當時經商的要道上，卻是一個經濟活潑的城市[52]。獻祭所用的牲口和祭物、土產的十一奉獻，以及所有二十歲及以上的男丁要繳交聖殿稅（又稱為「贖罪銀」，參出三十 16；在當時為半個舍客勒），都成為耶路撒冷財富的來源[53]。當然得益最大的，仍是耶路撒冷城的王親國戚和大祭司的家族成員。

聖殿是當時以色列政治和宗教的心臟。自哈斯摩尼阿王朝，約拿單將王權與大祭司的宗教權柄集於一身（公元前 153/2 年），自此，大祭司的家族及他們的聯盟撒都該派在政治和宗教上的影響，都舉足輕重。在耶路撒冷設有以大祭司為首的七十人（或七十一人，參《米示拿》之〈議會〉1.6）議會（《和合本》譯作「猶太人公會」）[54]，是當時猶太全地

---

51 與聖殿有關主要的節期如下：逾越節（出十二章）、無酵節（出十二章；民二十八 19~25）、第二逾越節（民九 9~12）、五旬節（利二十三 11~16）、吹角節（新年；民二十九 1~6；利二十三 23~25）、贖罪日（利十六 29~31）、住棚節（利二十三 33~36）、修殿節（《馬一》4.52~59；《馬二》1.8）和普珥節（《馬二》15.36；參斯九 24~26）。

52 參 Goodman, "The Pilgrimage Economy of Jerusalem in the Second Temple Period," pp.69~76。

53 有關此點，參 Sanders, *Judaism: Practice & Belief 63 B.C.E.~66 C.E.*, pp.163~164。

54 在羅馬時期首見記載 *sanhedrin* ，這字可指一個地方或國家的議

五個公會中最具影響力的[55]，有相當的行政、立法和司法權力，處理有關個人的罪案[56]。

在第二聖殿時期，雖有會堂[57]，給猶太人禱告及研讀妥拉，這在散居地尤為重要。然而，會堂與聖殿之間，並沒有

會，處理不同的事務。根據《米示拿》之〈議會〉1.6，只要在城鎮中有一百二十個猶太人便可有為數二十三人的小型公會。

55 根據約瑟夫（《猶太古史》14.91），在公元前 63 年龐培將軍進佔耶路撒冷後，在猶太全地設立五個公會，分別為耶路撒冷、加大拉、亞馬突、耶利哥和西翟尼斯，分別管理五個不同的區域。

56 有歷史文獻記載，在公會中最著名的審訊有大希律（約瑟夫《猶太古史》14.175）和耶穌（見如太二十六 57~59；可十四 53~55，十五 1；路二十二 66；約十一 47~50）。使徒行傳多次記載使徒被帶到公會面前受審（四 6，五 17、21，六 12~七 60，二十二 30~二十三 10）。此外，約瑟夫也記載了耶穌的兄弟雅各在公會受審（《猶太古史》20.200）。根據後期拉比的文獻，公會也處理宗教的事宜，由兩名法利賽領袖主持。因此有學者認為有兩種不同的公會，分別處理宗教和政治事務，然而我們未有任何資料證明在第二聖殿時期有這種安排。

57 會堂於何時出現，已無從稽考，可能是在第一聖殿被毀、以色列人被擄至巴比倫之後。在公元 3 世紀埃及的散居地，有用希臘文 *proseuche* 一字指猶太人聚集敬拜的地方，其意思是「禱告、禱告的地方」。「會堂」*synagôgē* 一字，可作聚集，因此有認為散居地的猶太人用這字，有別於拉比時期的用法，「會堂」不等同地方。特別參 McKay, "Ancient Synagogues: The Continuing Dialectic between two Major Views," *Current Research: Biblical Studies* 6 (1998):103~142。在安息日猶太人聚集敬拜，有禱告和妥拉的教導及宣講（參路四 16~28；徒十三 14~19；約瑟夫《反駁阿皮安》2.175），平日也有早禱和晚禱的聚會。會堂也可用作教學、審訊、慈惠及其他的活動。在第二聖殿時期，會堂的建築物不只出現於散居地，在耶路撒冷城亦有會堂，但我們在猶太全地發掘到第二聖殿的會堂不多。有關會堂晚近的研究，可參 Binder, *Into the Temple Courts: The Place of the Synagogues in the Second Temple Period*；Levine, *The Ancient Synagogue*；Urman and Flesher, eds., *Ancient Synagogues*。

構成競爭。會堂的結構模仿聖殿，至聖所以存放於幔子背後妥拉的座(稱為「約櫃」，它有輪子可被推動)代替；會堂的早禱和晚禱，是在聖殿獻祭的時候，禱告的人面向耶路撒冷的聖殿，在在表明聖殿核心的地位；會堂絕對不可能取代聖殿的地位[58]。在昆蘭的愛色尼群體雖然似乎排斥聖殿，但他們所抗拒的，並非聖殿本身，而是主持聖殿的祭司，這些祭司並非按撒督的等次，因此污穢了聖殿。昆蘭群體也期望著聖殿有得以重光的一天[59]。耶路撒冷的核心地位一直維持，直至公元 70 年，猶太第一次叛亂，聖殿被毀於羅馬將軍提多的手上[60]。

5.3. 以色列的盼望——天啟與彌賽亞主義

耶和華對以色列立約子民的應許，是以色列盼望的根源。這盼望涉及整個民族，以至整體人類，其重點不在個人。在舊約較早的時期，這盼望往往是即近的，在一個歷史的架

---

58 有關此點，特別參 Cohen, "The Temple and the Synagogue," pp.298~325 詳細的討論。

59 特別參 Schiffman, "Jerusalem in the Dead Sea Scrolls," pp.73~88。

60 除了耶路撒冷的聖殿，還有在基利心山上撒馬利亞人的聖殿，於公元前 128 年為馬加比所毀。在埃及伊里芬丁和尼安多波尼斯曾分別建有猶太聖殿。根據約瑟夫的記載（《猶太古史》1.31~33，7.420~436），尼安多波尼斯的聖殿是安提阿古玷污耶路撒冷聖殿後，一位撒督的祭司奧尼阿斯逃到埃及，在那裏興建的，這殿毀於公元 73 年。伊里芬丁的聖殿則建於幾個世紀前，主要是為猶太的兵團所建。

構之內，就如上帝應許亞伯拉罕土地及後裔，猶太人在被擄後必歸回，以色列必再復興等。但在以色列這民族的歷史經驗中，他們不單體會到即使是極盛的時期，就如在他們英明神武的君王大衛和所羅門的統治下，他們的管治並不全然美滿，再加上經歷滅國和被擄之痛，他們的期盼漸次轉向一個末世的黃金時期，亦是人類歷史的最後一個階段（我們現在稱為末世或終末時期），是一個和平、公義和興盛的時期。

這末世的概念，主要可分為兩種：先知末世論與天啟末世論，兩者有不少相同的地方，例如兩者都強調上帝介入人類的歷史，拯救其子民，根本性地改變整個歷史的形勢。不過，兩者有不同的強調，先知末世論強調猶太人遭遇列國的欺壓，是因為他們不守上帝的約，是上帝懲罰他們（見如摩四~八章；何四~十章；耶二~八章；結三十四~三十七章），天啟末世論的重點則指出逼迫猶太人諸國背後有那敵擋上帝的靈界宇宙性力量（見如賽二十四 17~23；但七 1~8），並且上帝在末世所要作的，是前所未有的，只有用新的創造才足以表達這種徹底的轉變，即使死亡也要被征服。在第二聖殿時期，這末世的盼望往往與一位受膏者或彌賽亞的來臨有密切的關係。在第二聖殿時期，天啟末世論佔相當重要[61] 的地位。

---

61 Charlesworth, "What has the Old Testament to Do with the New," *The Old and the New Testaments: Their Relationship and the 'Intertestamental' Literature*, p.70 就認為「舊約神學以天啟末世論作結，兩約中間的猶太教是天啟性的，新約神學是建基於以色列和猶太的天啟思想和天啟主義的。」

5.3.1. 天啓末世論

或者除了猶太社會中的掌權者樂於繼續作既得利益者，不願意有太多的轉變，相信大部分猶太人都期望著上帝會介入以色列人的歷史，將他們的處境徹底改變，因他們仍意識到整個民族是生活在「被擄」的境況之下，仍等待上帝重申祂的約，聖殿得以回復昔日的光輝、聖地得以潔淨、並且聖民能完全遵守上帝的律法。這些期盼於天啟末世觀，得到積極有力的表達。以下我們會探討猶太天啟主義的由來及天啟的世界觀[62]。

5.3.1.1. 猶太天啓主義的由來

有關希臘時期猶太天啟主義的由來，歷來爭辯甚多。有認為是受外族思想的影響，包括巴比倫的預視的智慧（mantic wisdom；占卜和異夢的解釋）[63]，然而，巴比倫的預視智慧，並未包含猶太天啟主義中極重要的超越和宇宙性的末世觀。有認為是受波斯天啟主義及波斯祆教二元思想的影響，加上晚近發現的昆蘭文獻中的強烈二元論，益發強化這印象[64]。由於波斯的天啟著作多是較晚期的，因此有認為波斯天啟論反而是受猶太天啟主義的影響。不過，鑑於天啟末世觀早在

---

62 猶太天啟主義對我們了解新約末世觀提供極重要的背景，Käsemann就有此名句：「啟示觀念是所有基督教神學之母」，見 *New Testament Questions of Today*, p.102。

63 Müller, *Mantische Weisheit und Apokalytik.*

64 晚近支持此論調者，特別參 Cohen, *Cosmos, Chaos and the World to Come: The Ancient Roots of Apocalyptic Faith*。

公元前六世紀已見於祆教的著作，後期的著作互為影響是可能的，不過，我們並未有確切的證據，說明猶太天啟主義是源於波斯的[65]。韓高則認為猶太天啟主義的出現，是受希臘思想的影響[66]。

似乎更直接的，天啟主義是來自猶太本身已有的觀念。有認為是發展自猶太智慧的思想[67]，然而，更可能是從猶太先知預言推展出來。學者郭斯認為是先知將有關創造的神話，特別是宇宙戰神的主題（Cosmic Warrior motif），重新引進希伯來的思想中，為天啟的異象鋪路[68]。他的學生韓信基本上接受老師的看法，認為原始天啟主義始於第二以賽亞書（Second Isaiah），發展至撒迦利亞書九至十三章和以賽亞書二十四至二十七章所表達的，是為早期天啟主義，後再發展至撒迦利亞書十四章的中期天啟主義。他聲稱，這發展的過程是由群體內部的矛盾所帶動。這衝突存在於一群強調異象

---

65 有關猶太天啟主義含有波斯天啟主義的元素，特別參 Hultgård, "Persian Apocalyptism," *The Encyclopedia of Apocalypticism*, ed. J. J. Collins, vol.1: *The Origins of Apocalypticism in Judaism and Christianity*, pp.79~81；Collins, *Apocalyptism in the Dead Sea Scrolls* , pp.41~43。

66 Hengel, *Judaism and Hellenism*, 1.210~218.

67 von Rad, *Old Testament Theology*, ET (New York: Harper & Row, 1965), 2.306~307；同上作者，*Wisdom in Israel*, ET ，頁 263~283；Smith, "Wisdom and Apocalyptic,' in *Religious Syncretism in Antiquity*, ed. B. A. Pearson, pp.131~156。但他的看法，並未有得到大部分學者的支持，主要原因是 von Rad 在定義「智慧」時，含混不清，特別參 Collins, "Wisdom, Apocalypticism, and Generic Compatibility," pp.166~174。

68 參 Cross, *Canaanite Myth and Hebrew Epic* , pp.344~346。

和超越末世論的信眾與另一群祭司群體之間，這祭司群體強調以西結先知重建聖殿的預言，並推動重建耶路撒冷。最後這群堅持重建聖殿的人得逞，並擁有政治實權，那強調超越末世論的，只有退隱，後發展為天啟主義者[69]。然而郭斯與韓信只將注意力集中於一兩個元素，未能全面解釋天啟主義的複雜性[70]，我們只可以說，天啟著作用了神話的元素，卻難以證明這些元素形成天啟主義。

古代近東戰神的神話、巴比倫的預視智慧、波斯的天啟主義和希臘的思想，對猶太天啟主義的產生，都極可能有一定的影響，只是直接還是間接，程度有多少的問題，則不得而知[71]，不過，可以較肯定的是，天啟主義者在重新解釋先知的預言時，注入了各種新的元素[72]。

天啟主義的確有反抗當下權力制度的傾向，要推翻舊有霸權，確立新的秩序和新的社群。然而，我們必須個別檢視每一卷天啟文獻的情況，才作概括性的總結，不宜單以社會學或人類學的模型，去規範了對這些文學的理解，或過分簡

69 Hanson, *The Dawn of Apocalyptic*.

70 針對郭斯及韓信的看法，可參 Oswalt, "Recent Studies in Old Testament Apocalyptic," pp.378~385。有關天啟主義與古代近東神話的關係，可參 Clifford, "The Roots of Apocalypticism in New Eastern Myth," *The Origins of Apocalypticism in Judaism and Christianity*, pp.3~38。

71 參如 Collins, *The Apocalyptic Imagination: An Introduction to Jewish Apocalyptic Literature*, pp.23~40； Rowland, *The Open Heaven: A Study of Apocalyptic in Judaism and Early Christianity* , pp.203~213。

72 見如 Bauckham, "The Rise of Apocalyptic," *Themelios* 3 (1977): 10~23。

化了整個天啟主義的多元性。

雖然過往很多學者都認為，天啟主義的出現，是當一個群體面對一個空前的危機，社會動蕩，他們對現世失望，便將盼望投向他世，冀望在他世的未來得到最終的補償和得勝。然而，這說法亦備受質疑，因為波斯的天啟主義，就不是在這種情況下誕生的[73]。至於天啟文獻是否出於同一群體，也很難證實；有可能是出於多個群體，惟沿用同一文學傳統，個別群體所寫的天啟文學，亦會為另一群體所採用[74]。昆蘭文庫中有大量天啟內容，反映天啟主義的思想或許在當代是其中一種流行的觀念，發展成一種傳統[75]，只是被後來拉比猶太教所壓抑，致使在拉比的著作中完全沒有天啟論的成分。

5.3.1.2. 猶太天啓主義的世界觀

猶太天啟主義根源於希伯來的先知預言，並受各種近東思想所影響，所呈現的世界觀是要直接回應被擄後希臘和羅馬時期的以色列人，仍要面對在歸回後身處外族的統治下的挑戰；以賽亞和以西結所預言那榮耀光復的日子，並未實現。天啟主義者拒絕接受「次等的應驗」，回歸後所建的聖

---

73 參如 Grabbe, "The Social Setting of Early Jewish Apocalypticism," *Journal for the Study of Pseudepigrapha* 4 (1989): 27~47。

74 有認為天啟主義是源於哈西典人，見如 Kee, *Community of the New Age*, pp.77~87。

75 一個重構天啟傳統歷史的嘗試，可見於 Boccaccini, "Jewish Apocalyptic Tradition: The Contribution of Italian Scholarship," pp.39~48。

殿，並非先知應許的實現，他們相信以色列人的被擄，並未完結[76]。《以諾一書》的〈異夢篇〉83至91章，以諾向聖經中最長壽者瑪土撒拉敘述他在娶妻前所見的兩個異象。第一個是有關整個宇宙被毀滅；第二個是對舊約歷史的重新解釋，在王國時期以色列被擄之後，上帝不再直接統治以色列，而是透過七十位天使的「牧人」管理以色列民，直至末日。七十這數字大概是就耶利米先知預言以色列人被擄七十年的重新詮釋。在這段時期之內，上帝並沒有直接介入人類的歷史，這反映作者對這段歷史存消極的看法。後來的天啟觀念，如死海文庫中的《大馬士革文獻》1.5，將此段看為是撒但掌權的時期，是上帝忿怒的年代，撒但／彼列屢屢攻擊上帝的子民（《大馬士革文獻》4.12~13）[77]。

然而，上帝並非完全靜默，祂的應許最終仍要得到實現，當人類的罪惡昭彰到極點，便是逆轉之時。這最終的拯救是非常極端的，因此天啟主義少用新的出埃及、而是用新的創造去描述這救贖，在這新創造之後會出現新的紀元，那是一個不再為邪惡權勢所轄制，不再為罪惡所玷污的世界。在以諾的文獻中，多以整個世界會被洪水摧毀，作為現今紀元的終結，是上帝最終的審判。上帝仍是那掌權的上帝，祂會根據祂所定的時間，介入人類歷史（但十一 27、29、35~36），完成祂的拯救，列國和它們的使者無能力敵擋上帝的作為，甚而死亡也不能敵擋上帝，大局已為上帝所定。

---

76 有不少書籍只將天啟主義的特質臚列，而未有說明這些特性與當代的關係，見如 Koch, *The Rediscovery of Apocalyptic*, ET , pp.24~28；Morris, *Apocalyptic* , pp.34~67。

77 Bauckham, "The Rise of Apocalyptic," p.20.

以上簡單描繪了一些天啟主義的特質，指出其內容是從上帝而來超自然的啟示，透過一個古代的賢士，講述天界的事。對比於從人而來的傳統或人的理性，這啟示原本是隱藏的，惟有上帝向人揭示，人才可得知。蒙啟示者得瞥天上的景象，得悉人類的生活及歷史的進程是受著靈界之物所影響，靈界墮落的天使往往被視作邪惡的源頭。然而，上帝最終介入人類的歷史作終極的審判，這審判不單針對墮落的天使，也是關乎個人的。死人要復活接受賞賜或刑罰，這末世的結局能解決歷世以來的疑惑，就是為何義人要受苦，惡人卻得逞。真正屬上帝的子民，就是未有被墮落天使所操控的義人，會得到最終的祝福和拯救；那些背道反教的，卻要滅亡。不少天啟文學作品都指出這將臨的宇宙性審判已迫近眉睫，上帝的國度要完全彰顯，新的拯救和新的紀元快將開始。雖然天啟主義的史觀對今世人類歷史的看法似是消極的，但它的歷史先決論（determinism）卻是一種保證，就是上帝必然得勝，倚靠祂的人也必然得勝，這些義人必在歷史的終局前得到平反[78]。

---

78 Rowland, *The Open Heaven*，p.38；Elliott, *The Survivors of Israel*, pp.634~637.

5.3.2. 彌賽亞的期盼[79]

「彌賽亞」這詞意即「受膏者」(來：המשיח)。作為一種專稱，這詞雖然沒有在舊約聖經裏出現，但作為對某人的描述，在希伯來聖經中就出現過三十八次。根據舊約的記載，經膏油而立的有君王(撒上九 16，十二 3、5，二十四 7、11)、先知（王上十九 15~16；參王下九 1~3、6、12；賽六十一 1 及這段經文《他勒目》的翻譯；《社群守則》2.12，6.1；《戰卷》11.7）和祭司（出二十八 41；利四 3、5、16）。但並不局限於此，波斯王塞魯士亦可稱作上帝的「受膏者」，因為他是上帝分別出來，作為施行拯救的工具（賽四十五 1）。

彌賽亞成為以色列的盼望，大概始於以色列被擄之後。根據猶大國以大衛之約（撒下第七章）為中心的傳統，期盼一位從大衛家而出、能一統天下的君王出現（見耶二十三 5~6，三十 8~9；結三十七 21~28；亞十二 8；詩二，七十二等)，這位公義賢明的王者，將復興以色列國（彌五 1~3；耶二十三 5~6；結十七 23~24；亞九 9~10)。這王是大衛的後裔(詩十七，十八)。這些期盼是建基於耶和華與大衛所立的約(撒下七 11~17)。此外，在所謂王者之詩中（見詩二，十八，二十，二十一，四十五，七十二[80]，八十九，一百零一、一

---

79 有關第二聖殿時期彌賽亞觀念的著作甚多，除了以下註腳所提及的書外，還可參 Horsley, *Bandits, Prophets, and Messiahs: Popular Movements at the Time of Jesus*, New Voices in Biblical Studies ；Collins, *The Scepter and the Star: The Messiahs of the Dead Sea Scrolls and Other Ancient Literature*。

80 有關此詩對彌賽亞觀念的影響，參 Broyles, "The Redeeming King, Psalm 72's Contribution to the Messianic Ideal," pp.23~40。

百一十和一百四十四），以「王與他的上帝」為主題，內容關於上帝對大衛家的應許和訓誨，雖然這些詩歌的寫成，是針對當代的王室，但由於不少應許尚未成就，在被擄後，便期盼有一日上帝從大衛後裔中另立一位賢德公正的理想王帝，並且戰勝仇敵，管治萬國，他是上帝所立的王，亦是上帝的兒子（詩二）。在被擄後歸回的時期，所羅巴伯就曾引起先知以為他是彌賽亞的聯想（詩二 21~23；亞三 8）[81]。探討彌賽亞的觀念，我們不應只局限於「彌賽亞」一字的出現，有些帶有彌賽亞色彩的人物，作者並未有直接使用彌賽亞這詞稱呼這些人物[82]。我們可以將這些人物的出現分為三大類。

5.3.2.1. 一位稱爲「受膏者」的人物

在第二聖殿時期，最清楚有關彌賽亞的期盼見於《所羅門頌詩》（公元前 80~40 年）17 章[83]。17 章 5 至 10 節，是對當代哈斯摩尼阿王朝的批評；17 章 21 至 25 節是詩人的禱告，求上帝從大衛後裔中興起一位能按智慧和公義，並他口

---

81 有關彌賽亞與大衛王朝傳統的關係，詳參 Pomykala, *The Davidic Dynasty Tradition in Early Judaism: Its History and Significance for Messianism*。

82 艾雲（Evans, "Messianism," *Dictionary of New Testament Background*, pp.700~703）就列出了八種帶有彌賽亞色彩的人物：(1) 一位稱為「受膏者」的人物；(2) 未有使用「受膏者」一字的彌賽亞人物；(3) 提及有一位大衛的枝苗；(4)一位被喻作權杖的；(5) 一位稱為神的兒子的；(6) 一位稱為人子及蒙揀選的；(7) 兩位彌賽亞；和(8) 一位可能是被殺的彌賽亞 。

83 這詩反映對哈斯摩尼阿王朝的失望，及面對羅馬龐培將軍的來臨所帶來的焦慮。

中的言語審判不義的王帝、罪人和不法的萬邦。17 章 26 至 46 節描述這王會如何統治上帝的子民和萬國。這將要來的王是上帝和全世界之間的中保；他有三方面的特質：他是大衛的後裔、主膏抹了他，以及他得到聖靈的加力[84]。

此外，在昆蘭文庫中，4Q252（5.1~7；參 4Q161）在詮釋創世記四十九章 10 至 11 節時，期盼一位「大衛的枝苗」（Branch of David；參耶二十三 5~6，三十三 15~17；賽十一 1~6；4Q285）和公義的彌賽亞（Messiah of Justice）的出現。彌賽亞與大衛的枝苗指同一位人物。4Q174 在詮釋撒母耳記下七章 11 節下至 14 節上時，同樣講及一位大衛的枝苗，他要與律法的詮釋者一同興起（先知?；參申十八 18~19），並且在末後的日子，他要在錫安興起，顯示他在耶路撒冷城地位的重要，他會從敵人手中將以色列拯救出來。《社群守則》更提及兩位彌賽亞（9.9~11），一位是亞倫的彌賽亞，另一是以色列的彌賽亞[85]。《大馬士革文獻》亦曾多次提及「亞倫和以色列的彌賽亞」（12.23~13.1，14.18~19，19.10~11，19.22~20.1）[86]。在死海文獻的記載中，祭司彌賽亞的權柄往往凌駕於君王彌賽亞之上（見於《聖殿卷》58.18~19），反映出昆蘭群體祭司的出身。至於祭司作為拯救者，觀念根源於

---

84 特別參 Davenport, "The 'Anointed of the Lord' in Psalms of Solomon 17," pp.67~92。

85 有關這觀念舊約的根源，見耶利米書三十三章 15~18 節；撒迦利亞書四章 11~14 節，六 12~13；哈巴谷書二章 1~7 節。

86 參 Neusner, Green and Frerichs, eds., *Judaisms and their Messiahs at the Turn of the Christian Era*; Roberts, "The Old Testament's Contribution to Messianic Expectations," pp.39~51; J. C. Vanderkam, "Messianism and Apocalypticism," pp.193~228。

民數記二十五章 11 至 13 節；耶利米書三十三章 18 節（同時見於《利未遺訓》18.1~14）記載末後主要興起一位祭司的拯救者，他要除去以色列人的罪。4Q175 更引用了三段經文（申十八 18~19；民二十四 15~17 和申三十三 8~11），顯示這將要來的拯救者有先知、君王和祭司三重的身分。死海文獻對這方面的記載中，沒有太多解釋彌賽亞的身分，似乎假設了一般人都接受這角色會在末世出現。

5.3.2.2. 一位稱爲「上帝的兒子」、「上帝的首生」的

死海文獻 4Q246（1.7b~2.1，5~6）記載有一王稱為「偉大上帝的兒子」、「上帝的兒子」和「至高者的兒子」。他要將上帝的國度帶來，並且征服萬國，以公義治理全地。在 4Q369 就有一位彌賽亞色彩的人物，上帝立他為「祂的首生」(1 ii 6)，他要成為「全地的君王和統治者」。

5.3.2.3. 一位超越於人的個體

在第二聖殿的文獻中，還有以下幾種不同的方式，指那將臨的拯救者，是一位超越人的：（1）但以理書十二章 1 節，指他是一位超越的天使，就是天使米迦勒，他是天上的大祭司、以色列國守護的天使、天使天軍的元帥。（2）在昆蘭文獻中，這超越的拯救者是麥基洗德（11Q13），他要為上帝的眾子獻上贖罪祭，並要執行上帝的審判，叫上帝的眾子從彼列和諸靈的手中得釋放，這正應驗了以賽亞先知所預言，他是那宣揚和平和救恩的那位（賽五十二 7），宣告上帝掌權。（3）《以諾一書》的〈比喻篇〉（46~71 章，寫於公元 1 世紀末），記載一位好像人子的（特別見 46.1~6，48.2~10，52.4，

62.1~15，63.11，71.17；參但七 13），他是公義的，且滿有智慧，是那蒙主的靈所揀選的，要推翻諸王及其國度，他要坐在榮耀的寶座上審判罪人。（4）同期的《以斯拉四書》也記載了一位從海中出來駕著天雲的人（13 章），他以口中的火焰，滅盡那些圍攻他的人。

總括來說，在第二聖殿時期，直接提及彌賽亞的文獻不多，而且對這拯救者的描繪不一，顯示當時對彌賽亞的期盼，存在不同的看法。然而，這並不表示在一般人的心目中，彌賽亞的期盼並不重要。一些作者如約瑟夫和斐羅，為防羅馬政權對猶太人的猜疑而避免直接談及彌賽亞，這是可以理解的[87]。在公元 45 至 60 年間，有自稱先知的丟大（參徒五 36；《猶太古史》20.97~98），約瑟夫稱他為「欺騙者」可能與彌賽亞的預言有關。公元 66 年第一次叛亂時，約瑟夫說當時流傳有一人從猶大地興起成為全世界的統治者，這傳言是誘發猶太人叛亂的原因之一（《猶太戰記》6.310~315），約瑟夫雖未有說明是哪一段預言，然而很可能是民數記二十四章 17 節。根據優西比烏的記載（4.2.1~5），在公元 115 至 117 年間，在散居地的猶太人中，一個叫路加亞斯或安茲亞西的人挑起叛亂，近代學者多認為與彌賽亞有關。最明顯是第二次叛亂時期的領袖巴高巴，他的名字的意思是「星辰之子」，肯定是引用民數記二十四章 17 節的預言，以重建聖殿為口號，率眾叛亂。因此維特認為彌賽亞的思想實在潛藏於一般

---

87 見 Hecht, "Philo and Messiah," in *Judaisms and their Messiahs*, pp.139~678； Borgen, ' "There Shall Come Forth a Man" Reflections on Messianic Ideas in Philo," *The Messiah*, pp.341~361。

百姓的心中，只是伺機引發出來[88]。

5.4. 初期猶太教的不同群體

根據《他勒目》，在聖殿被毀的時候，猶太教的異端群體有二十四個之多（〈論議會〉10.6.29c），但約瑟夫向非猶太人介紹猶太教信仰時，只分出四個派別：法利賽、撒都該、愛色尼和奮鋭黨，而且稱這些派別為「哲學學派」（希：*philosophia*），好使當代的非猶太人能以哲學學派的概念去理解這些派別。在這四個派別（或「哲學」）中，前三個約於公元前 2 世紀中葉定形，這三派可以說代表了不同的有識之士，對當代急劇轉變的政治文化形勢所作的回應。在了解這些派別的思想重點之前，我們先澄清幾個常用的字眼，「群體」、「門派」和「派系」，並討論哈西典（敬虔派）人的來龍去脈。

在這裏我們用「群體」一詞，表示因某些原因從某主流宗教分離出來的派別，這些分離出來的派別將自己看為絕對的，並不認為其他派別同樣有效和合法，他們極端地排外，認為只有屬於他們群體的成員才是真正的教徒。從這角度來看，只有愛色尼才可以說是「群體」；法利賽、撒都該和奮鋭黨都只是猶太教的「門派」，因他們即使在宗教思想、禮儀和政見上有不同的理解和實踐方式，以致彼此之間出現競爭和糾紛，然而，他們仍視對方為整體猶太教社會的一部分。此外，「派系」是指在同宗之下有不同的師承和學派，

88　Wright, *The New Testament and the People of God*, pp.308~310.

法利賽人就有希列和煞買兩個主要的派系[89]。

5.4.1. 哈西典（敬虔派）人[90]

我們所知有關哈西典人的資料極少，大部分的資料都見於《馬加比一書》和《馬加比二書》，根據《馬加比一書》2.42，哈西典人是一群維護律法的人（亦參 1.62~63），是偉大的「戰士」，他們與馬他提亞並他的兒子們聯手對抗西流古政權的迫害。按《馬加比二書》14.6 記載，在馬加比叛亂時期，由西流古王德米丟一手扶植的大祭司阿金馬斯向他匯報，那些以猶大・馬加比為首的哈西典人慫動群眾，惟恐天下不亂；阿金馬斯的講法顯然是誇張了。大祭司阿金馬斯曾一度得到哈西典人的信任，因為他到底是亞倫的後裔，然而哈西典人後來卻被他出賣，捉拿了他們中間六十人，並即日把他們處決（《馬加比一書》7.12~18）。

哈西典人的來源不詳。「哈西典」一字的希臘文 *Asidaioi*，音譯自希伯來語 ***hasidim***，即「聖民」（參詩一四九 1）或亞蘭語 *h asıdayya'*。這字的字根取自希伯來文 *hasid*，

---

89 文士是指一群專業人士，可以指宮廷或政府裏的有識之士，有些更成為政府的重要官員。文士也可以指負責抄寫經文的人，因此不同群體都可以有他們的文士（參可二 16；徒二十三 9），因為他們熟悉律法，有些文士會成為律法的教師，或甚至被邀成為法庭中的律法師，也有些成為受人尊敬的賢士或拉比。一般來說，他們在社會中的地位崇高，為百姓所尊重。特別參 Schams, *Jewish Scribes in the Second-Temple Period*; Fishbane, "From Scribalism to Rabbinism: Perspectives on the Emergence of Classical Judaism," pp.439~456。

90 特別參 Kampen, *The Hasideans and the Origin of Pharisaism: A Study in 1 and 2 Maccabees*。

即「忠實誠信」。在《馬加比一書》和《馬加比二書》中，這字以音譯出現，可見它已作專有名詞使用，並非泛指一般聖民或敬虔的人。他們對於推動馬加比叛亂，發揮了一定的作用，最少，《馬加比二書》的作者認為，猶大·馬加比作為當時的領袖，是得到哈西典人的支持，有確立猶大政權的作用。他們可能是文士（《馬加比一書》7.12），對律法特別關注，尤其是與聖殿有關的禮儀，並支持祭司傳承的傳統。

有學者認為哈西典人是法利賽人、撒都該人和愛色尼人的共同始祖。他們認為，原來的哈西典人中間出現了分裂，原因可能是關乎約拿單作為大祭司的合法地位問題；《馬加比一書》7.12~18 對他們負面的描述，反映作者支持約拿單，認為哈西典人過分幼稚，為阿金馬斯所騙。我們可以肯定，他們中間的分裂，一定不只是宗教上的衝突，而同時涉及政治和權力的鬥爭。

5.4.2. 法利賽人

法利賽人的起源不明，有認為他們的前身是哈西典人，因在拉比希伯來文中，其名字 *parush*（眾數：*perushim*）的字面意思為「分離者」。這字的希伯來文字根 *prsh*，其中一個意思是「分開」，因此有認為他們將自己與其他猶太人分別出來，虔守潔淨之禮，亦有認為他們將自己與非猶太人分別出來（參《馬加比一書》1.11），然而，有另一可能性，就是他們看自己主要的任務是為律法定立界限（《米示拿》之〈先賢集〉1.1，3.13），是妥拉的詮釋者，這正是這希伯來文字另一可能的意思——「使更清晰」[91]。

法利賽人首次在文獻中出現，見於約瑟夫的記載，那是哈斯摩尼阿王朝約拿單的時期（統治期：公元前 160~142 年），而首宗涉及他們的事件見於約翰·許爾堪在位年間（《猶太古史》13.171）。他們在宗教和政治上都有直接的參與。然而，除了在沙羅米一段短暫的時期，他們在政治上的影響力，都不及撒都該人。根據約瑟夫的記載，在大希律時期，法利賽人約有六千，對一個只有八十萬人口的地方，為數已不少，況且，還未計算其他同情及支持法利賽主義者。在宗教上，他們對一般群眾有極大的影響力，而且深得百姓的擁護。他們當中有不少是祭司、地方官員、法官和教師，社會地位雖不及掌權階層，但也不算低[92]。極有可能，大部分會堂都是由他們管理的[93]。

法利賽人要求以色列全民要成為聖潔，以色列人要成為祭司的國度，聖潔的子民。聖潔不只是道德上的要求，更是以聖殿為中心、那禮儀上的潔淨。法利賽人要求一般百姓，要像祭司一樣，在他們的家中行潔淨的禮儀，特別是飲食的禮儀，要好像處理聖殿中祭壇的獻祭一樣。法利賽人為此定立六百一十三條傳統的律例（二百四十八條是正面的吩咐，他們認為人有二百四十八塊骨頭，三百六十五條是禁令，相等於一年的日數），這些教條律例，後來被看作是「口傳妥

---

91 Hamilton, "פרש," *TWOT* 2.740.

92 見 Saldarini, *Pharisees, Scribes and Sadducees in Palestinian Society*, p.284 的分析。

93 Schaper, "The Pharisees," p.421.

拉」。他們重視研讀妥拉，相信死人復活。後期的拉比文獻中，顯示第 1 世紀的法利賽人分成不同的派系，最著名的是希列和煞買。他們都是公元前 1 世紀末至公元 1 世紀初的猶太拉比，他們的爭論，往往是針對如何守安息日、飲食條例和其他潔淨禮儀。後期拉比的文獻，都視希列為比煞買更有智慧的師尊。

5.4.3. 撒都該人

有學者認為，在哈斯摩尼阿時期，自親西流古的耶孫和曼利紐相繼為大祭司之後，作為祭司的撒督家族分裂為三個分派[94]。在公元前 161 年，支持奧尼阿斯四世的其中一派，在埃及的尼安多波尼斯興建聖殿，與當時耶路撒冷的聖殿，產生了競爭。愛色尼人極可能是撒督家的另一派，他們離開了當代主流政治和宗教的舞台，退隱起來。第三派是支持哈斯摩尼阿王朝的撒都該人。然而，這純粹是一種假設，並未有確實的歷史證據支持。

「撒都該」一字可能是源於「撒督」（王上二 35；來：*s adoq*），他們是哈斯摩尼阿的政治聯盟，其成員大部分是貴族，其中有曾作大祭司的，都是一些有財有勢的人，他們中間亦有充當大使的，甚至有軍事領袖。除了在沙羅米一段短暫的時期，他們在政權上的影響力，都凌駕於法利賽人之上，並且不時與法利賽人發生衝突。撒都該人在猶太的七十人議會佔有重要席位。在社會上，他們是特權階級，遠離群眾，得不到群眾的愛戴（見《猶太古史》18.17，13.298）。

---

94 參 Levine, "The Age of Hellenism," p.255。

因為我們沒有任何撒都該人遺留下來的著作，只可間接從約瑟夫的著作、死海文庫、新約和拉比著作中，知道有關他們的信仰。這些資料對撒都該人的評價，大多是負面的。根據約瑟夫的記載，他們不相信靈魂不死和將來的審判，強調人有自由選擇的能力，反對任何形式的宿命論。他們與法利賽人最大的分別，是他們像昆蘭群體，不接受法利賽人的口傳妥拉，然而，他們極可能像昆蘭群體一樣，有自己的傳統。沒有確實證據證明，他們只接受五經的權威，而不接受先知和著作。根據拉比的資料，撒都該人與法利賽人之間基本的歧見，來自他們對「潔淨禮」有不同的看法。因為，大部分撒都該人既出自統治階層，其信仰會極之保守，並不接受天啟觀念對末世的理解，因此否定復活和末後的審判，也不接受天使和其他靈體（參徒二十三 8）。他們在社會中代表著既得利益分子，竭盡所能維護他們在政治和宗教上所有的特權。

5.4.4. 愛色尼人[95]

雖然「愛色尼」這名字對於一般人來說不算很熟悉，而未有見於新約聖經中，但在我們現存的古籍文獻中，愛色尼派卻是最備受關注的。除了約瑟夫外（《猶太古史》18.18~22；《猶太戰記》2.124~127），幾位重要的羅馬史學家，包括大皮里紐（即大皮里紐，《博物誌》5.73；完成於公元 77 年）和斐羅，均對他們作出冗長的描述（《每個正直的人都是自由

95 這裏假設昆蘭群體的人即愛色尼人。並非所有學者都同意這看法，參 VanderKam, *The Dead Sea Scrolls Today*, pp.71~98。

的》75~80；《論沉思的生活》1~3；《假說：為猶太辯護》11.1~18)。大家都敬重愛色尼人，因他們是一群忠於律法的人。

斐羅認為「愛色尼」的希臘文 *Essēnoi* 與另一希臘文字 *hosiotēs*（即「聖潔」）有關，故他稱這群人為 *hosioi*「聖人」(《每個正直的人都是自由的》12，13)，同樣，現今亦有學者認為這字原取自亞蘭文 *hasayyā*，即「敬虔者」，若是如此，則愛色尼與哈西典人有極密切的關係。亦有認為「愛色尼」一字表示「凡行〔律法〕的人」，大概起源於馬加比時期，開始時可能是由一群撒督祭司所建立。根據近期出版死海文庫當中的《哈拉加信函》(4QMMT，又稱《一些有關遵行律法的事宜》)，發信人是昆蘭群體的領袖，收信人是耶路撒冷建制的領袖。當中提及他們之間有二十多項在獻祭和潔淨禮儀上的爭議，他們不參與於耶路撒冷聖殿的活動，正因為他們不同意其中的做法，並且勸籲耶路撒冷的領袖要跟隨他們的看法。昆蘭群體在律例問題上的看法，相比於法利賽人，他們與撒都該人對律法的理解較相似。愛色尼人批評法利賽人並非律法的追求者（*halakhot*），只追求容易走的路（*halaqot*），他們「追求順利的事」(those who seek smooth things；參《那鴻書註釋》)。

愛色尼可分為兩個群體，一群居於昆蘭，可能是這宗派的總部，人數不多；另一些則散居於猶太全地，稱為生活在「營旅」的人。根據斐羅和約瑟夫的估計，居於猶太全地的愛色尼人多於四千，他們散居於以色列各城市之內（《猶太古史》18.21；《猶太戰記》2.124；斐羅《每個正直的人都是自由的》75)。整體來說，愛色尼人是一個類似修士的群體，特別是生活在昆蘭的愛色尼人，他們有很強的分離傾向，與世隔絕，拒絕與非愛色尼人交往，認為當代的以色列已成為背道的以色列。他們強調要回到上帝的約中，遵守上帝的律法，過著極嚴格、服從紀律的群體生活。他們的發起人「公義的教師」[96] 從上帝那裏領受啟示，正確地解釋上帝的律法，更新了西乃之約。凡要進入他們這群體，必須立約許願，而且經過三年的考驗，最後作嚴謹的立誓，方可成為正式的成員（《猶太戰記》2.137~142；《社群守則》6.13~23）。在昆蘭的群體中，等級森嚴，成員必須服從上級的權柄，凡挑戰上級權柄的，都會被逐出群體（《社群守則》5.2~3、23，6.2、25~26，7.17）。

愛色尼人主張凡物公用，成員將他們的資產歸予群體（《猶太戰記》2.122~123、126；《每個正直的人都是自由的》12；《社群守則》1.11~12，5.1~2，6.17~22），不過，他們或仍能保留一些個人的資產（《大馬士革文獻》1.10~16）。他們的成員都是男性，抱獨身主義（《猶太古史》18.21；《猶太戰記》2.120）。他們以務農和畜牧維生，並且一起進食（《社群守則》6.2~5）。愛色尼人極注重潔淨的禮儀，每天都進行潔淨的沐浴（《猶太戰記》2.123；《社群守則》5.13~14；《大馬士革文獻》11.21~22），在昆蘭古址發現相信是行洗濯禮的浴池。昆蘭的群體由一個十二人的議會和三位祭司所管理。

愛色尼人相信，惟有他們是真正的以色列民，其他的人

---

96 公義的教師應是哈斯摩尼阿王朝時期的一位祭司，他的對頭「那邪惡的祭司」極可能是約拿單馬加比（公元前 152 年；參《詩三十七註釋》*=4Q171、173*）。4QMMT 有可能是公義的教師寫給約拿單的信，這位原在耶路撒冷聖殿中具相當影響力的公義教師，被約拿單迫走，在昆蘭成立了群體。

都在上帝的約以外。他們不參與聖殿的敬拜，認為掌管聖殿的大祭司並無合法地位。並且強調自己是撒督的後裔，注重潔淨之禮，使用陽曆，而不用法利賽人和撒都該人所守的陰曆，所守節令的日期也與政府所公認的有所不同。居於城市的愛色尼人，分離的精神沒有那樣強烈，而且也可能會到聖殿獻祭。他們認為法利賽人不夠虔誠，與當權者作出太多的妥協。

愛色尼人相信，他們是生活在末世，天國將要來臨，他們作為光明之子，與黑暗之子將展開一場末世的戰爭；他們相信彌賽亞的來臨，有兩位彌賽亞，一位是約瑟之子，另一位是亞倫之子，約瑟之子在末世戰爭將敗落，而亞倫之子會帶領光明之子得勝，獲得最終的獎賞（《戰卷》）。

5.4.5. 匕首黨、律法狂熱主義者與奮銳黨

按約瑟夫（《猶太古史》20.162~165；《猶太戰記》2.254~257）的記載，匕首黨（拉：Sicarii）最早出現於安東尼厄斯・腓力斯作猶大總督的時候（公元 52~60 年），但早在猶大省成為羅馬國土時期，他們已存在。匕首黨可以說是當代的恐怖分子，是刺客（他們的名字 *sicae* 指一種彎鋒的匕首），以匕首行刺政要而聞名，早期被行刺的，如大祭司約拿單（參《猶太戰記》2.256）。匕首黨當中，有律法狂熱者。

在第一次叛亂（公元 66 年）之前的律法狂熱者（zealots），不應當他們為一個獨立的黨派看待（正如民主派人士不一定屬民主黨），他們只是一些強調某種敬虔方式的人。這些人對耶和華的律法，大發熱心，對違反律法的人，會以暴力對待（參民二十五）。約瑟夫稱為「第四哲學」的

「奮銳黨」，應該是一個較有組織的黨派。在第一次叛亂期間，一位曾被囚禁的撒督祭司阿拿尼亞之子以利亞撒，率領一群祭司成立奮銳黨，潔淨聖殿，並且停止給羅馬王帝獻祭，在變亂的初期，他們控制了聖殿。與律法狂熱者不同，這黨派的重點較政治化；約瑟夫認為這個奮銳黨是第一次猶太人叛亂的罪魁禍首。

5.4.6. 撒馬利亞人

有關撒馬利亞人的來源問題，由於資料來源缺乏，而且資料之間出現矛盾；現存有關撒馬利亞人的文獻，除了《撒馬利亞五經》外，其餘都是相當後期的，多來自中世紀，因此歷來爭議甚多[97]。在此提出較為重要的文獻，有 *Memar Marqah*，是公元 4 世紀的著作，但包含一些較早期的傳統，內容有關摩西事蹟的重寫；*Kitab al-Ta'rikh*，寫於 1355 年，是撒馬利亞人的年代記（chronicles），還有《撒馬利亞他爾根》。

根據晚近在昆蘭、達里窟河道及示劍和基利心山的考古挖掘所得，大概於公元前 4 世紀亞歷山大大帝時期，控制撒瑪利亞城的家族（參王下十七 29）失勢，轉而在示劍古城重建他們的群體，並在基利心山上建了一座聖殿。在羅馬時期（公元 72 年），在示劍古城的西面重建了另一城市，名叫尼亞波利，成為撒馬利亞人活動的中心。

---

97 有關各種不同的看法，詳參 Hjelm, *The Samaritans and Early Judaism: A Literary Analysis*, pp.13~75; Williamson & Evans, "Samaritans," *Dictionary of New Testament Background*, pp.1057~1059。

撒馬利亞人大概於公元前2世紀左右確定了他們自己版本的五經，並確立了以基利心山上聖殿為中心的宗教，在撒瑪利亞五經中加了第十條誡命，在基利心山上設立聖壇（參申二十七 12），在那裏獻祭。他們篤信一神，高舉摩西及摩西的律法（按他們的版本及解釋）[98]，沿用有別於猶太人的曆法和節期。他們同樣注重潔淨的律例；一般來說，他們在宗教的實踐方面比主流的猶太人更為保守（參《米示拿》〈論祝福〉47b），他們嚴守割禮和安息日。例如在守安息日，他們不但不可以生火，很多時候甚至不會離開自己的屋子。

約翰福音四章 9 節記載猶太人與撒馬利亞人沒有來往，反映他們之間關係惡劣。他們各有其敬拜的中心，只會加深他們之間的爭競。《便西拉智訓》50.25~26（公元前 3 世紀）就指撒馬利亞人根本不可算是一個民族，他們是「住在示劍的愚頑人」。約瑟夫就曾譏諷他們，在安提阿古四世的威迫下，他們不像馬加比的英雄，挺身而出，捍衛聖殿，反而將基利心山上的聖殿易名為希臘宙斯，完全沒有氣節（《猶太古史》12.258~264）。在哈斯摩尼阿時期，約翰．許爾堪曾攻佔並破壞基利心山的聖殿。撒馬利亞人則散播謠言，說猶太人將一個人的像放在至聖所內供奉。撒馬利亞人又將死人的骨頭撒在耶路撒冷聖殿的殿院，污穢聖殿，並在殿裏放老鼠。猶太人則視撒馬利亞人居住的地域為不潔，而且認為他們的系統混亂不清。然而，沒有證據顯示，猶太人視撒馬利亞人為外邦人。

---

98 有關撒馬利亞人對律法的詮釋，見 MacM. Bóid, *Principles of Samaritan Halachah*。

撒馬利亞人相信，根據申命記十八章 18 至 22 節，上帝要在他們中間興起一位像摩西的先知，至於這先知要在末世來臨，成為那挽回者（*Taheb*），帶來最終的審判和獎賞，則似乎是較後期才發展出來的觀念，然而，這後期的發展或反映出較早前已有的彌賽亞的盼望。

參考書目

新約歷史篇（第一至三章）

專論

Barclay, J. M.G. *Jews in the Mediterranean Diaspora: From Alexander to Trajan (323BCE~117CE).* Edinburgh: T & T Clark, 1969.

Beaslety-Murray, G.R. *Jesus and the Future.* London, 1954.

Bickerman, E.J. *The Jews in the Greek Age.* Cambridge: Harvard University Press, 1988.

Boardman, J., ed. *Cambridge Ancient History*, vol. V: *Athens, 478~401 B.C.*; vol. VI: *Macedon, 401~301 B.C.*; vol. VII: *The Hellenistic Monarchies and the Rise of Rome.* Cambridge: Cambridge University Press, 1994.

Boardman, J., J. Griffin, and O. Murray, ed. *Oxford History of the Classical World.* Oxford University Press, 1986.

Bruce, F.F. *New Testament History.* New York, NY: Doubleday, 1969.

Cowley, A.E. ed. *Aramaic papyri of the fifth century B.C.*, with translation and notes. Osnabrück: Zeller, 1967.

Donfried, K.P. and P. Richardson eds. *Judaism and Christianity in First-Century Rome.* Grand Rapids, MI: Eerdmans, 1998.

Evans, A.J. *The Palace of Minos: a comparative account of the successive stages of the early Cretan civilization as illustrated by the discoveries at Knossos.* 4 vols. New York: Biblo and Tannen, 1964.

Fitzmyer, J.A., and D.J. Harrington *A Manual of Palestinian Aramaic Texts*. Biblica et Orientalia 34. Rome: Biblical Institute, 1978.

Gafni, I.M. *Land, Center and Diaspora: Jewish Constructs in Late Antiquity*. JSPSup 21. Sheffield: Sheffield Academic Press, 1997.

Grabbe, L.L. *Judaism from Cyrus to Hadrian*. vol. 1: *The Persian and Greek Periods*. MN: Fortress, 1992.

Hayes, J.H. and S.R. Mandell, *The Jewish People in Classical Antiquity: From Alexander to Bar Kochba*. Louisville: Westminster John Knox Press, 1998.

Hengel, M. *Judaism and Hellenism*. 2 vols. London: SCM, 1974.

__________. *The Hellenization of Judaism in First Century after Christ*. London: SCM, 1989.

Hornblower, Simon and Antony Spawforth. *Oxford Classical Dictionary*. 3rd ed. Oxford: Oxford University Press, 1996.

Lampe, P. *Die stadtrömischen Christen in den ersten beiden Jahrhunderten*. Wissenschaftliche Untersuchungen zum Neuen Testament 2/18. Tübingen: Mohr-Siebeck, 1989.

Leaney, A.R.C. *The Jewish and Christian World: 200 BC to AD 200*. Cambridge: Cambridge University Press, 1984.

Levine L.I. ed. *The Synagogue in Late Antiquity*. Philadelphia, PA: The American Schools of Oriental Research, 1987.

__________. *Judaism and Hellenism in Antiquity: Conflict or Confluence*. Peabody: Hendrickson, 1988.

__________. *The Ancient Synagogue: The First Thousand Years*. New Haven/ London: Yale University Press, 2000.

Lewis, N., Y. Yadin, and J.C. Greenfield, eds. *The Documents from the Bar Kokhba Period in the Cave of Letters: Greek Papyri* and *Aramaic and Nabatean signatures and subscriptions*. Judean Desert Series. Jerusalem: Israel Exploration Society, 1989.

Lohse, E. *The New Testament Environment*, trans. John E. Steely. Nashville, TN: Abingdon, 1976.

Manson, S. *Josephus and the New Testament*. Peabody: Hendrickson, 1992.

Moulton, J.H. *A Grammar of New Testament*. Vol. 1: *Prolegomena*, 2d. ed. with corrections and additions. Edinburgh: T & T Clark, 1908.

Nickelsburg, G.W.E. *Jewish Literature Between the Bible and the Mishnah*. PA, Philadelphia: Fortress, 1981.

Pardee, D. *et al.* *Handbook of Ancient Hebrew Letters*. SBLSBS 15, GA: Scholars, 1982.

Porter, S.E. ed. *Diglossia and Other Topics in New Testament Linguistics*. Studies in New Testament Greek series, 6. Sheffield: Sheffield Academic Press, 2000.

Richardson, P. *Herod: King of the Jews and Friend of the Romans*. Edinburgh: T & T Clark, 1999.

Rutgers L.V. *The Hidden Heritage of Diaspora Judaism*. Contributions to Biblical Exegesis & Theology 20, 2nd ed. Leuven: Uitgeverij Peeters, 1998.

Safrai, S. and M. Stern. *The Jewish people in the first century. Historical geography, political history, social, cultural and religious life and institutions*. 2 volumes. In cooperation with D. Flusser and W.C. van Unnik. Compendia Rerum Iudaicarum ad Novum Testamentum. Assen, Van Gorcum/PA: Philadelphia, Fortress, 1974-76.

Schürer, E. *The History of the Jewish People in the Age of Jesus Christ (175 B.C. ~ A.D. 135). A New English Version*. Published by G. Vermes, F. Millar, et al., 3 vols. Edinburgh: T & T Clark, 1973~1987.

Ventris, M. and J. Chadwick. *Documents in Mycenaean Greek; three hundred selected tablets from Knossos, Pylos, and Mycenae with commentary and vocabulary*. Cambridge University Press, 1956.

Wigoder, G. ed. *The Encyclopedia of Judaism*. New York: Macmillan, 1989.

Williams, M.H. *The Jews among the Greeks and Romans: A Diasporan Sourcebook*. London: Duckworth, 1998.

Yadin, Y. and J.C. Greenfield ed. *Aramaic and Nabatean Signatures and Subscriptions*. Jerusalem: Israel Exploration Society, 1989.

第丁納著。《新約世界》。唐佑之譯。香港：浸會出版社，1980。

黃錫木、岑紹麟、周健文合編。《新約背景文獻選輯》。香港：國際聖經協會，2000。

黃錫木著。《基督教典外文獻概論》。香港：國際聖經協會，2000。

__________.《新約研究透視》。香港：基道出版社，1999。

鮑維均、黃錫木、羅慶才、張略、岑紹麟合撰。《聖經正典與經外文獻導論》。香港：基道出版社、國際聖經協會，2001。

謝友王著。《兩約中間史略》。香港：種籽出版社，1977。

羅素著。《兩約之間》。禤浩榮譯。香港：天道書樓，1989。

羅愛華著。《初期信徒：他們的建立、著作和信念》。陳克平、陳慕賢譯。香港：基道出版社，1988。

文章

Applebaum, S. "The Organization of the Jewish Common Diaspora." Page 424 in *The Jewish People in the First Century*, 2 vols. Edited by S. Safrai and M. Stern.

Bond, H.K. "New Currents in Josephus Research." *Currents in Research: Biblical Studies* 8 (2000): 162~190.

Fitzmyer, J.A. "The Bar Cochba Period." Pages 305~354 in *Essays on the Semitic Background of the New Testament* London: Chapman, 1971.

Healey, J.P. "The Maccabean Revolution." Page 162 in *New Perspectives on Ancient Judaism,* vol.5: *Society and Literature in Analysis*. Studies in Judaism. Lanham: University Press of America, 1990.

Ilan, T. "Queen Salamzion Alexandra and Judas Aristobulus I's Widow." *Journal for the Study of Judaism in the Persian, Hellenistic and Roman Period* 24 (1993): 181~190. Quoted in J. Sievers, Hasmoneans. *Dictionary of New Testament Background.* Libronix Digital Library System 1.1. WA: Bellingham: Libronix. 2002.

Merrins, E.M. "The Death of Antiochus IV, Herod the Great, and Herod Agrippa I." *Bibliotheca Sacra* 61 (1904) 561~562.

Momigliano, A. "Flavius Josephus and Alexander's Visit to Jerusalem." *Athaeneum* 57 (1979) 442-448.

Neusner, J. "A History of the Jews in Babylonia," vol.1: *The Parthian Period*. Brown Judaic Studies 62. Chico: Scholars Press, 1984.

Newman, R.C. "Council of Jamnia and the Old Testament Cannon." *Westminster Theological Journal* 38 (1976) 319~349.

Rajak, T. "Hasmonean Dynasty." *Anchor Bible Dictionary.* Libronix

Digital Library System 1.1. WA: Bellingham: Libronix. 2002.

Richardson, P. "Augustan-era Synagogues in Rome." Pages 17~29 in *Judaism and Christianity in First-Century Rome*. Edited by K.P. Donfried and P. Richardson.

Rutgers, L.V. "Roman Policy Toward the Jews Expulsions from the City of Rome during the First Century C.E." Pages 94~95 in *Judaism and Christianity in First-Century Rome*. Edited by K.P. Donfried and P. Richardson.

_________. "The Hidden Heritage of Diaspora Judaism." Pages 97~138 in *Biblical Exegesis & Theology* 20, 2nd ed. Leuven: Uitgeverij Peeters, 1998.

Segré, A. "The Status of the Jews in Ptolemaic and Roman Egypt. New light from the Papyri." *Jewish Social Studies* 6 (1944) 375~400.

Sievers, J. "Hasmoneans." *Dictionary of New Testament Background.* Edited by C.A. Evans and S.E. Porter. IL: IVP, 2000. Libronix Digital Library System 1.1. WA: Bellingham: Libronix. 2002.

Smallwood, E.M. "The Diaspora in the Roman Period before CE 70." Page 175 in *The Cambridge History of Judaism*, vol.3: *The Early Roman Period*. Cambridge. Cambridge University Press, 1999.

Stern, M. "The Jewish Diaspora." Pages 117~183 in *The Jewish People in the First Century: Historical Geography, Political History, Social, Cultural and Religious Life and Institutions*, 2 vols. Edited by S. Safrai, and M. Stern.

Stoops, R.F. "Coinage: Jewish." *Dictionary of New Testament Background.* Libronix Digital Library System 1.1. WA: Bellingham: Libronix. 2002.

Thackeray, H. St. J. "The Septuagint and Jewish Worship." Pages 10~11 in *The Scheweich Lectures 1920*. London: 1921.

岑紹麟著。〈約瑟夫文獻〉。《聖經正典與經外文獻導論》，鮑維均、黃錫木等合撰。

黃錫木著。〈典外文獻的歷史處境〉、〈基督教典外文獻簡介〉。《聖經正典與經外文獻導論》，鮑維均、黃錫木等合撰。

_________.〈從社會語言學探討「共同希臘語」的誕生〉。《中國神學研究院期刊》第 24 期（1997 年）。

新約宗教文化篇（第四至五章）

專論

Apuleius. *The Golden Ass.* Translated by J. Lindsay. Bloomington, 1971.

Arnold, Clinton E. *The Colossian Syncretism: The Interface Between Christianity and Folk Belief at Colossae* Wissenschaftliche Untersuchungen zum Neuen Testament, 2. Reihe 77. Tübingen: J.B.C. Mohr, 1995.

Barker, M. *The Great Angel: A Study of Israel's Second God.* Louisville: Westminster/John Knox Press, 1992.

Barrett, C.K. *A Commentary on the First Epistle to the Corinthians.* London: A. & C. Black, 1992.

Beard, M., J. North and S. Price. *Religions of Rome.* vol.2: *A Source book.* Cambridge: Cambridge University Press, 1998.

Binder, D.D. *Into the Temple Courts: The Place of the Synagogues in the Second Temple Period.* SBL Dissertation Series 169. Atlanta: SBL, 1999.

Bultmann, R. *Der Stil der paulinischen Predigt und die kynisch-stoische Diatribe.* Forschungen zur Religion und Literature des Alten und Neuen Testaments. Göttingen: Vanderhoeck & Ruprecht, 1910.

Bultmann, R. *The Gospel of John.* Translated by George Beasley-Murray. Philadelphia, PA: Westminster, 1971.

Bóid, I.R. MacM. *Principles of Samaritan Halachah.* Studies in Judaism in Late Antiquity 38. Leiden: E.J. Brill, 1989.

Carson, D.A., Peter T. O'Brien and Mark A. Seifrid. *Justification and Variegated Nomismi.* Vol.1: *The Complexities of Second Temple Judaism.* Tübingen: Mohr-Siebeck/Grand Rapids: Baker Academic, 2001.

Charlesworth, J.H., and Weaver, W.P., eds. *The Old and the New Testaments: Their Relationship and the 'Intertestamental' Literature.* Valley Forge, PA: Trinity, 1993.

Cheung, Alex T. *Idol Food in Corinth: Jewish Background and*

Pauline Legacy. JSNTSup 176. Sheffield: Sheffield Academic Press, 1999.

Cohen, N. *Cosmos, Chaos and the World to Come: The Ancient Roots of Apocalyptic Faith*. New Haven and London: Yale University Press, 1993.

Cohen, S.J.D. *From the Maccabees to the Mishnah*. Library of Early Christianity. Philadelphia, PA: Westminster, 1987.

Collins, J.J. *Apocalyptism in the Dead Sea Scrolls*. London and New York: Routledge, 1997.

__________. *Between Athens and Jerusalem: Jewish Identity in the Hellenistic Diaspora*. 2nd ed. Grand Rapids: Eerdmans, 2000.

__________. *The Apocalyptic Imagination: An Introduction to Jewish Apocalyptic Literature*. 2nd ed. Grand Rapids; Eerdmans, 1998.

__________. *The Scepter and the Star: The Messiahs of the Dead Sea Scrolls and Other Ancient Literature*. Anchor Bible Reference Library. New York: Doubleday, 1995.

Cotter, W. *Miracles in Greco-Roman Antiquity: A Sourcebook for the Study of New Testament Miracle Story*. London: Roultedge, 1999.

Cross, F.M. *Canaanite Myth and Hebrew Epic*. Cambridge: Harvard University Press, 1973.

Cumont, F.. *After Life in Roman Paganism*. New Haven, CT: Yale University Press, 1922.

Dodd, C.H. *The Interpretation of the Fourth Gospel*. Cambridge: Cambridge University Press, 1954.

Downing, F.G. *Christ and the Cynics: Jesus and Other Radicals in First Century Traditions*. Sheffield: JSOT Press, 1988.

Dunn, J.D.G. *Christology in the Making*. London: SCM, 1980.

Edward, K.M. *Coins: 1896~1929*. Cambridge, Mass, 1933.

Elliott, M.A. *The Survivors of Israel: A Reconsideration of the Theology of Pre-Christian Judaism*. Grand Rapids, MI: Eerdmans, 2000.

Engels, D.. *Roman Corinth: An Alternative Model for the Classical City*. Chicago, IL: The University of Chicago Press, 1990.

Ferguson, E. *Background of Early Christianity*. Grand Rapids, MI: Eerdmans, 1993.

Ferguson, J.. *Greek and Roman Religion: A Source Book.* New Jersey: Noyes Press, 1980.

__________. *The Religious of the Roman Empire.* London: Thames and Hudson, 1970.

Fitzgerald, J.T. *Cracks in an Earthen Vessel: An Examination of Hardships in the Corinthian Correspondence.* SBL Dissertation Series 99. Atlanta: Scholars Press, 1988.

Fossum, J.E. *The Name of God and the Angel of the Lord.* Wissenschaftliche Untersuchungen zum Neuen Testament 36. Tübingen: J.B.C. Mohr, 1985.

Georgi, D. *The Opponents of Paul in Second Corinthians.* Edinburgh: T & T Clark, 1987.

Gerald, F. *Cynics, Paul and the Pauline churches: Cynics and Christian Origins II.* London: Routledge, 1998.

Gnuse, R.K. *No Other Gods: Emergent Monotheism in Israel.* JSOTSup 241. Sheffield: Sheffield Academic Press, 1997.

Goodenough, E.R. *An Introduction to Philo Judaeus.* Oxford: Blackwell, 1962.

Grant, F.C. *The Gospels: Their Origin and their Growth.* London: Faber & Faber, 1959.

Hamilton, V.P. "vrp" *Theological Wordbook of the Old Testament.* Edited by R.L. Harris; Gleason L. Archer, Jr., and Bruce K. Waltke, associate editors. Chicago, IL: Moody Press, 1980.

Hanson, P.D. *The Dawn of Apocalyptic.* Philadelphia, PA: Fortress, 1975.

Hengel, M.. *Judaism and Hellenism: Studies in their Encounter in Palestine during the Early Hellenistic Period.* London: SCM Press, 1974.

Hjelm, I. *The Samaritans and Early Judaism: A Literary Analysis.* JSOTSup 303. Sheffield: Sheffield Academic Press, 2000.

Hock, R.F. *The Social Contexts of Paul's Ministry.* Philadelphia: Fortress Press, 1980.

Horsley, R.A. *Bandits, Prophets and Messiahs: Popular Movements at the Time of Jesus.* New Voices in Biblical Studies. Minneapolis: Winston Press, 1985.

Hurtado, L.W. *One God One Lord: Early Christian Devotion and*

Ancient Jewish Monotheism. 2d ed. Edinburgh: T & T Clark, 1998.

Kampen, J. *The Hasideans and the Origin of Pharisaism: A Study in 1 and 2 Maccabees*. Septuagint and Cognate Studies 24. Atlanta: Scholars Press, 1988.

Käsemann, E. *New Testament Questions of Today*. Philadelphia: Fortress, 1969.

Kee, H.C. *Community of the New Age*. Philadelphia: Westminster, 1977.

__________. *Medicine, Miracle and Magic in New Testament Times*. Cambridge: Cambridge University Press, 1986.

Klauck, Hans-Josef. *The Religious Context of Early Christianity: A Guide of Graeco-Roman Religions*. Translated by Brian McNeil. Edinburgh: T. & T. Clark, 2000.

Koch, K. *The Rediscovery of Apocalyptic: a polemic work on a neglected area of biblical studies and its damaging effects on theology and philosophy*. Translated from the German by M. Kohl. London: SCM, 1972.

Laertius, D. *Lives of the Philosophers* 6.38. Quoted in E. Ferguson, *Background of Early Christianity*. Grand Rapids: Eerdmans, 1993.

Levine, L. I. *The Ancient Synagogue*. New Haven & London: Yale University Press, 2000.

Ling, T. *The Significance of Satan*. London: SPCK Press, 1961.

Logan, Alastair H.B. *Gnostic Truth and Christian Heresy: A Study in the History of Gnosticism*. Edinburgh: T & T Clark, 1996.

MacMullen, Ramsay. *Paganism in the Roman Empire*. New Haven: Yale University Press, 1981.

Malherbe, A.J. *Paul and the Thessalonians*. Philadelphia: Fortress, 1984.

Mendenhall, G.E. and G.A. Herion. *Anchor Bible Dictionary*. 1.1180~1183.

Milson, R. Mcl. *Gnosis and the New Testament*. Oxford: Blackwell, 1968.

Morris, L. *Apocalytic*. Grand Rapids: Eerdmans, 1972.

Müller, H.P. *Mantische Weisheit und Apokalyptic,* VTSup 22. Leiden: Brill, 1972.

Murphy, R.E. *The Tree of Life: An Exploration of Biblical Wisdom Literature*. 2nd ed. Grand Rapids: Eerdmans, 1990.

Mylonas, George E. *Eleusis and Eleuinian Mysteries*. New Jersey: Princeton University Press, 1961.

Neusner, J. *The Idea of Purity in Ancient Judaism*. Leiden: E. J. Brill, 1973.

Neusner, J. Green, W.S. and Frerichs, eds. *Judaisms and their Messiahs at the Turn of the Christian Era*. Cambridge: Cambridge University Press, 1987.

Pearson, B.A. *Gnosticism, Judaism, and Egyptian Christianity, Studies in Antiquity and Christianity*. Philadelphia: Fortress Press, 1990.

Perkins, Pheme. *Gnosticism and the New Testament*. Minneapolis: Fortress Press, 1993.

Pfitzner, V.P. *Paul and the Agon Motif*. Leiden: Brill, 1967.

Philistratus. *The Life of Apollonius of Tyana*, vol.1. Translated by F.C. Conybeare. London: Heinemann, 1912.

Pliny. *Cicero: The Speeches with an English Translation*. Translated by N. H. Watts. London and Mass: Cambridge, 1923.

__________. *Letters II*, Translated by William Melmoth. London: William Heinemann.

Plunkett, M.A. *Sexual Ethics and the Christian Life: A Study of I Corinthians 6:12~7:7*. Unpublished Dissertation, Princeton theological Seminary, 1988.

Pomykala, K.E. *The Davidic Dynasty Tradition in Early Judaism: Its History and Significance for Messianism*. JBL Early Judaism and its Literature 7. Atlanta: Scholars Press, 1995.

Price, S.R.F. *Rituals and Power: The Roman Imperial Cult in Asia Minor*. Cambridge, Cambridge University Press, 1978.

Rendtorff, R. *Covenant Formula: An Exegetical and Theological Investigation*. Edinburgh: T & T Clark, 1998.

Robinson, James M., ed. *The Nag Hammadi Library in English*. Leiden: E.J. Brill, 1977.

Rowland, C. *The Open Heaven: A Study of Apocalyptic in Judaism and Early Christianity.* New York: Crossroad/ London: SPCK, 1982.

Sacchi, P. *Jewish Apocalyptic and its History.* JSPSup 20. Sheffield: Sheffield Academic Press, 1990.

Saldarini, A.J. *Pharisees, Scribes and Sadducees in Palestinian Society.* Edinburgh: T &T Clark, 1988.

Sanders, E.P. *Judaism: Practice & Belief* 63 BCE~6CE. London: SCM, 1992.

__________. *Paul and the Palestinian Judaism.* London: SCM, 1977.

Schams, C. *Jewish Scribes in the Second-Temple Period.* JSOTSup 291. Sheffield: Sheffield Academic Press, 1998.

Scott, M. *Sophia and the Johannine Jesus.* JSNTSup 71. Sheffield: Sheffield Academic Press, 1992.

Segal, A. F. *Two Powers in Heaven: Early Rabbinic Reports about Christianity and Gnosticism.* SJLT25. Leiden: E.J. Brill, 1977.

__________. *Rebecca's Children: Judaism and Christianity in the Roman World.* Cambridge: Harvard University Press, 1986.

Seifrid, M.A. *Justification by Faith: The Origin & Development of a Central Pauline Theme.* SupVT 68. Leiden: E. J. Brill, 1992.

Sharp, D.S. *Epictetus and the New Testament.* London: Charles H. Kelly, 1914.

Stowers, K. *The Diatribe and Paul's Letter to the Romans,* SBL Dissertation Series. Chico: Scholars Press, 1984.

Talbert, Charles H. *Luke and the Gnostics: An Examination of Lucan Purposes.* Nashville: Abingdon, 1966.

Theissen, G. *The Social Setting of Pauline Christianity.* London: SCM Press, 1982.

Tobin, T.H. *The Creation of Man: Philo and the History of Interpretation.* Washington, D.C.: The Catholic Biblical Assoc. of America, 1983.

Toynbee, J.M.C. *Death and Burial in the Roman World.* London: Thames and Hudson, 1971.

Turcan, Robert. *The Cults of the Roman Empire.* Translated by Antonia Nevill. Oxford: Blackwell, 1997.

Urman, D. and P.V.M. Flesher ed. *Ancient Synagogues*. Archiv für Papyrusforschung Beiheft 47. Leiden: E.J. Brill, 1998.

VanderKam, J.C. *Enoch: A Man for all Generations*. Columbus: University of South Carolina Press, 1995.

__________. *Introduction to Early Judaism*. Grand Rapids: Eerdmans, 2001.

__________. *The Dead Sea Scrolls Today*. Grand Rapids: Eerdmans, 1994.

Von Rad, G. *Old Testament Theology*. ET. New York: Harper and Row, 1965.

__________. *Wisdom in Israel*. ET. London: SCM, 1972.

Wengst, K. *Pax Romana and the Peace of Christ*. London: SCM Press, 1987.

Willis, W.L. *Idol Meat in Corinth*. SBL Dissertation Series 68. Chico: Scholars Press, 1985.

Winston, D. and Dillon, J. *Two Treatises of Philo of Alexandria*. Chico: Scholar Press, 1983.

Witherington III, B. *Jesus the Sage: The Pilgrimage of Wisdom*. Minneapolis: Fortress, 1994.

Wright, N.T. *The New Testament and the People of God*. Minneapolis: Fortress, 1992.

包衡著。《啟示錄神學》。鄧紹光譯。香港：基道出版社，2001。

文章

Attridge, H.W. "The Philosophical Critique of Religious under the Early Empire." Pages 65~69 in *Aufstieg und Niedergang der Römischen, Welt* II.16.1. Berlin: Walter de Gruyter, 1978.

Aune, D.E. "Jesus and Christianity in First-Century Palestine: Some Critical Considerations." Pages 176~192 in *Hillel and Jesus: Comparisons of Two Major Religious Leaders*. Edited by J.H. Charlesworth and L.L. Johns. Minneapolis: Fortress, 1997.

Bauckham, R. "The Rise of Apocalyptic." *Themelios* 3 (1977) 10~23.

Boccaccini, G. "Jewish Apocalyptic Tradition: The Contribution of Italian Scholarship." Pages 39~48 in *Mysteries and Revelations:*

Apocalptic Studies since the Uppsala Colloquium. Edited by J.J. Collins and J.H. Charlesworth, JSPSup 9. Sheffield: Sheffield Academic Press, 1991.

Borgen, P. "'There Shall Come Forth a Man" Reflections on Messianic Ideas in Philo," Pages 341~361 in *The Messiah: Developments in Earliest Judaism and Christianity*, ed. J. H. Charlesworth. Minneapolis: Fortress, 1992.

Brenk, F.E. "In the Light of the Moon: Demonology in the Early Imperial Period." Pages 2068~2143 in *Austieg und Niedergang der Römischen Welt*, II.16.3. Berlin: Walter de Gruyter, 1978.

Broyles, C.C. "The Redeeming King, Psalm 72's Contribution to the Messianic Ideal." Pages 23~40 in *Eschatology, Messianism, and the Dead Sea Scrolls.* Edited by C.A. Evans and P.W. Flint. Grand Rapids: Eerdmans, 1997.

Charlesworth, J.H. "What has the Old Testament to Do with the New." Pages 39~88 in *The Old and the New Testaments: Their Relationship and the Intertestamental Literature.* Edited by J.H. Charlesworth and W.P. Weaver. Valley Forge: Trinity, 1993.

Clifford, R.J. "The Roots of Apocalypticism in New Eastern Myth." Pages 3~38 in *The Encyclopedia of Apocalypticism,* vol. 1: *The Origins of Apocalypticism in Judaism and Christianity.* Edited by J.J. Collins. New York/ London: Continum, 2000.

Cohen S.J.D. "The Temple and the Synagogue." Pages 298~325 in *The Cambridge History of Judaism,* vol.3: *The Early Roman Period.* Edited by W. Horbury, W.D. Davies and J. Sturdy. Cambridge: Cambridge University Press, 1999.

Collins, J.J. "Wisdom, Apocalypticism and Generic Compatibility." Pages 166~174 in *In Search of Wisdom: Essays in Memory of J.G. Gammie.* Edited by L.G. Perdue, B.B. Scott and W.J. Wiseman. Louisville: Westminter/John Knox Press, 1993.

Davenport, G,L. "The 'Anointed of the Lord' in Psalms of Solomon 17." Pages 67~92 in *Ideal Figures in Ancient Judaism.* Edited by J.J. Collins and G.W.E. Nickelsburg. Chico: Scholars Press, 1980.

Downing, F.G. "Deeper Reflections on the Jewish Cynic Jesus." *Journal of Biblical Literature* 117 (1, 1998.) 97~104.

Eddy, P.R. "Jesus as Diogenes? Reflections on the Cynic Jesus Thesis." *Journal of Biblical Literature* 115 (3, 1996) 449~469.

Evans, C.A. "Messianism." Pages 698~707 in *Dictionary of New Testament Background*. Edited by C.A. Evans and S.E. Porter. Leicester: IVP, 2000.

Fishbane, M. "From Scribalism to Rabbinism: Perspectives on the Emergence of Classical Judaism." Pages 439~456 in *The Sage in Israel and the Ancient Near East*. Edited by J.G. Gammie and L.G. Perdue. Winnoa Lake: Eisenbrauns, 1990.

Gammie, J.G. "Spatial and Ethical Dualism in Jewish Wisdom and Apocalyptic Literature." *JBL* 93,(1974) 356~385.

Goodman, M. "The Pilgrim Economy of Jerusalem in the Second Temple Period." Pages 69~76 in *Jerusalem: Its Sanctity and Centrality to Judaism, Christianity, and Islam*. Edited by L.I. Levin. NY: Continuum, 1999.

Hecht, R.D. "Philo and Messiah." Pages 139~168 in *Judaisms and their Messiahs at the Turn of the Chrisitan Era*. Edited by Neusner, J., W. S. Green, and E. Frerichs.

Helmbold, A.L. "Redeemer Hymns-Gnostic and Christian." In *New Dimensions in New Testament Study*. Edited by R. N. Longenecker and M. C. Tenney. Grand Rapids: Zondervan, 1974.

Hengel, M. "Early Christianity as a Jewish-Messianic, Universalistic Movement." Pages 1~42 in *Conflicts and Challenges in Early Christianity*. Edited by D.A. Hagner. Harrisbury: Trinity, 1999.

Hengel, M. and R. Deines. "Sanders' Judaism, Jesus, and the Pharisees." *Journal of Theological Studies* 46 (1995) 1~70.

Hodgson, R. "Paul the Apostle and First Century Tribulation Lists." *Zeitschrift fuer die Neutestamentliche Wissenschaft* 74 (1983) 59~80.

Hultgård, A. "Persian Apocalyticism." Pages 39~83 in *The Encyclopedia of Apocalypticism*, vol.1: *The Origins of Apocalypticism in Judaism and Christianity*. Edited by J.J. Collins. New York/London: Continum, 2000.

Kloppenborg, J.S. "Isis and Sophia in the Book of Wisdom." *Harvard Theological Review* 75 (1982) 57~84.

Koester, H. "Gnostic sayings and Controversy Traditions in John 8:12~59." Pages 99~100 in *Nag Hammadai, Gnosticism and Early Christianity*. Edited by C.W. Hedrick and R. Hodgson Jr. Peabody: Hendrickson, 1986.

Levine, L.I. "The Age of Hellenism." Page 231~264 in *Ancient Israel: From Abraham to the Roman Destruction of the Temple.* Edited by H. Shanks, revised and expanded ed. Washington: Biblical Archaeology Society, 1999.

MacRae, G.W. "Gnosticism and the Church of John's Gospel." In *Nag Hammadi, Gnosticism and Early Christianity.* Edited by C.W. Hedrick and R. Hodgson, Jr. Peabody: Hendrickson, 1986.

Malherhe, A.J. "Antisthenes, Odysseus, and Paul at War." *Harvard Theological Review* 76 (2, 1982) 46~59.

Mckay, H.A. "Ancient Synagogues: The Continuing Dialectic Between Two Major Views." *Current Research: Biblical Studies* 6 (1998) 103~142.

Neusner, J. "The Use of the Later Rabbinic Evidence for the Study of Paul." Page 43~63 in *Approaches to Ancient Judaism* 2. Edited by W.S. Green. Chico: Scholars Press, 1980.

Orr, David G. "Roman Domestic Religion: The Evidence of the Household Shrines." Pages 1557~1591 in *Aufstieg und Neidergang der Römischen, Welt* II. 16.2. Berlin: Walter de Gruyter, 1978.

Oster, Richard E. "Ephesus as a Religious Center under the Principate, I. Paganism before Constantine." Page 1713, n.414~416 in *Aufstieg und Niedergang der Römischen, Welt* II. 18.3. Berlin: Walter de Gruyter, 1990.

Oswalt, J.N. "Recent Studies in Old Testament Apocalyptic." Pages 378~385 in *The Face of old Testament Studies: A Survey of Contemporary Approaches.* Edited by D.W. Baker and B.T. Arnold. Grand Rapids: Baker, 1999.

Pearson, Birger A. "Jewish Sources in Gnostic Literature." Pages 443~481 in *Jewish Writings of the Second Temple Period.* Edited by M. Stone. Philadelphia: Fortress Press, 1984.

Perkins, Pheme. "New Testament Christologies in Gnostic Transformation." In *The Future of Early Christianity: Essays in Honor of Helmut Koester.* Edited by B.A. Pearson. Minneapolis: Fortress Press, 1991.

Roberts, J.J.M. "The Old Testament's Contribution to Messianic Expectations." Pages 39~51 in *The Messiah: Developments in Earliest Judaism and Christianity.* Edited by J.H. Charlesworth.

Minneapolis: Fortress, 1992.

__________. "Zion in the Theology of the Davidic-Solomonic Empire." Pages 95~108 in *Studies in the Period of David and Solomon and other Essays*. Edited by T.Ishida. Winona Lake: Eisenbrauns, 1982.

Rowland, C.C. "The Second Temple: Focus of Ideological Struggle?" Pages 175~198 in *Temple Amicitia: Essays on the Second Temple Presented to E. Bammel*. Edited by W. Horbury. JSNTSup 48. Sheffield: JSOT, 1991.

Sanders, J.T. "Nag Hammadi, Odes of Solomon, and NT Christological Hymns." Page 65 in *Gnosticism and the Early Christian World: In Honour of James M. Robinson*. Edited by J.E. Goehring, C.W. Hedrick, J.T. Sanders, and H.D. Betz. Sonoma: Polebridge, 1990.

Schaper, J. "The Pharisees." Page 402~427 in vol.3 of *The Cambridge History of Judaism*. Edited by W. Horbury, W.D. Davies and J. Sturdy. Cambridge: CUP, 1999.

Scherrer, Peter. "The City of Ephesus from the Roman Period to Late Antiquity." Pages 1~25 in *Ephesus, Metropolis of Asia: An Interdisciplinary Approach to Its Archaeology, Religion, and Culture*. Pennsylvania, PA: Trinity Press, 1995.

Schiffman, L.H. "Jerusalem in the Dead Sea Scrolls." Pages 73~88 in *The Centrality of Jerusalem*. Edited by M. Poorthuis and C. Safrai. Kampen: Kop Pharos, 1996.

Schmithals, Walter. "The Corpus Paulinum and Gnosis." Pages 107~124 in *The New Testament and Gnosis. Essays in Honour of Robert Mcl. Wilson*. Edited by A.H.B. Logan and A.J. Wedderburn. Edinburgh: T & T Clark, 1983.

Seifrid, M.A. "The New Perspective on Paul and its Problems." *Themelios* 25 (2000) 4~18.

Skehan, P.W. "A Fragment of the Song of Moses (Duet. 32) from Qumran." *Bulletin of the American School of Oriental Research* 136 (1954) 12~15.

Smith, J.Z. "Wisdom and Apocalyptic." Pages 131~156 in *Religious Syncretism in Antiquity*. Edited by B.A. Pearson. Missoula: Scholars Press, 1975.

Stambaugh, J.E. "The Functions of Roman Temples." Pages

554~608 in *Aufstieg und Niedergang der Römischen, Welt* II.16.1. Berlin: Walter de Gruyter, 1978.

Thomas, Christine. "At home in the City of Artemis: Religion in Ephesus in the Literary Imagination of the Roman Period." Pages 81~117 in *Ephesos, Metropolis of Asia: An Interdisciplinary Approach to Its Archaeology, Religion, and Culture*. Pennsylvania, PA: Trinity Press, 1995.

van der Horst, P.W. "The Altar of the 'Unknown God' in Athens (Acts 17:23) and the Cult of 'Unknown Gods' in the Hellenistic and Roman World." Pages 1427~1456 in *Austieg und Niedergang der Römischen Welt*, II.18.2. Berlin: Walter de Gruyter, 1989.

Vanderkam, J.C. "Messianism and Apocalypticism." Pages 193~228 in vol.1 of *The Encyclopedia of Apocalypticism*. Edited by J.J. Collins. New York/London; Continum, 2000.

Wernberg-Møller, P. "A Reconsideration of the Two Spirits in the Rule of the Community (1Q Serek III, 13-IV,26)." *Revue de Qumran* 3 (1961-620) 413~441.

Williamson, H.G.M. and C.A. Evans. "Samaritans." Pages 1057~1059 in *Dictionary of New Testament Background*. Edited by Craig A Evans and S.E. Porter. Downers Grove, IL: IVP, 2000.

張略著：〈新約中的釋經〉。《聖經研究與詮釋》。（香港：中國神學研究院，1998），頁 217~238。

經文索引

聖經經文

典外文獻經文

五劃

六劃

七劃

八劃

九劃

十劃

十一劃

十二劃

十三劃

十四劃

十五劃

十六劃

十七劃

十九劃至二十六劃

主題及詞彙索引

二劃

三劃

四劃

五劃

六劃

七劃

八劃

九劃

十劃

十一劃

十二劃

十三劃

十四劃

十五劃

十六劃

十七劃

十八劃

十九劃至二十四劃

英漢名詞對照表

'Abot de Rabbi Nathan（簡稱 ARN）《拿單拉比的先賢篇》
1 Clement 《革利免一書》
1 Enoch 《以諾一書》
1 Maccabees 《馬加比一書》
2 Baruch 《巴錄二書》
2 Enoch 《以諾二書》
2 Maccabees 《馬加比二書》
3 Maccabees 《馬加比三書》
4 Baruch 《巴錄四書》
4 Ezra 《以斯拉四書》
4 Maccabees 《馬加比四書》
A. Avillius Flaccus 弗拉克斯
Achaeans 亞該亞人
Achilles 阿基里斯
Acmonia 阿蒙尼亞
Acro-Corinth 哥林多的衛城
Acropolis 衛城
Acta Divi Augusti 《奧古斯都歷史誌》
Actium 亞克田
Acts of Pagan Martyrs of Alexandria 《亞歷山太殉道者行傳》
Ad Autolycum 《致奧圖尼克姆》
Additions to Esther 《以斯帖補篇》（以斯拉續篇卷上、下）
Adiabene 亞迪亞便
Aegean Sea 愛琴海
Aelius Aristides 亞里斯底德
Aelius Sejanus 雅里斯・斯仁尼士
Aeneas 埃涅阿斯
Aeneid 《埃涅阿斯記》
Aeolians 伊奧利亞人
Aeschylus 埃斯庫羅斯
Africa 非洲
Africa 阿非利加
Against Apion；拉：*Contra Apionem* 《反駁阿皮安》
Against Heresies 《反駁異端》
Agamemnon 阿伽門農
Agatharchide of Cnidus 革尼土的阿加莎奇德斯
Alba Longa 亞爾巴龍伽
Alcimus／Alkimus 阿金馬斯
Alexander Jannaeus 亞歷山大・金納斯
Alexander Jonathan 亞歷山大・約拿單
Alexandra 亞歷山特拉
Alexandria 亞歷山太城
Allegorical Interpretation 《寓意解經》
Amasras 亞馬師
Amathus 亞馬突
Amoraim 阿摩拉
Amores 《愛》
Amulius 阿穆留斯
Anan ben David 大衛之子亞拿
Ananael 哈楠業
Ancient near East 古近東
Ancyra 安西拉
Andreus 安德烈
Anileus 阿列魯
Annals 《編年史》

Antigonus 安梯古納斯
Antiochus 安提阿古
Antipas 安提帕
Antipater 安提帕特
Antonio Tower 安東尼亞堡
Antonius 安東尼厄斯
Antonius Felix 安東尼厄斯・腓力斯
Aphrodite 阿佛洛狄忒
Apion 阿皮恩
Apis 亞皮斯神
Apocalypse 天啟文獻
Apocalypse of Abraham 《亞伯拉罕啟示錄》
Apocalypse of Adam 《亞當啟示錄》
Apocalypse of Elijah 《以利亞啟示錄》
Apocalypse of the Weeks 《週數啟示錄》
Apocalyptic Eschatology 天啟末世論
Apocalypticism 天啟主義
Apoikiai 殖民區居民
Apollo 阿波羅
Apollonius the Mysarch 米西亞長亞波隆尼厄斯
Apologists 護教士
Apostolic Period 使徒時期
Appian Way 亞比烏大道
Apuleius 阿普留
Aradia 阿卡狄亞
Aramaic 亞蘭語
Arch of Titus 提多拱門
Archaic Greece 古希臘時期
Archelaus 亞基老
Ares 阿利斯
Aretas 亞哩達
Areus 阿雷斯巴
Argos 阿戈利斯
Aristobulus I 亞立斯托布一世
Aristobulus II 亞立斯托布二世
Aristophanes 亞里斯托芬
Aristotle 亞里斯多德
Arrian 亞流安
Artabanus III 亞達巴蘭三世
Artaxerxes 亞薩西斯
Artemisium 亞底米神廟
Arthemis 亞底米
Asael 亞撒力
Ascalon 亞斯卡倫
Asder'el 亞述特
Asineus 阿先紐
Asklepios 亞拉比奧斯
Assyria 亞述
Athena 雅典娜
Athens 雅典
Attica 亞提加
Augustus 奧古斯都
Auletes 區利特
Aventine 阿芬丁
Avermarie 亞維曼里
Avot 《米示拿》之〈先賢集〉
Azaz'el 亞撒師
b. Berakoth 《巴比倫他勒目》之〈論祝福〉
b. Sanhedrin 《巴比倫他勒目》之〈議會〉
Babylon 巴比倫
Babylonian Talmud 《巴比倫他勒目》
Bacchae 《巴凱》
Bacchides 巴奇底
Balkan Peninsula 巴爾幹半島
Bar Kokhba 巴柯巴
Baraqiyal 巴利基爾
Baruch 《巴錄書》
Battle of Magnesia 麥尼西戰役
Bel and the Dragon 《彼勒與大龍書》

Belial 彼列
Berea 比哩亞
Bernice／Berenice 百尼基
Betar 比他
Beth ha-Midrash 釋經學校
Bithynia 庇推尼
Boeotia 比奧提亞
Book of Dreams 《以諾一書》之〈異夢篇〉
breathing 氣號
Bronze Period 青銅器時代
Brutus 布魯圖
C. Vitrasius Pollio 波里奧
Caelian 凱里安
Caesar 凱撒
Caesarea 凱撒利亞
Caesarea Philippi 凱撒利亞・腓立比
Caligula 加里古拉
Cambyses 岡比西斯
Capitolina Aelia 愛尼亞
Capitoline Hill 卡庇托林山
Cappadocia 加帕多家
Carthage 迦太基
Cassander 卡桑德拉
Cassius 卡修斯
catacomb 地下墓窟
Ceres 刻瑞斯
Cestius 卡斯狄厄斯
Chaeronea 克羅尼亞
Chaos 卡奧斯
Chrêstus 基里斯督
Chronicles 撒瑪利亞人的年代記
Chronos 克羅諾斯
Cicero 西塞羅
Classical Period 古典時期
Claudius 《克勞第》
Claudius 克勞弟
Cleisthenes 克利斯梯尼
Clement of Alexandria 亞歷山大的革利免
Clement of Rome 羅馬的革利免
Cleopatra 克利奧帕特拉
Cleopatra II 克利奧帕特拉二世
Cleopatra VII 克利奧帕特拉七世
Codex Sinaiticus 《西奈翻頁書抄本》
Coele-Syria Battles 基利—敘利亞之戰
Colosseum 圓形競技場
Commentary on Habakkuk 《哈巴谷書註釋》
Commentary on Nahum 《那鴻書註釋》
Commentary on the Letter to Titus 《提多書註釋》
Community Rule 《社群守則》
Constantine the Great 君士坦丁
Consul 執政官
Coponius 科龐尼厄斯
Corinth 哥林多
Corinthian Confederacy 哥林多同盟
Cosmic Warrior Motif 宇宙戰神的主題
Council of Elders／Gerousia 長老議會
Covenant 立約
Covenantal nomism 立約律法論
Covenantalism 立約主義
Crassus 克拉蘇結
Cretan 克里特
Crete 克里特島
Crossus 克諾索斯
Cuneiform scripts 楔形文字
Cybele 西貝利

Cyclades 塞克拉迪斯
Cynic 犬儒
Cynicism 犬儒學派
Cyprus 塞蒲路斯
Cyrenaica 古利奈加
Cyrene 古利奈
Cyrus 塞魯士
D.J.G. Dunn 鄧肯
Damascus 大馬士革
Damascus Document 《大馬士革文獻》
Danaoi 但拿奥人
Darius 大流士
Darius III 大流士三世
Dark Age 黑暗時期
De Corona 《金冠辭》
De Gigantibus 《論偉人》
De Opificio Mundi 《論創世》
Decapolis 低加波里
Decemviri 十人組織
Delian Confederacy 提洛同盟
Delos Island 提洛島
Delphi 特爾斐
Delphi Oracle 特爾斐神諭
Delta 三角洲
Demeter 得墨忒耳
Demetrius 德米丢
Demetrius III 德米丢三世
demon 鬼魔
Demonstratio Evangelica（拉）《為福音辯證》
Demosthenes 狄摩西尼
Destruction-preservation Soteriology 毀壞——保守拯救論
Determinism 先決論
Diana 戴安娜
Diaspora 散居地
diatribe 哲辯
Dictator 獨裁者
Dio Cassius 戴奧・卡修斯
Dio Chrysostom 屈梭多模
Diogenes 戴奥根尼
Dionysius Exiguus 丟尼修・埃塞古厄斯
Dionysus 狄奥尼西
Discourses of Epictetus 《講論集》（伊比德圖）
Dissertation 《演講集》
Divine Institutes 《神聖教義》
Domitian 多米田
Dorians 多利安人
dualism 二元
E.P. Sanders 辛特斯
Early Judaism Period 早期猶太教時期
Ecclesiastical History 《教會歷史》
Edessa 愛迪沙
Eleazar 以利亞撒
Eleazar, son of Ananias 阿拿尼亞之子以利亞撒
Elephantine 伊里芬丁
Elephantine Papyri 伊里芬丁蒲草紙
Eleusis 依流西斯
Engedi 隱・基底
Ennius 安尼烏
Epaminondas 伊巴密濃達
Ephebate 男青年會
Epic 史詩
Epictetus 伊比德圖
Epicurean 伊壁鳩魯
Epimenides 埃皮梅尼德斯
Epiphanius 伊皮法紐
Epistle to Menoeceus 《致美諾寇的信》
Equeatrians (*equites*) 騎士階層
Esquiline 埃斯奎林
Essenes 愛色尼

Ethnarch　提督
Etruscans　伊特魯里亞人
Euclides　歐幾里得
Euphrates　幼發拉底河
Euripides　歐里庇得斯
Eusebius　優西比烏
Every Good Man is Free　《每個正直的人都是自由的》
Exhortation to the Greeks　《勸告希臘人》
Ezekiel Apocryphon　《以西結藏經》
F.M. Cross　郭斯
First Jewish Revolt　猶太人第一次叛亂
First Temple Period　第一聖殿時期
Fiscus Iudaicus　猶太人的稅
Flavian Dynasty　法拉維王朝
Flavius Josephus　法拉維・約瑟夫
Gabriel　加百列
Gadara　加大拉
Gaius　該猶
Gaius Julius Caesar　猶流凱撒
Galatia　加拉太省
Galba　迦勒巴
Gallic War　《高盧戰記》
Gallio　迦流
Gamaliel II　迦瑪列二世
Gaugamela　高蓋米拿
Gaza　加沙
Ge　蓋亞
Gedaliah　基大利
Gemara　《革馬拉》
Gemara　革馬拉
Gemellus　格默洛斯
Geography　《地理》
Gerizim　基利心
Gessius Florus　格斯厄斯・弗洛厄斯
Gnosis　諾斯底
Gnosis　靈知
Gnosticism　諾斯底派
Graeco-Roman civilization　希羅文明
Gymnasium　希臘式的教育學校
H. Gungel　兌克爾
H.P. Hanson　韓信
Hades　希得斯
Hadrian　哈德良
Haggadic　哈加達
Halakhic　哈拉加
Halakhic Letter　《哈拉加信函》
half-shekel　半舍客勒
Hannibal　漢尼拔
Hans-Josef Klauck　克勞克
Hanukkah　修殿節
Hasidim˙　哈西典人
Hasidim　敬虔者
Hasmonean　哈斯摩尼阿
Hegesippus　赫格西模
Heis Theos　只有一位上帝
Hellas　希臘
Hellenistic Period　希臘化時期
Hellenization　希臘化運動
Henotheism　唯尊一神論
Heracleon　埃勒基昂
Hercules　赫拉克里
Herod　希律
Herod Agippa I　亞基帕一世
Herod Agippa II　希律・亞基帕二世
Herod the Great　大希律
Herodias　希羅底
Herodotus of Halicarnassus　希羅多德
Hesiod　赫西奧德
Hestia (Vesta)　克詩雅
Hexameter rhyme　六部音詩音

律
Hillel　希列
Hippolytus　希波律陀
Histories　《歷史》
Histories　《歷代史誌》
History of Religious School　宗教歷史學派
Homer　荷馬
Horace　賀瑞斯
Household Code　家庭規範
Hymn to Demeter　《讚美得墨忒耳》
Hypothetica　《為猶太人辯護》
Hypothetica: Apology for the Jews　《假說：為猶太辯護》
Idealism　唯心論
Idealism　理念論
Idumea　以土買
Iliad　《伊利亞特》
In Flaccum　《反駁弗拉克斯》
Instruction on the Two Spirits　有關二靈的指導
Intertestamental　兩約之間
Ionians　愛奧尼亞人
Ipsus　伊西斯
Irenarus　愛任紐
Isis　愛色斯
Isocrate　伊索克拉底
Isodorus　伊蘇多努
Issus　哀撒斯城
Italic　意大利語族
Ithaca　伊薩卡島
Iturea　以土利亞
Izates　艾煞特
Jacob Neusner　紐士拿
Jaddus　猶達斯
Jamnia　雅麥尼亞
Janua Foris　亞奴斯之門
Janus　亞奴斯
Janus　雅拿斯
Jason　耶孫
Jehoiachin　約雅斤
Jeremiel (Remiel)　耶留米勒
Jericho　耶利哥
Jerome　耶柔米
Jewish Antiquities　《猶太古史》
Jewish War　《猶太戰記》
Johathan　約拿單
John Hyrcannus　約翰·許爾堪一世
John of Gischala　吉斯卡拉的約翰
Joseph and Aseneth　《約瑟與亞西納書》
Joshua　約書亞
Jubilees　《禧年書》
Judaism　猶太教
Judean Desert Manuscripts　「猶太曠野古卷集」
Judean Desert Manuscripts　猶太曠野古卷集
Judith　《猶滴傳》
Juiter Capitolinus　朱庇特神廟
Julian Calendar　猶流曆法
Jupiter　朱庇特
Jupiter Capitolinus　卡庇托林山的朱庇特神廟
Justus of Tiberias　提比哩亞的游斯都
Juvenal　猶文拿
Karaism　迦來特派
King of Achaeans　亞該亞王
King of Righteousness　公義之王
King of Wickedness　惡毒之王
King's Highway　王的大道
Kittim　基堤
Kokarer'el　高加爾
Kore　瑞利
Lactantius　勒坦狄斯

Lampon 林頓
Laos 羅得島
Lar 拿爾
Lararia 神龕
Latium 拉丁姆
Law 《論律法》
Leontopolis 尼安多波尼斯
Lesbos 萊斯沃斯
Leto 麗德
Letter 《書信集》
Letter of Aristeas 《阿立斯蒂亞書信》
Liber Antiquitatum Biblicarum（拉） 《託斐羅名聖經猶太古史》
Life of Apollonius 《亞波隆尼厄斯的生平》
Life of Constantine the Great 《康士坦丁生平》
Lives of the Philosophers 《哲學家生平》
Lives, Marcellus 《生平》之〈馬爾克路〉
Livy 利維
Loukuas 盧古亞
Lucius Valerius Flaccus 弗拉克斯
Lukuas 路加亞斯
Lyconia 拉哥尼亞
Lydia 呂底亞
Lysimachus 拉西馬德斯
M. Sanhedrin 《米示拿》之〈議會〉
M.A. Elliott 艾理略
M.A. Seifrid 燊輝
Maccabean Revolt 馬加比叛亂
Macedonia 馬其頓
Mantic Wisdom 預視的智慧
Marcus Anthonius 馬庫斯·安東尼厄斯
Marcus Lepidus 馬庫斯·萊皮達
Marianne 米利暗
Mark Anthony／Antonius 安東尼
Mars 瑪爾斯
Martin Hengel 韓高
Martyrdom of Polycarp 《坡旅甲殉道記》
Masada 馬撒大
Masada 馬薩他
Mastema 馬撒但瑪
Mattathias 馬他提亞
Mede 瑪代
Medea Empire 瑪代帝國
Mede-Persia 瑪代波斯
Megara 邁加拉
Melchilassar 麥基拉沙
Melchizedek 麥基洗德
Melchizedek Scroll 《麥基洗德卷》
Memphis 孟斐斯
Menelaus 曼利紐
Menorah 燈台
Mesopotamia 美索不達米亞
Messiah of Justice 公義的彌賽亞
Messianism 彌賽亞主義
Metamorphoses 《變形記》
Metatron 米大隆
Meteorologica 《氣象學》
Methuselah 瑪土撒拉
Michael 米迦勒
Midrash 米大示
Midrash Rabbah 《主要米大示》
Migdol 密奪
Minerva 米內瓦
Minoan civilization 米諾斯文明
Minos 米諾斯
Mishnah Berakhot 《米示拿》〈論祝福〉

Mithraism　米特拉教
Mithras　米特斯
Mithridates　米提利特
Mithridates VI　米提利特六世
Modein　莫丁
Mucianus　穆西盧
Mycenaean civilization　邁錫克文明
N.T. Wright　維特
Nag Hammadi Library　拿・戈瑪第文庫
Naphtali　拿弗他利
Natural History　《博物誌》
Neapolis　尼亞波利
Nebuchadnezzar　尼布革尼撒
Nehardea　尼黑地亞
Nero　尼祿
Nero redivivus　尼祿復生
Nerva　納華
Nicanor　尼加諾
Nicias　尼西亞
Nisibis　列斯別
Nomism　律法主義
Numa　弩瑪
Numina　神靈
Numitor　努米托
Octavius　屋大維
Odes　《頌歌》
Odes of Solomon　《所羅門頌詩》
Odysseus　奧迪西斯
Odyssey　《奧德修斯》
Old Republic　舊共和國
Olympia　奧林匹亞
Omri　暗利家族
On Behalf of Flaccus（拉：*Pro Flacco*）《為弗拉克斯辯護》
On Flaccus　《論弗拉克斯》
On Flight and Finding（拉：*De Fuga et Inventione*）　《論逃走與尋獲》
On Noah's Work as a Planter（拉：*De Plantatione*）　《論耕種者挪亞》
On the Cherubim（拉：*De Cherubim*）　《論基路伯》
On the Confusion of Tongues　《論變亂口音》
On the Contemplative Life　《論沉思的生活》
On the Decalogue　《論十誡》
On the Embassy to Gaius　《外交使團上奏該猶記》
On the Nature of the Gods　《論神祇的本質》
On the Posterity and Exile of Cain　《論該隱的後裔和被逐》
On the Sacrifices of Abel and Cain　《論亞伯與該隱之獻祭》
On the Soul　《論靈魂》
On the Special Laws　《論特殊法律》
Onias　奧尼阿斯
Onias IV　奧尼阿斯四世
Oral Torah　口傳妥拉
Oration　《講道集》
Origen　俄利根
Orosius　阿若修
Orthodox Judaism　正統猶太教
Otho　奧索
Ouranos　烏拉諾斯
Ovid　奧維德
Palatine　帕拉蒂尼山
Palestinian Talmud　《巴勒斯坦他勒目》
Panarion　《藥庫》
Pan-hellenism　泛希臘化
Pan-Hellenism　泛希臘主義
pantheist　泛神主義
Panuel　帕貝爾
Parthians　帕提亞人

Paterfamilias 家長
Patriarch 元老
Patricians 貴族
Patroclus 普特洛克勒斯
Paullus Fabius Maximus 小亞細亞的方伯
Pax deorum 與神和諧
Pax Romana 羅馬昇平
Pelasgians 柏拉斯基族人
Pella 比拉城
Peloponnesian War 伯羅奔尼撒之戰
Penates 班拿狄斯
Peraea 比利亞
Peregrini 外人
Peregrini 自由人
Pericles 伯里克利
Persephone 珀耳塞福涅
Persian Wars 波斯之戰
Phaedo 《斐德羅篇》
Pharisees 法利賽人
Phasael 費沙奧
Philip 腓力
Philip II 腓力二世
Philo of Alexandria 斐羅
Philometor 斐羅米特
Philosophia 哲學學派
Philostratus 腓羅斯他杜
Phoenicia 腓尼基
Phrygia 弗呂家
Physcon 斐斯干
Plato 柏拉圖
Plebeians 平民
Pliny the Elder 大皮里紐
Pliny the Younger 小皮里紐
Plutarch 蒲魯他克
Politeia 公民權
Polybius 波利比奧斯
Pompey 龐培
Pontifex maximus 至高大祭司
Pontius Pilate 本丢・彼拉多
Pontus 本都
Porcius Festus 波求・非斯都
Poseidon 波撒東
Potiteuma 政治社團
Praetorian Guard 禁衛軍
Prayer of Jacob 《雅各禱文》
Primitive church 初代教會
Princeps 首席元老
Procurator 巡撫
Psalms of Solomon 《所羅門詩篇》
Ptolemy 托諾密
Ptolemy II Philadelphus 多利米二世非拉鐵夫
Ptolemy Lagus 多利米・拉戈斯
Ptolemy Philadelphus 多利米・非拉鐵夫
Punic Wars 布匿之戰
Pythagorean 畢達哥拉斯學派
Pythia 皮提亞
Queen Cleopatra 克利奧帕特拉王后
Queen Helena 海倫娜王后
Questions and Answers on Exodus 《出埃及記問答》
Quindecimviri 十五人議會
Quirinal 奎里納爾
Quirinius 居里扭
Qumran Community 昆蘭群體
R. Bultmann 布特曼
R. Reitzenstein 雷振斯坦
Rabbi Aqiba 亞基巴
Rabbi Judah the Prince 領袖猶大拉比
Rabbi Me'ir 拉比麥爾
Rabbinic Judaism 拉比猶太教
Rabbinic Period 拉比時期
Raguel 拉古勒
Raphael 拉斐爾

Realized eschatology 已完全實踐的終末論
Remiel (Jeremiel) 雷米勒
Remus 勒莫斯
Republic 《論共和國》
Republic 共和國
Res Gestae Divi Augusti 《神聖奧古斯都功績紀》
Roman Empire 羅馬帝國
Roman History 《羅馬歷史》
Roman Republic 羅馬共和國
Rome 羅馬城
Romulus 羅慕路斯
S. Price 普賴斯
Sabines 薩賓人
Sadducees 撒都該人
Sages 慧士
Salamis 薩拉米島
Salome 沙羅米
Samaritan Pentateuch 《撒馬利亞五經》
Samaritan Targum 《撒馬利亞他爾根》
Samaritans 撒馬利亞人
Samyaz 森壓
Sanhedrin 猶太人議會
Sardinia 撒甸拿
Sardis 撒狄
Second Isaiah 第二以賽亞書
Second Jewish Revolt 猶太人第二次叛亂
Second Temple Period 第二聖殿時期
Sejanus 瑟仁尼
Seleucia 西流基
Seleucus 西流古
Semhazah 森哈撒
Seneca 辛尼加
Sepphoris 西翟尼斯
Septuagint 《七十士譯本》
Shammai 煞買
Shechem 示劍
Shema 示瑪
Sibylline Oracles 《西卜神諭記》
Sicarii 匕首黨
Sicarii 刺客黨
Silvia 西爾維亞
Similitudes 《以諾一書》之〈比喻篇〉
Simon 西門
Simon ben Giora 吉奧拿的兒子西門
Simon ben Koziba 哥斯巴的兒子西門
Simon the Just 公義者西門
Singara 星加蘭
Socrates 蘇格拉底
Solon 梭倫
Some of the Works of the Law 《一些有關遵行律法的事宜》
sophist 詭辯家
Sophocles 索弗克斯
Sparta 斯巴達
Stoic 斯多亞派
Strabo 斯特拉波
Strategos 守殿官
Suetonius 綏屯紐
Suru'el 撒利爾
Survivors 生還者
Susa 書珊
Susanna 《蘇撒拿傳》
Susiana 蘇西亞娜
Syene 希尼
Syncretistic monotheism 融合的一神論
Tacitus 塔西圖
Taheb 挽回者
Tahpanhes 答比匿
Tam'el 譚米
Tannaitic period 坦拿時期

Targum of Pseudo-Jonathan 《託約拿單名的他爾根》
Tarquinius 塔奎尼烏斯
Teacher of Righteousness 公義的教師
Temple Scroll 《聖殿卷》
Temple State 聖殿省郡
Temple tax 殿稅
Testament of Abraham 《亞伯拉罕遺訓》
Testament of Asher 《亞設遺訓》
Testament of Job 《約伯遺訓》
Testament of Levi 《利未遺訓》
Testament of Naphthali 《拿弗他利遺訓》
Testament of Solomon 《所羅門遺訓》
Tetrarch 分封王
The Golden Ass 《金驢傳奇》
The House of Onias 奧尼阿斯的家
The Worse Attacks the Better 《劣與優為敵》
Thebes 底比斯
Themistocles 西米斯托可斯
Theodosius 狄奧多西
Theogony 《神譜》
Theophilus 腓奧揮勒斯
Thessaly 賽薩利
Theudas 丟大
Third Punic Wars 第三場布匿之戰
Thrace 色雷斯
Thucydides 修希德狄斯
Tiber River 台伯河
Tiberius 提庇留
Tiberius Julius Alexander 提庇留・猶流・亞歷山大
Tiglath-pileser 提革拉・毗列色
Timaeus 《蒂曼歐篇》
Tishah-be-Av 阿布月齋日
Titus 提多
Tobiads 多比亞
Tobit 《多比傳》
Torah 妥拉
Trachonitis 特拉可尼
Trajan 他雅努
Tribune of the people 平民保民官
trireme 三層槳戰船
Triumvirate 三頭統治
Trojan War 特洛伊之戰
Troy 特洛伊城
Trypho 特來弗
Twelve Tablets 十二銅板
Two Powers in Heaven 天界二權
Tyche 德姬
Tyre 推羅
Uriel (Ouriel) 烏利爾
Venus 維納斯
Vespasian 維斯帕先
Vespasian (Suetonius) 《維斯帕先》
Vestal Virgin 魏斯她貞女
Viminal 維米納爾
Virgil 維吉爾
Vita（英：*Life*） 《生平》
Vitellius 威特留
W. Bousset 蒲錫
Wadi Daliyeh 達里窟河道
War Scroll 《戰卷》
Who is the Heir of Divine Things 《誰是上帝選立的後嗣》
Wisdom of Jesus Ben Sirach 《便西拉智訓》
Wisdom of Solomon 《所羅門智訓》
Works and Days 《工作與時日》
Written Torah 成文妥拉

Xenophon 色諾芬
Xerxes I 薛西斯一世
Yohanan ben Zakkai 沙該之子約哈蘭
Zadokite 撒督家系
Zealot 奮銳黨
Zealots 律法狂熱者
Zeus 宙斯
Zoroastrianism 祆教

作者簡介

黃錫木博士畢業於加拿大亞伯達大學（文學士），美國惠斯敏特神學院（聖經研究碩士及神學碩士）及南非普勒陀利亞大學希臘文系（文學博士）。現任聯合聖經公會（亞太區）翻譯顧問，香港中文大學崇基學院神學院榮譽副研究員。

孫寶玲博士畢業於國立成功大學（理學士），香港浸信會神學院（道學學士）及美國南方浸信會神學院（哲學博士）。先後任教於香港浸信會神學院及新加坡浸信會神學院。

張略博士畢業於加拿大沙省大學（科學學士），中國神學研究院（道學碩士），澳洲摩亞神學院（神學碩士）及蘇格蘭聖安德魯大學（哲學博士）。現任中國神學研究院副院長。

緊扣時代 服事教會

以文字傳揚基督真道

讀者意見表

衷心多謝你購買本社書籍。本社一直致力以出版事工服事教會，幫助信徒扎根於神的話語，促進靈命增長。為使我們的出版更能滿足你的需要，請填寫下列各項資料，並寄回或傳真予本社。

所購書籍：______________________

本書最吸引你的地方：
□作者 □適切性 □文筆 □設計 □實用性
□其他：______________________

購買本書地點：
□基道書樓 □基督教書店 □非基督教書店

性別：□男 □女 職業：______________________

信仰：□基督徒 □非基督徒

年齡：□ 16 歲或以下 □ 17～25 歲 □ 26～35 歲
□ 36～55 歲 □ 56 歲或以上

學歷：□中三或以下 □中五 □預科
□大學 □研究院

□我欲更多了解基道出版社的事工及考慮支持，請寄給我下列資料：
□機構簡介 □新書資料 □基道會員通訊
□《基道文字事工通訊》

姓名：______________________ 電話：______________________

地址：______________________

____

傳真：______________________ 電子郵件：______________________

其他意見：______________________

____

多謝賜教！

意見表可以傳真（2687-0281）或直接郵寄以下地址：
香港沙田火炭坳背灣街26號富騰工業中心1011室
基道出版社編輯部收